本书受教育部人文社会科学规划基金项目（10YJA820100）资助。

受西北师范大学青年教师科研能力提升计划项目（SKQNGG12016）资助。

中国式
民主的类型学意义
——一种宪法学视角的阐释

On the type of Chinese Democracy
- An Interpretation from
the perspective of constitutional law

王宏英◎著

中国社会科学出版社

图书在版编目（CIP）数据

中国式民主的类型学意义：一种宪法学视角的阐释／王宏英著．—北京：
中国社会科学出版社，2016．1
ISBN 978－7－5161－8182－9

Ⅰ．①中…　Ⅱ．①王…　Ⅲ．①社会主义民主－研究－中国　Ⅳ．①D62

中国版本图书馆CIP数据核字（2016）第102022号

出版人　赵剑英
责任编辑　任　明
责任校对　张依婧
责任印制　何　艳

出　　版　中国社会科学出版社
社　　址　北京鼓楼西大街甲158号
邮　　编　100720
网　　址　http：//www．csspw．cn
发 行 部　010－84083685
门 市 部　010－84029450
经　　销　新华书店及其他书店

印刷装订　北京市兴怀印刷厂
版　　次　2016年1月第1版
印　　次　2016年1月第1次印刷

开　　本　710×1000　1/16
印　　张　13．5
插　　页　2
字　　数　223千字
定　　价　58．00元

凡购买中国社会科学出版社图书，如有质量问题请与本社营销中心联系调换
电话：010－84083683

目　　录

导　　论

2009年春季，笔者有幸去爱尔兰都柏林大学访学，其间恰逢爱尔兰第二轮公投《里斯本条约》（Lisbon Treaty），这一影响欧盟（European Union）进程的大事件随即引起了笔者朴素的研究兴趣，深入了解并介绍事件进程，思考事件本身与中国的关联意义从此成了持续的学术关注点。

《里斯本条约》作为欧盟当前的框架改革条约于2009年12月1日起已经生效，但这一条约的形成与批准过程应当说充满了荆棘与艰辛，《里斯本条约》是为解救命运不济的《欧盟宪法条约》（EU Constitutional Treaty）在法国和荷兰遭遇的“公投滑铁卢”之危机而产生的，其虽是一个简化版的“欧盟宪法条约”，却又切实关乎欧盟的整体利益格局。因此，为了欧盟大局及各成员国的共同利益，欧盟当时27个成员国中的26国均改弦更张，一致采用了议会批准方式，唯有爱尔兰由于其宪法的强制性规定，仍然以全民公投方式批准，这使爱尔兰这个小国家又一次因为批准欧盟条约问题而成为世界的焦点。吊诡的是，《里斯本条约》在爱尔兰的公投之路又一次重演了另一个欧盟条约《尼斯条约》（Nice Treaty）的悲喜剧——两轮公投，《里斯本条约》在2008年6月12日的公投中遭遇否决，在2009年10月2日的第二轮公投中又获得了支持。这一历经8年艰辛谈判的欧盟新条约在爱尔兰一年零四个月中所经历的炼狱般的遭遇，无不映射出诸多国际国内利益关系复杂博弈的纠结与焦虑。

迄今，笔者已回国5年，当年爱尔兰人因为《里斯本条约》或支持或反对的生动画面依然历历在目，无论是公投选战之前的那些铺天盖地的以“Yes”或“No”面孔试图说服民众的极具视觉冲击感的斑斓海报，还是那些身处书斋而又心系现实的学者们的口诛笔伐，抑或是那些普通民众的或激昂或冷漠的身姿…… 当笔者依然沉浸在因批准《里斯本条约》而引发的宪法性公投事件的分析和思考中时，爱尔兰人却早已放下了。2010年至今，他们又举行了八次宪法性公投（2011年两次；2012年两次；

2013年两次；2015年两次），又通过了六个宪法修正案（第29条、第30条、第31条、第32条、第33条、第34条修正案）。[①]截至2015年6月，爱尔兰已经针对其现行宪法通过了34条宪法修正案，其中有9条是针对欧盟事项的，尽管次次都因结果的不确定性而声嘶力竭、据理力争、耗费成本，但没人能阻挡爱尔兰人对重大事件习于公投的热情。他们那种独特的处理价值冲突的方式强烈地促使我思考他们是如何做到频繁而又有秩序地争吵的，这种针对立法问题的宪法性公投究竟体现的是怎样的一种民主，这种民主方式与选举民主存在什么差异，反照之下，又如何来理解和阐释中国式民主？这一系列令人着迷的问题引笔者陷入了漫漫的民主与宪法探索之旅。

问题的突破口是在反复沉思与疯狂阅读之后逐渐找到的。首先，什么是民主？或者说我们在什么意义上探讨民主模式及其独特性？这是对民主模式展开类型学研究的前提，要解决好这一问题应当走出实质民主与程序民主二分的迷信，任何一个国家都既追求实质民主也要看顾程序民主，没有程序民主便没有实质民主。其次，如何发现那种独特的民主模式？爱尔兰人的宪法性公投给了笔者某种启发，从民族国家的宪法史中寻找民主模式也许是可行的，更重要的是宪法给民主模式提供一种规范依赖路径。最后，中国人的民主认知如何？还是要结合中国的社会结构和政治文化，中国是一个政府主导型的社会，所以选择以管理者阶层为实证调查对象，优先了解他们的民主认知现状及存在的问题似乎具有更为实质的意义。总之，本书的民主模式研究是一种抛弃实质民主与程序民主二分的研究，是一种与宪法相关联的民主模式研究，是以国家与社会管理者阶层为调查对象的民主模式研究。

在中国民主问题研究上，有一种观点很流行，也一度影响了笔者很长时间，笔者曾经将这样的观点介绍给了爱尔兰的学者，这一观点宣称西方的民主是一种程序民主，中国的民主是一种实质民主。陷入其中的笔者从一开始就对民主是什么产生了混乱，笔者花费了很长的时间和精力才发现，要阐释民主是什么这一问题，必须走出程序民主与实质民主二分的陷阱，我们以以下一段文字为例。

---

① The Referendum Returning Officer for Referendums in Ireland, *Current Referendum* (http://www.referendum.ie).

2015 年 7 月 1 日，我国第十二届全国人民代表大会常委会第十五次会议通过了《全国人大常委会关于实行宪法宣誓制度的决定》，明确了各级人大选举或决定任命的国家工作人员未来入职的宪法宣誓誓词。70 字宪法宣誓誓词的末句是“接受人民监督，为建设富强、民主、文明、和谐的社会主义国家努力奋斗！”其中，“民主”和“接受人民监督”如何理解？从语言逻辑看，“民主”是“社会主义国家”的修饰语，带有约翰·邓恩的“民族国家制度的道德性通用标尺”[①] 含义，在这一意义上，一个民族国家只要是民主的就是道德的，只要是民主的就是正当的。“接受人民监督”的逻辑主语显然是宣誓者，宣誓者是在代表人民行使公权力，终极意义上国家的权力源泉是人民，民族国家公权力的行使者自觉接受人民监督自然无可厚非。两相比较，“民主”是一种寄托着弃绝专制、谋求善治的人类社会的普遍价值追求，而如何“接受人民监督”则因一国的地理、历史、文化的差异呈现为多元的地方性政治实践。

> 由此，我们可以发现理解民主的两个视角——即作为政治价值的民主和作为制度安排与手段的民主。作为政治价值的民主以“人民的统治”为终极诉求，而作为制度安排与手段的民主则以“人民如何统治”为理想。人类如飞蛾扑火般从未放弃作为政治价值的民主，但也都在不约而同地跌跌撞撞地探索着适合自己本民族的作为制度安排的民主。作为政治价值的民主是一元的，而作为制度安排与手段的民主可以是多元的，故而，我们也可以将这一层面上的民主称为民主模式。

人类社会对于作为政治价值的民主和作为制度手段与安排的民主或民主模式的追求，应当说始于古希腊。回溯民主一词的语源，“‘民主’一词大约是 2400 年前发明出来的。一般认为是希罗多德（Herodotus，约公元前 480—前 425）首次说出了‘民主’一词”。[②] 该词源出于古希腊语

① ［美］珍妮弗·罗伯兹：《审判雅典：西方思想中的反民主传统》，晏绍祥等译，吉林出版集团有限责任公司 2011 年版，第 1 页。

② ［美］乔万尼·萨托利：《民主新论》，冯克利、阎克文译，上海人民出版社 2011 年版，第 278 页。

“demokratia”。“demokratia” 中的 “demos” 意指人民，原意是散居于郊区的庶民，相对于城区的王族或贵族，随着坊社成为城乡共同的区划，“demos” 便成为坊社居民的通称。由 demos 衍生出的 democracy 最早是一个雅典词，后为希腊语言习得，16 世纪由法语融入英语遂被广泛使用。[①] 另一部分 “kratos” 意指 “统治”，“demos” 和 “kratos” 合二为一即指一种既不同于君主制又不同于贵族制的 “民治或多数统治政体”。因此，从 “民主” 一词的构词成分分析，本身既有作为政治价值的 “人民的统治” 的含义，又有作为制度安排的 “人民多数统治政体” 即民主政体的含义。

自古希腊起，人类有关政治组织之政体模式的探索脚步从未停歇，古希腊人有非常丰富的关于民主政体的论述，在历史学者希罗多德那里，民主是一种与独裁、寡头相互比较的政体。柏拉图（Plato，公元前 427—前 347）在其《政治家篇》中，以君主制和民主制为基础，参照统治者的人数和是否受法律约束两个要素提出了六种政体模式（立宪君主政体、专制政体、贵族政体、寡头政体、立宪平民政体、极端平民政体）。柏拉图的知名弟子亚里士多德（Aristotle，公元前 384—前 322）在其《政治学》八卷中卷三至卷六都在讨论政体问题，他也提出了六种政体模式（君主政体、贵族政体、共和政体、僭主政体、寡头政体和平民政体）。由古希腊人开启的有关政体模式的探索与研究给后世的政治家提供了十分有益的建构国家政体方案的理论基础。事实上，随着国家规模难题下的代议制民主的应运而生，加之平等选举权的渐进实现，此后，所谓 “民主” 更多的意义是用来指称国家的权力来源问题，而非简单地强调 “人民的统治”。换言之，这种意义上的 “民主” 已经由一个 “谁来统治” 转换成了一个 “如何统治” 的问题。“历史上政治理论的一个重要误区是把政治思考的重点放在 ‘谁应当统治’ 这个问题上。”[②] 实践证明，如何将个体的权力过渡为国家权力，并对这种权力实现有效的监督即 “人民如何统治” 这个问题似乎更为重要，也就是说，作为制度安排的民主即政体意义上的民主更值得研究和关注，因为作为制度安排的民主的规范性直接决定着作为政治价值的民主的质量，而作为制度安排的民主就是民族国家经验意义

---

① ［古希腊］亚里士多德：《政治学》，吴寿彭译，商务印书馆 1965 年版，第 133 页。

② ［英］卡尔·波普尔：《开放社会及其敌人》，陆衡、郑一明等译，中国社会科学出版社 1999 年版，第 228 页。

上的民主模式。无论如何，中西方任何一个国家对于民主问题的观察都离不开作为政治价值的民主和作为制度手段的民主这样两个视角，否则就会造成偏颇。

“西方早期民主的产生，主要是作为一种制度安排来解决精英之间的权力分配问题。到了发展中国家，人们往往把民主作为一种价值和权利来追求。”① 作为后发展国家，中国也不例外，20 世纪初期，当我们激情澎湃地从西方请进“德先生”时起，似乎把民主作为一种“人民统治”的政治价值的声音总是盖过了把民主作为一种“人民如何统治”的程序性的制度安排的声音，结果我们的民主总是理性不足，激情有余；制度不足，变数有余；秩序不足，失范有余。

> 长期以来，我们漠视中西方民主观念及道路的差异，把西方的民主问题等同于自己的问题。实际上，西方国家走过了一条从精英民主到大众民主的民主化道路，当他们将民主作为一种政治价值向外传播的时候，我们曾经以为那就是民主的全部了。而民主的另一面相是作为制度手段的民主模式，也唯有这一民主面相才构成比较意义上的民主模式类型化研究的前提。故此，我们需要破除实质民主与程序民主二分的迷信，重申自己的程序性民主模式并展开制度建构。

其次，我选择了从法律主权而非单纯的政治主权，从制宪的立国意义而非单纯的政治经验中描述一个国家的民主模式。“宗教改革以天经地义的《圣经》取代了一贯正确的教皇，而美国革命用一纸文件的统治取代了国王的统治。”②可见，人类争取民主的事实与宪法高度关联，这一现象从古希腊也能发现些许痕迹。

值得玩味的是，亚里士多德《政治学》中出现达 102 次之多的希腊词汇 πολιτεία 既被用来表达“政体”含义，也被用来指称“宪法”。学者徐国栋在《宪法一词的西文起源及其演进考》中提出：“最早探讨宪法现象的只有希腊人。最早的宪法用语 πολιτεία 是基于希腊人的宪政经验

① 郑永年：《民主，中国如何选择》，浙江人民出版社 2015 年版，第 22 页。

② ［美］考文：《美国宪法的“高级法背景”》，强世功译，生活·读书·新知三联书店 2015 年版，第 3 页。

确立的。”[①]这一考据是非常有意义的，一则可以解决宪法学界长期以来的两个“公案”，二则也让我们看到了民主与宪法之间的深厚渊源。所谓宪法学界的两个“公案”即：宪法是自古就存在还是近代才产生；英国这个国家究竟有没有宪法。既然古希腊有宪法，那么宪法当然自古就存在了。既然宪法是一种用来构建国家政体的经验意义上的制度模式，那么英国当然是有宪法了。只不过“主要是由于美国和法国革命，直到18世纪末期宪法一词才首度等同于某一单行的文本”。[②] 的确，18世纪末期，被美国和法国革命点燃的不只是民众的激情，随之而来的还有一部确定的成文的宪法这一新事物。也就是从那时开始，当绝大多数国家都逐渐拥有了成文宪法典，人们以为宪法是近代才产生的，更以为有成文宪法典的国家才有宪法。

亚里士多德理解的宪法是“主权在民的体制”。[③] “主权在民”说明宪法与作为政治价值的民主相关，“民主体制”说明宪法与作为制度安排的民主相关。然而，“进入公元后，在罗马帝国的版图不断扩大的时代，希腊民主已渐渐被人淡忘。……在亚里士多德的《政治学》于13世纪中叶重新问世之前，民主并没有成为欧洲政治语言的内容”。[④] 直到近代，作为政治价值的民主逐渐获得了普遍的认同，而且民族国家的民主化道路开始普遍与一部成文宪法相关联。民主与宪法之风驱使下的王权逐渐衰弱甚至消逝，即使存在，其合法性与正当性也必须与宪法联结在一起，受人敬畏的王权不再飞扬跋扈，仅仅成了国家的象征。

而驯服了王权的人民又该如何实现自己的统治？卢梭（Rousseau，1712—1778）给出的方案是，人民主权永远由人民自己亲自行使，不能转让，不能分割，因为它代表的是“公意”。而“公意永远是公正的，而且永远以公共利益为依归。公意与众意之间经常总是有很大的差别，公意只着眼于公共利益，众意只是个别意志的总和”。[⑤] 在卢梭那里，国家的权力属于人民，但是这些权力是不受法律限制的。也许这种不受法律限制

① 徐国栋：《宪法一词的西文起源及其演进考》，《法学家》2011年第4期。

② ［英］布拉德利、尤因：《宪法与行政法》，程洁译，商务印书馆2008年版，第12页。

③ 徐国栋：《宪法一词的西文起源及其演进考》，《法学家》2011年第4期。

④ ［英］戴维·赫尔德：《民主的模式》，燕继荣等译，中央编译出版社2008年版，第41页。

⑤ ［法］卢梭：《社会契约论》，何兆武译，商务印书馆2003年版，第35页。

的人民主权在摧毁千年王权时确如大力神般披荆斩棘，然而，野马脱缰的结果是难以预料的，人们一步步地丢弃专制走向民主的路途一定是欢欣鼓舞的吗？它也可能是良心不安的。人类社会的民主历史从来都是既洋溢着对专制统治终结的庆祝，也无时无刻饱含着对多数暴政的担忧。无数不受法律限制的人民主权的血腥与疯狂终究使人们意识到“现代民主的关键并不是多数的问题，而是法治尤其是宪法问题。因此主张一种‘宪法性安排’的解决方式”。[①] 也就是说关注“人民如何统治”的民主模式应当负有宪法规范依赖性。

美国人托马斯·潘恩（Thomas Paine，1737—1809）曾说：“宪法不仅是一种名义上的东西，而且是实际上的东西。它的存在不是理想的，而是现实的；如果不能以具体的方式产生宪法，就无宪法可言。宪法先于政府，政府仅仅是宪法的产物。一国的宪法不是其政府的决议，而是建立其政府的人民的决议。”[②] 潘恩所言的“决议”类似于列宁提及的“纸”。列宁说：“宪法是什么？宪法就是一张写着人民权利的纸。”[③] 他所谓的“纸”显然应当不是静默的甚至可以被历史封存的普通的纸，而是表征民族国家开端的极具政治性意义的契约。“契约”一词从语源上看，在中国古代的文献中早已存在，如《周礼·地官·质人》中的“凡卖儥者质剂焉，大市以质，小市以剂”，《战国策·燕策》中的“必得约契”等。据学者们的考察，在古代中国，契约不但存在，而且种类丰富。古代“契约”概念起初的含义是：“契，本意为刻；约，本意为绳索，引申为缠束之义。二字相连，即指人们在社会交往中，将事先约定的事项，用刀等工具，刻在金属、木材、石材等物质上，以此为约束双方信守诺言的凭证。”[④] 随着丝绸之路的打通及东西方商贸互易的深入，受罗马法的影响，中国早期的契约概念在对外交流的过程中发生了一些变化，逐渐具有了除交易凭证之外的协议、合约的特质。但从本质而言，这些契约也仅仅是“私法上的契约”而已，整个传统社会时期的中国从未出现过“公法上的

① ［英］哈耶克：《通向奴役的道路》，腾维藻、朱宗风译，商务印书馆 1962 年版，第 71 页。

② ［美］托马斯·潘恩：《潘恩选集》，吴运楠、武友任等译，商务印书馆 1981 年版，第 146 页。

③ ［俄］列宁：《列宁全集》第 12 卷，中央编译局编译，人民出版社 1987 年版，第 50 页。

④ 李倩：《民国时期契约制度研究》，北京大学出版社 2005 年版，第 5 页。

契约”概念。那么，什么是“公法上的契约”？我们可以借助德国民法学家祁克（O. F. Gierke，1841—1921）的思路，祁克认为公法上的契约包括统治契约和社会契约两种，“所谓统治契约是一国人民与统治者之间的协议。所谓社会契约则是指产生了国家或公民社会的前政治的个人或者本身是由个人协议所构成的次级社会团体之间的协议”。[①] 祁克的分类使我们能够体会到，“公法上的契约”不同于“私法上的契约”的形式上最大的特点是它不是少数人的契约，而是多数人参与的契约。如果说祁克的阐释让我们从形式上得到了释然，那么埃德蒙·柏克（Edmund Burke，1729—1797）的阐释则会给予我们对于“公法上的契约”本质上的释然，他说：“对于那些单纯以偶然的利益为目标的各种附属性的契约，是可以随意解除的，但是国家却不可被认为只不过是一种为了一些诸如胡椒或咖啡、布匹或烟草的生意，或某些其他无关紧要的暂时利益而缔结的合伙协定，可以由缔结者的心血来潮而加以解除的。我们应当怀着另一种崇敬之情来看待国家，因为它并不是以只服从属于暂时性的过眼烟云的赤裸裸的动物生存那类事物为目的的一种合伙关系。它乃是一切科学的一种合伙关系，一切艺术的一种合伙关系，一切道德的和一切完美性的一种合伙关系。由于这样一种合伙关系的目的无法在许多代人中间达到，所以国家就变成了不仅仅是活着的人之间的合伙关系，而且也是在活着的人、已经死了的人和将要出世的人们之间的一种合伙关系。”[②] 柏克生动地叙述了“公法上的契约”与生俱来的不同于“私法上的契约”之公民由以缔结国家的神圣性的一面。“私法上的契约”仅关乎个体的偶然的暂时的利益，缔结者可能出于心血来潮随意解除约定，而“公法上的契约”则涉及国家利益、公共事务、千秋万代的公民福祉。

追根溯源，“公法上的契约”理念在西方有着极其深厚的根底，早在古希腊时期，伊壁鸠鲁（Epicurus，前341—前270）就提及：“人生的目的就是追求幸福……为达到这个目的，甚至不惜违反正义。这样一来，人们之间必然形成彼此妨害以至危险的局面，这是同人们追求享乐目的背道而驰的。而唯一摆脱困境的方式则是互相妥协，通过契约的方式建立国

---

① Gierke. O，*Natrual Law and the Theory of Society*，*1500—1800*，Camridge：Cambridge University Press，1934，p. 106.

② ［英］柏克：《法国革命论》，何兆武译，商务印书馆1998年版，第129页。

家，成立政府，制定法律，调整人们之间的利益。"①"公法上的契约"暗含的合意性、非强制性、多数人参与的特质构成了成文宪法的民主基础。宪法借助于一国的民主批准获得了合法性与正当性，政府又仰赖宪法获得其合法性和正当性。由此之故，自现代以来，世界上的众多国家无不在其宪法中宣称"国家的一切权力属于人民"。当人民将自己的意志托付给宪法之时，必须相对意义地抽身而出，变人民意志的统治为法律的统治方为明智之举。因为"权力的来源"和"权力的限制"是两回事，"只有对'权力的限制'和'权力的来源'作出区分，才有可能防止政治专断"。②

> 当人民将自己的权力托付给自己的代理人管理国家事务时，国家的权力来源于人民这一程序已经走完，如何控制权力被滥用应当托付给宪法以及依据宪法制定的普遍意义上的法律，实现真正意义上的法律之治。当然，并不是说宪法制定后人民就该休息了，而是说一个国家应当将自己人民在制宪时刻所创制的民主模式当做珍贵的历史遗存守护下去，永远珍视。每当法律制定、公共政策决策的时候都勇于坚守那些历史天空中智慧的猫头鹰飞过时留给我们的程序灵感。该人民出面的时候，不忘记邀请他现身。不该人民出面的时候，请尊崇宪法和法律！将民主的归还民主！将法治的归还法治！

在亚洲，最早接受西方的宪法理念并最先制定最高法意义上的宪法的国家是日本，根据学界的统一认识，1873 年 1 月，日本学者林正明在翻译《美国宪法》《英国宪法》时首次采用"宪法"对应翻译英文中的"constitution"一词。1889 年 2 月，《大日本帝国宪法》颁布。此后，"宪法"一词作为根本法意义上的宪法概念开始在亚洲国家中广为传播。1901 年，伊藤博文所著的《日本帝国宪法义解》在上海出版，此后，从日文转译而来的专门的宪法学著作逐渐开始在中国涌现，比如《宪法要义》《各国宪法大纲》《各国宪法略》《万国宪法比较》《美国宪法》《英国宪法论》等，这些专门的宪法译著对于晚清时期立宪思想的形成具有

① ［苏］涅尔谢相茨：《古希腊政治学说》，蔡拓译，商务印书馆 1991 年版，第 110 页。

② ［英］哈耶克：《通向奴役的道路》，腾维藻、朱宗风译，商务印书馆 1962 年版，第 71 页。

重大的影响。1893 年郑观应在《盛世危言》中首次要求清廷“立宪法”“开议会”，实行立宪政治。新中国成立以前，带有“宪法”字眼的宪法性文件颁布有十多部，可以说宪法几乎伴随着我们这个民族国家的救亡图存之艰路。虽说中文“宪法”一词在中国古代的典籍中早就存在，如《国语·晋语》中的“赏善罚奸，国之宪法”，《韩非子·宪法》中的“法者，宪令著于官府，刑罚必于民心”等，但在 19 世纪之前，这些古代典籍中的“宪法”词语都不具有国家根本法的意义。1984 年，对于唐律颇具研究造诣的学者钱大群在其《“宪”义略考——兼说中国古代无宪政》一文中较为全面地概括了中国古代“宪或宪法”的七种含义：“第一，‘宪’在古代最基本的意义就是‘法’；第二，古代的法律、法令称之为‘宪’；第三，古代把法律或禁令公布出去也称之为‘宪’；第四，法律、法令要求遵行，古代的‘宪’也有效法的标准及‘效法’的意思；第五，古代的‘宪’还当作受法律惩罚的意思讲；第六，古代的御史也称为‘宪’；第七，古代把最有效力的法律、法令称之为‘宪’。”[①] 由于古代文献中的“宪法”与来自西方近代以来的“宪法”内涵上的殊异，二者的交汇理解也是需要一个过程的。英文“constitution”传入中国时，是逐渐获得“宪法”这样一个中文词语的对应翻译的。比如，林则徐在他组织翻译的《各国律例》中，将“constitution”翻译为中文“律例”。1864 年，由美国传教士丁韪良（Willian Martin，1827—1916）翻译出版的《万国公法》（Elements of International Law）中，则用中文“国法”一词对应英文“constitution”。如果说《各国律例》中的“律例”还不是对“constitution”的精准翻译，那么，《万国公法》中的“国法”则已经接近最高法意义上的宪法概念了。丁韪良在书中对于“国法”一词的解释是“所谓国法者，即言其国系君主之、系民主之，并君权之有限、无限者，非同寻常之律法也”。[②]

公元前 5 世纪，与古希腊同时期的中国，存在着不同的民主认知与实践。儒家经典、中国最早的史书《尚书》中有“天惟时求民主，乃大降显休命于成汤”之说，意思是暴君夏桀不配为民之主，而顺天应时、取代夏桀的成汤才是民主，这里的民主是“民之主”的意思。传统时期的

---

① 钱大群：《“宪”义考略——兼说中国古代无宪政》，《南京大学学报》1984 年第 2 期。

② ［美］惠顿：《万国公法》，丁韪良译，上海书店出版社 2002 年版，34 页。

国人虽也有舍弃暴君取而代之的热情，但最终又自觉服膺于下一个“民主”，几千年的历史中从未有过古希腊人的“人民的统治”意义上的民主观念或民主政体。近代以来，当西学东渐之风带来西方的民主概念之时，两种不同的民主观念第一次出现了交汇与碰撞，在思想界，所涉概念如何互译与表达一时间很难统一。中文“民主”一词曾被西方的传教士或中国人用来对译过三个英文词汇：“republic”“ president”“democracy”。在丁韪良翻译的《万国公法》中，他将其中的“republic”对译为中文“民主”。19 世纪 90 年代的严复，将英文“democracy”对译为中文“民主”。但是，直到 19 世纪末期，仍然有人将西文中的“president”对译为中文“民主”。[1] 无疑，清末民初的中国学术界对于西方民主内涵的认识是含混不清的，分析造成这种混乱现象的缘由，语言文化的隔膜固然在其中，但更重要的是西方的民主理念本身发生过较大的转向。

古希腊人的以公民集体决策，抽签轮流担任公职这一方式被人们称为“民主”，意为“人民直接参与统治”。古希腊人为人类描摹出了最早的全民投票图像。同时，在古希腊人那里，全民公投隐含着西方近代以来逐渐流行而与公投出现分野的选举现象。而在西方近现代以来的政治、社会生活中，“全民公投”与“选举”具有不同的意涵与所指，不能一概而论。所以，本书选择“公投”现象作为研究民主问题的切入点，“公投”即“公民投票”，在古典时期雅典的公民大会和罗马的平民大会曾经就重大问题采用全体公民投票表决，公民投票的内容既包括选举公投，也包括法律公投，以及重大事项公投。近代以后，随着民族国家的出现及其规模的逐渐扩大，立法权从行政权中分离了出来，此后，公投问题变得复杂化，通常法律议案或重大事项由全体公民直接创制时，称为“公民创制”（initiative）。若是由行政机关或立法机关提出再交由全体公民投票复决生效则被称为“公民复决”（referendum）。应当说随着国家与社会事务的日益规模化、复杂化，逐渐出现了专门用以表述针对法律及重大事项进行“公民投票”的词汇“referendum”，以及专门用以表述秘密投票的用语“vote by ballot”。

据此，我们可以推断，近代以来，在西方国家，公民投票行为与选举

---

① 王人博：《庶民的胜利——中国民主话语论考》，载王人博《法的中国性》，广西师范大学出版社 2014 年版，第 54 页。

行为出现了明显的分野，两者形成了不同的政治现象。粗略地看，选举是对人而非对事的，法律公决及其他重大事项公决则是对事而非对人的。在现代的英文语境中，公投的常用表述为“referendum”或“vote by ballot”；而选举的常用表达是“election”，这一词汇与英文“elite”（精英）有着相同的词根，词源的追溯似乎可以印证公投主要源于古希腊；而选举主要源于古罗马，以公投为主的希腊民主是一种直接民主，而西方近代以来以选举为标志的民主实际上是一种源于古罗马的代议制民主。

如果要进而评判现代西方语境中的“全民公投”与“选举”何者更接近古希腊的民主本意，我们需要借助一个现代西方国家的案例。不妨从爱尔兰两轮公投《里斯本条约》这一典型个案入手。爱尔兰的所有公民都有资格直接参与该条约的投票，都有权力对这个关乎其本国命运与欧盟前途的条约说“yes”或“no”，只不过他们决策时借助的物理媒介是纸质的选票，而不是古希腊的金属球。可以说，这种全民公投方式更类似于古希腊民主的本意。相形之下，西方近现代以来普遍出现的选举现象则是全体选民选举代表履行公职，并非古希腊意义上的全体公民直接参与决策。

> 长期以来，西方大规模地拒斥、批判古希腊的全体公民投票方式。很多人试图从无所不在的政治生活中逃离出来，成为一个个自由独立的主体，过自己的生活，让那些选举产生的代表专事政治，而自己则淡出公共生活，不愿意关心公共的善，甚至不惜与政府成为对头冤家。然而，20世纪以来，代议制政体之下的古希腊式全民公投模式又被人们重新捡了回来并持续升温。无论是在发达国家还是在发展中国家，无论是在西方抑或在东方。在历尽了纯粹自由主义民主的自私与悲凉之后，古希腊人之古典式民主的型塑公民德行的一面又被重新发现。

20世纪大规模出现的公投现象实质是代议制民主国家体制下的直接民主，是对于代议制民主缺陷的回应，是西方古典民主情结的回归。由此，深入研究爱尔兰的公投问题就显得十分有意义。爱尔兰从1937年现行宪法制定以来，除了过渡时期两次修宪未采用全民公投方式之外，其余都采用了公投方式加以修改。虽然爱尔兰在外交上不断强调它与英国和美国这两个国家的深厚历史渊源，但是，这并不代表爱尔兰的民主模式是英国式的或是美国式的。美国和英国的宪法制定或批准都是由立法机构完成的。如果仅仅因为英国是议会与宪法之母国，美国是分权与制衡之典范，就由此认为其政治模式无可挑剔，具有普遍适用性，即使是爱尔兰这样一个与两国都具有深厚渊源的国家也不会认可。爱尔兰的公投式民主既不是美国的也不是英国的，而是它自己的。在爱尔兰人看来，5 年一届的议会选举和 7 年一届的总统选举无非就是在选举代替公民管理国家权力的代表。这些重要人物的选举固然重要，但是它与直接参与重大社会公共议题的决策是两种概念。在全民公投中，公民收获的不仅仅是参与其中的体验，更重要的是通过对一个个重大公共议题的关注，认识到什么是公共善，从而提升其公共意识和公民责任感。从这个意义而言，这些被提升至国家宪法修改层面的、代议制体制下的全民公投实际是间接民主与直接民主的对接和互益，尽管它加大了决策的不确定性，却是一个国家人民自觉自愿的选择。

早在 1987 年，英国人戴维·赫尔德（David Held，1951—　）就出版了影响深远的《民主的模式》，他向世人展示了古代雅典式民主（classical democracy）、共和式民主（republicanism）、自由式民主（liberal democracy）、马克思主义的直接民主（Marxism direct democracy）、竞争性精英民主（competitive elitist democracy）、多元主义民主（pluralism）、合法型民主（legal democracy）、参与型民主（participatory democracy）、协商民主（deliberative democracy）九大民主模式，并对之进行了详细的分析、思考。之后，美国人阿伦·利普哈特（Arend Lijphart，1936—　）于 1996 年考察了 36 个国家的民主模式，也为读者呈现了他的成果——《民主的模式：36 个国家的政府形式和政府绩效》。毋庸置疑，两位声名卓著的学者皆是从经验出发而非抽象的逻辑论证视角告诉我们，不同的国家因为各自的历史文化传统及其应对的具体问题的不同，需要采用不同的民主政制模式。爱尔兰作为一个本质上属于西方，与英国和美国存在千丝万缕联系的国家，但它并没有复制英国或美国的民主模式，而是从自身民族历史出发选择了适合其本民族地域文化的政制模式。那么，作为一个东方大国，中国是否也有自己独特的民主模式？

尤其是“东欧剧变”以来，这既是困扰弗朗西斯·福山（Francis Fukuyama，1952—　）的问题，更是摆在中国人面前的需要向世界做出解释的问题。弗朗西斯·福山在1989年曾经写了一篇题为《历史的终结?》的文章，在此文以及他1991年的著作《历史的终结及最后之人》中，他都表达了惊世骇俗的相同观点："自由民主制度是人类意识形态发展的终点和人类最后一种统治形式，并因此构成历史的终结。在此之前的种种政体具有严重的缺陷及不合理的特征从而导致其衰落，而自由民主制却正如人们所证明的那样不存在这种根本性的内在矛盾。"① 事实果真如此吗？时至今日，大量实践已经表明，不论是欧洲还是美国，在向外推行其发展模式方面似乎并未获得他们所期待的那种成功，许多非西方国家采用西方发展模式之后，要么并未因此获得经济社会的发展和民主政治的稳定；要么实现了现代化，但在实现之后又都不约而同地走向了反对西方价值、复兴其本土文化的路径。早在1996年，政治学家萨缪尔·亨廷顿（Samuel Huntington，1927—2008）在其重量级大作《文明的冲突与世界秩序的重建》中就曾提出了掷地有声的见解：现代化并不等同于西方化，西方文明并无普适性。他也由此提醒西方："西方的生存依赖于美国人重新肯定他们对西方的认同，以及西方人把自己的文明看做独特的而不是普遍的，并且团结起来更新和保护自己的文化，使它免受来自非西方社会的挑战。"② 萨缪尔·亨廷顿的这一说法似乎比他的学生弗兰西斯·福山的"历史终结论"显得更为理性、客观。当然，福山对于中国的最新研究，我们也不能视而不见，在其新著《政治秩序的起源：从前人类时代到法国大革命》一书中，他中肯地提出："现代政治制度在历史上的出现，远早于工业革命和现代资本主义经济。我们现在理解的现代国家元素，在公元前3世纪的中国业已到位。其在欧洲的浮现，则晚了整整1800年。如要研究国家的兴起，中国比希腊和罗马更值得关注。"③ 显然，福山开始认真观察分析中国政治模式了。

当亨廷顿告诫西方最好把自己看作独特的而非普遍的时，我们坚守自己独特的发展模式又有什么错误呢？事实上，由域外兴起的"中国模式"

① ［美］弗朗西斯·福山：《历史的终结及最后之人》，黄胜强、许铭原译，中国社会科学出版社2003年版，代序。

② ［美］塞缪尔·亨廷顿：《文明的冲突与世界秩序的重建》，周琪、刘绯、张立平等译，新华出版社2005年版，第5页。

③ ［美］弗朗西斯·福山：《政治秩序的起源：从前人类时代到法国大革命》，毛俊杰译，广西师范大学出版社2012年版，第19页。

的争论已经推开了一扇试图解释“中国实际是什么”这一重大问题的大门。早在35年前，当中国开始启动改革开放的时候，已经引起了西方的关注，他们曾以一个先期搭上现代化列车者的欢迎姿态翘首以待，看看中国是否会变成另外一个他们。但20世纪90年代以来，当西方国家发现中国事实上依然在依循中国自己的轨迹前行时，来自国际社会的对中国发展模式的评价似乎从未停歇，论调也不一而足，从“中国军事威胁论”，到“中国经济威胁论”，再到“中国政治不确定论”，还有“中国崩溃论”，等等。这其中，也不乏较为客观公正的声音，比如，乔舒亚·雷默（Joshua Ramo，1968—　）于2004年5月7日在《伦敦金融时报》上首倡著名的“北京共识”论。雷默是基于以“华盛顿共识”为实质内核的新自由主义在拉美的失败提出了“北京共识”。此后，由雷默开启的许多西方学者的以“北京共识”取代“华盛顿共识”的理念也许只是一时的理论冲动，但在中国大多数学者那里，却引发了巨大的“中国模式”的理论自信，进而催生了中国决策高层的经验自信。检索文献资料可以发现，2000年至今，与“中国模式”论题相关的理论著述不但热度不减，而且十分丰富。在实践层面上，2013年11月的《中共中央关于全面深化改革若干重大问题的决议》也提出：“面对新形势新任务，全面建成小康社会，进而建成富强民主文明和谐的社会主义现代化国家、实现中华民族伟大复兴的中国梦，必须在新的历史起点上全面深化改革，不断增强中国特色社会主义道路自信、理论自信、制度自信。”①

如果说“北京共识”主要以中国经济发展模式为关切点，那么，以预测未来局势而闻名遐迩的约翰·奈斯比特（John Naisbitt，1929—　）则显示了其对于中国政治模式分析的尝试。作为一个中立的旁观者，奈斯比特通过自己对中国的深度观察，在其2009年出版的《中国大趋势》一书中提出了对于中国模式的研判：“尽管中国在经济上拥有‘黑猫、白猫’，但是中国政治‘猫’的颜色从未改变，西方式的民主也从未在中国兴起……西方国家总是喜欢按照自己的思维——相信西方国家的模式才是最佳政治模式——来理解中国的改革开放。这一思维必然导致失望和不现

① 中国共产党第十八届中央委员会第三次会议：《中共中央关于全面深化改革若干重大问题的决议》。

实的妄想。”[①] 奈斯比特敏锐地看到了中国坚守的依然是属于他自己的而非西方的经济模式和政治模式，而且他还以一个他者的立场告诉世界，中国模式不但是独特的，而且对其他发展中国家的发展道路可能具有更为实际的意义。

> 曾经，“学界和政策界对于中国模式的讨论中，大多数聚焦于中国经济发展模式的讨论，有意或无意地回避对政治模式的讨论。不过很显然，不了解中国政治模式，就很难理解其经济模式。在中国社会文化形态中，政治因素对中国模式的影响，远比经济因素有力。政治模式是中国模式的核心”。[②] 故此，深入研究中国政治模式应当是正确理解、解释中国的必由之路。

受爱尔兰在制宪修宪中产生公投式民主的启发，本书追溯了新中国宪法史，试图发现中国因制宪和修宪而生成的民主模式，这种民主模式是一国制宪与修宪时的程序选择。与爱尔兰比较而言，如果都抛开选举民主成分，爱尔兰的民主特色是公投，而中国民主的特色是协商。其他西方国家为了弥补代议制民主的缺陷，未必会选择爱尔兰的公投式民主，但是似乎都在探讨实行一种本质上的直接民主作为代议制民主的补充。与其他西方国家相较，可以说它们的民主模式是选举为主协商为辅，而中国的民主模式则是协商为主选举为辅。当然，我国的协商民主固然重要，但是协商民主不能替代选举民主，两者都需要加强与完善。

分析爱尔兰的宪法性公投，我们发现无论是来自欧盟还是来自其他国家以及爱尔兰国内的诸多政治力量，在爱尔兰的公投选战中都有一种政治必须通过法律发挥作用的共识，不同的意见方在公投中参与表达意见，最终的公投结果被吸收进爱尔兰宪法。所以说，宪法是政治通过法律发挥作用的规范依赖。“宪法是一个无穷无尽的、一个国家的世代人都参与对话

---

① ［美］约翰·奈斯比特：《中国大趋势》，魏平译，中华工商联合出版社 2009 年版，第 6 页。

② 郑永年：《民主，中国如何选择》，浙江人民出版社 2015 年版，第 175 页。

的流动的语言。”[①] 所谓流动的语言，应当是指宪法凝聚着一个民族国家的价值共识，尊重宪法、培育宪法爱国主义情怀有利于公民的民族国家认同感的形成。

新中国成立66年了，中国公民到底有怎样的民主认知？他们是如何看待自己的国家的？解决这样的问题，较大规模的问卷调查显得十分必要，但若要保证问卷的有效性，选择恰当的调查对象尤为关键，这个调查对象应当是相对较为了解研究问题的群体。在中国，对于民主诸多问题更为耳熟能详的一个群体应当是十大社会阶层中的国家与社会管理者阶层，他们是联结国家与社会的媒介，是下情上达和国家法律、政府政策实施效果的亲历者。而且中国的民主基础历来是强国家、弱社会模式，这种模式下的改革发展推手主要来自管理者阶层。所以说，针对这个群体的实证调查结果对于问题的最终解决具有更为实际的意义。2010 年 11 月 18 日，中共中央《关于全面深化改革若干重大问题的决定》已经提出了全面深化改革的总目标，即完善和发展中国特色社会主义制度，推进国家治理体系和治理能力现代化。治理者的思想模式会决定他们的行为，更会影响中国的未来发展前途及命运。所以，本书的实证调查选择以管理者为调查对象。

我们研究民主模式终究是为了搞清楚“我是谁”这个问题。“国家身份是一个国家成为一种而非另一种事物。”[②] 自从成为一个独立主权国家以来，国家身份选择问题就成了身处国际环境中的中国问题。国家身份应当是主权国家从国家利益出发的主动选择，国家身份的确定既是对自我影像的界定，也是对外界正确解释自我的重要依据。而要使所有中国人都认同自己的国家，必须回归宪法。“一个中国人，不管是汉族还是少数民族，可以有双重的价值认同，一重是受到充分尊重的、没有被压抑的对自身宗教和族群文化的认同，另一重是对国家公共价值的政治认同。”[③] 而这一国家公共价值的政治认同要仰赖宪法，通过宪法培养公民的宪法爱国主义

---

① ［美］劳伦斯·却伯：《看不见的宪法》。转引自焦洪昌《宪法学》，北京大学出版社 2013 年版，第 6 页。

② James D. F，“*What Is Identity?*”，转引自李开盛、胡贵生《民族复兴背景下当代中国的国家身份选择》，《国际社会科学杂志》2010 年第 1 期。

③ 许纪霖：《今天我们如何爱国》（http：//www. 21ccom. net/articles/zgyj/gmht/article_2013100993264. html）。

情怀，唤醒公民的国家认同感。

政治学家本杰明·巴伯（Benjamin Barber，1939— ）说："美国好像存在两种民主：一种是由国家政党、总统政治以及官僚机构的方针政策所界定的民主，它是一个围绕在华盛顿周围的世界，它是由政客所组成的圈子，并且将普通公民排斥在外；另一种则是由邻里和街区协会、家长教师联谊会以及公众行动团体所界定的民主，它具有一个不大于城镇或者县但具有密切交往的区域，在那里人们集合而成各种小组来裁决分歧或者规划公共事业。我们带着某种轻蔑的口吻将前一种方式称为'政治'。但是对于第二种，尽管我们几乎根本没有把它与政治或民主联系起来，然而我们是充满喜悦之情的，称赞那种良好的邻里关系和生机勃勃的积极行动。"① 巴伯将注重参与的邻里民主定位为强势民主，而将那种流行的以选举为标志的自由式民主称为弱势民主。巴伯认为强势民主可以弥补古老的自由主义民主的缺陷，也可以帮助人们认真对待自己的公民身份。那种不同于自由式民主的参与式民主可以使人们发现公民身份不仅仅意味着选举和纳税，也许你没有时间参与选举，但是这不能说明你不关心公共事务和共同体的善。

巴伯的研究无疑是对于美国选举民主的深刻反思。无独有偶，瑞典学者博·罗斯坦（Bo Rothstein，1954— ）曾说过一段有趣的话："环绕我的家乡——瑞典西部的斯德哥尔摩——行驶时，人们偶尔看到汽车保险杠上贴有红色的贴条，贴条上写着'对美国好一点儿……否则，我们就把民主带到你们的国家'！"②

古往今来，希望借助"巴别塔"以集体力量共同应对困境几乎是人类的本能，然而，每个民族国家终究都是独特的，当人类面对如何消弭因语言文化不同而带来的误解迷雾时，还是以互相尊重为本。尽管没有一个国家能够躲避全球化这列快车，但是至少在政治民主模式上请保持边界！

---

① ［美］本杰明·巴伯：《强势民主》，彭斌、吴润洲译，吉林人民出版社2011年版，第1页。

② ［瑞典］博·罗斯坦：《政府质量：执政能力与腐败、社会信任和不平等》，蒋小虎译，新华出版社2012年版，第87页。

第一章　切入点：不同于选举的公投

第一节　公投的内涵

“公投”即“公民投票”。中文中的“公投”一词属于舶来品，因此，要认识清楚其含义同样要回归词源本身及其概念变迁史。在英文中，用来表示“公投”的词汇有三个：ballot、plebiscite 和 referendum。

Ballot 一词从词根上讲无疑与“球”（ball）有关。“古时候，希腊和罗马人的选举每每采用类似我们今天所用的无记名投票这一方式。不同的是，他们投的不是票，而是小石球或小金属球之类的东西。白色小球表示赞成，黑色小球表示反对。此类小球意大利语为 ballotta。究其来龙去脉，英语 ballot 便是源于该词。经过长时间的演变，ballot 几乎全然丧失其原义，后来转为表示‘选票’、‘投票’等。”① 亚里士多德的《雅典政制》中有大量对于 ballot 的描述，几乎可以印证上述语言学者的说法。

> 雅典人在投票选举陪审官时，用骰子投票，骰子是铜质的，有黑色和白色两种。通常先由执政官抽出一个骰子，如是白色的，则挂票架上最初五票的拥有者便为陪审官；如为黑色的，则最初五票的拥有者落选。同样，在法庭审判中，雅典人也用金属球投票决定审理结果，所用的投票球是铜质的，这些投票球中一半是穿孔的，另一半是不穿孔的，指定取票的官吏会给每个陪审官两个球，其中，一个是穿孔的，一个是不穿孔的。在法庭上摆放两个瓶子，一个是铜质的，一

---

① 庄和诚：《英语词源趣谈》，上海外语教育出版社 1997 年版，第 70 页。

> 个是木质的，陪审官将有效的票投入铜瓶，同时将无效的票投入木瓶。当所有陪审官都投票结束以后，由侍者将铜瓶中的所有有效票倒在计票盘上，投票球和计票盘上的凹穴数是等同的，计算票数的人在计票盘上统计投票球情况，穿孔的投票球属于原告，不穿孔的则属于被告，得多数票者胜出，如票数相等，则被告胜。①

可见，ballot 在雅典人的生活中具有非同寻常的意义。近现代以来，人们将秘密投票称为“vote by ballot”。由于规范意义上的秘密投票方式首创于澳大利亚，故而也被称为“澳大利亚秘密投票法”（Australian ballot）。

Plebiscite 源于拉丁文 *plebis scitum*，意为“平民的决议”。该词最早的使用记录是公元前 4 世纪的古罗马共和国时期，用来指称具有纳税资格并能参与作战的普通罗马市民。这些人在与贵族对抗的过程中，以“平民大会”（Concilium Plebis）为议论政事的机构，通过决议表达对重要事项的赞成或反对。后来这一拉丁语再由法文传入英文，衍生出了投票的含义。

Referendum 一词源于拉丁文 *ad referendum*，其原意是指由外交官签署的必须经国内有关机关确认后方能生效的协议。19 世纪 80 年代以来，英语世界普遍采用 referendum 指称公民投票，其内涵始演变为现在的意义，指在某个国家或特定地区内，享有投票权的全体人民就本国或本地区内具有重大影响的问题进行直接投票表决。

综上，就本质而言，“ballot”“referendum”“plebiscite”都是指全体公民通过行使投票权利对国家或社会重大或特定而敏感的问题所进行的公民直接投票。可以说，现代社会中，在一国疆域之内，指称所有层次上的公民就重大事项的投票时，这三个词可以互换使用。这里的投票主体“公民”显然对应的是不与主权国家连接在一起的“非公民”，所以，本书中并不涉及 20 世纪大规模出现的借助公民投票表达民族自决愿望的“人民自决”问题，仅仅讨论主权国家之内的针对重要事项的投票问题。同时，需要说明的是，在中文习惯中，公民投票有时也被人们称为“全

① ［古希腊］亚里士多德：《雅典政制》，日知、力野译，商务印书馆 1999 年版，第 67—69 页。

民公决”。

“公民投票”意义上的三个词，“referendum”直到近代才出现，应当比“ballot”和“plebiscite”出现更晚。从它们出现的时间先后判断，显然，在讨论近代以前的公民投票内容时对应的词汇应当是“ballot”和“plebiscite”。在古典时期雅典的公民大会或罗马的平民大会曾经就重大问题采用全体公民投票表决，公民投票的内容既包括选举公投，也包括法律公投，以及重大事项公投。因此，彼时，“ballot”和“plebiscite”既具有“公投”，也具有“选举”的含义。

近代以后，随着民族国家的出现及其规模的逐渐扩大，立法权从行政权中分离了出来，此后，公投问题变得复杂化。选举公投、法律公投以及其他重大事项公投则不一定是全体公民直接参与。选举国家元首、决定国家公务人员的去留可能由人民直接选举决定，也可能由人民的代议机构为之；法律议案以及重大事项可能由全体公民直接投票创制，也可能由行政机关或立法机关提出草案再交由全体公民投票复决生效。在这里，法律议案或重大事项由全体公民直接创制时，称为“公民创制”（initiative），若是由行政机关或立法机关提出再交由全体公民投票复决生效则被称为“公民复决”（referendum）。应当说，随着国家与社会事务的日益规模化、复杂化，逐渐出现了专门用以表述针对法律及重大事项进行“公民投票”的词汇“referendum”，以及专门用以表述秘密投票的用语“vote by ballot”。

据此，我们可以推断，近现代以来，在西方国家，公民投票行为与选举行为出现了分野，两者形成了不同的政治现象。粗略地看，选举是对人而非对事的，法律公决及其他重大事项公决则是对事而非对人的。总之，从近现代公民投票的具体事项辨析，公投不同于选举。在现代的英文语境中，公投的常用表述为“referendum”或“vote by ballot”；而选举的常用表达是“election”，这一词汇与英文“精英”（elite）有着相同的词根。以上词源的追溯似乎可以印证公投主要源于古希腊，而选举主要源于古罗马。虽然两个地方都存在公民参与政治的现象，但是，“罗马这个体制的关键不是公民大会，而是元老院，它可以恰当地被称为罗马的政府。考虑到对民众参与无穷尽的各种限制，在罗马，除非，而且直到元老院同意后，才有可能采取任何政府行动”。[①] 整体而言，古罗马强调候选人和指定候选人的人都限于精英的贵族统治；而古希腊则强调共同体的善。所以，“对希腊来说，‘选举制度’是一个错误的标签”。[②]

第二节 古典公投的民主特质

追根溯源，我们发现表示公民投票的三个常见的英文词“ballot”“plebiscite”“referendum”中，“ballot”和“plebiscite”应当与古典时期的投票活动有关。如果说“plebiscite”折射出的是古典时期的投票主体出现了平民这一事实，那么“ballot”一词留给后人的则是古典时期人们采用抽签方式投票的物理记忆。另外一个词“referendum”直到19世纪80年代始被用于指称公民投票。这些从历史深处走来的概念无声地告诉我们，如果仔细分辨，古典民主模式其实不同于西方近代以来的民主政治实践。就参与的主体而言，古典时期的公民投票显现的是一种大众民主而非纯粹的精英民主；就采用的实际形式而言，古典时期的公民投票彰显的是一种直接民主而非间接民主；就采用的具体手段而言，古典时期的公民投票本质上是一种抽签式民主而非选举式民主。以下将以雅典这所“全希腊的学校”为样本分析古典时期公投的民主特质。

一 大众民主

> 我们的政府体制并不是对我们邻邦制度的照搬，那主要是我们自己的模式，而不是模仿他人的模式。我们的制度之所以被称为民主制度，是因为权力不是掌握在少数人手中，而是掌握在全体人民的手中。[③]

以上是雅典执政官伯里克利（Pericles，前495—前429）对于雅典民

① ［英］芬利：《古代世界的政治》，晏绍祥、黄洋译，商务印书馆2013年版，第112页。

② 同上书，第90页。

③ Thucydides, *Pericles'Fumeral Oration*，转引自［英］戴维·赫尔德《民主的模式》，燕继荣等译，中央编译出版社2008年版，第16页。

主政制的由衷赞美之词。那么，在当时的雅典，哪些人是伯里克利所言的“人民”呢？要搞明白这个问题，必须回溯至古典时代希腊的城邦。城邦是理解雅典“人民”问题的一扇窗。

独立而自治的希腊诸城邦各自为政，间或相互袭扰地维持了几个世纪之久，由此形成了独特的希腊城邦政治结构及希腊人厚重的城邦观念。从词源上看，希腊文的“公民”（polites）一词正是由城邦（polis）一词衍生而来的，其原意为“属于城邦的人”。亚里士多德是这样描述希腊的城邦的：“城邦的生长出于‘生活’的发展，而其实际的存在却是为了‘优良的生活’。…… 城邦是若干公民的组合。……城邦的一般含义就是为了要维持自给生活而具有足够人数的一个公民集团。若干公民集合在一个政治团体以内，就成为一个城邦。”[①] 总之，在亚里士多德看来，判断一个城邦的实质要素不是人口、城垣，而是要看它是否由“公民”组成。显而易见，亚里士多德眼中的“公民”应当就是伯里克利所说的有政治参与权的“人民”。可以说古希腊的公民与其城邦如影随形、休戚与共。

哪些人是“属于城邦的人”或者说是雅典的公民呢？亚里士多德指出，“一个正式的公民应该不是由于他的住所所在，因而成为当地的公民；仅仅有诉讼和请求法律保护权利的人也不算是公民……，公民是凡得参加司法事务和治权机构的人们。在民主政体中，凡属公民就终身具有参加议事、司法和行政机构的权利”。[②] 也就是说，只有那些能够分享政治权力、参加统治职能的人才是真正“属于城邦的人”。在雅典人的观念中，公民是一种政治身份。雅典人的理想人生轨迹是先成为家庭和村社的成员，成年后经过庄重的仪式取得公民资格，然后进入城邦公共生活领域，成为“属于城邦的人”。通过积极参与各种政治活动逐渐养成“个体属于城邦”这种政治角色的认同。公民认为他们是属于城邦的人，城邦也属于他们，公民身份意味着他们是城邦国家的主人，同时，他们也依赖城邦国家得到保护，为此，他们衷心地服从国家的统治。“城邦以正义为原则。由正义衍生的礼法，可凭以判断人间的是非曲直，正义正是社会秩序的基础。”[③] 故而，希腊人视城邦为神物。能够成为“属于城邦的人”几

① ［古希腊］亚里士多德：《政治学》，吴寿彭译，商务印书馆 1965 年版，第 7、113 页。

② 同上书，第 114 页。

③ 同上书，第 9 页。

乎是雅典人崇尚的一种荣誉和一生的追求，他们不会有与城邦分离的意念和要求，除非迫不得已。所以，亚里士多德说：

> "人类自然是趋向于城邦生活的动物。凡人由于本性或由于偶然而不归属于任何城邦的，如果不是一个鄙夫，那就是一位超人。"不属于任何城邦的人被荷马（Homer，公元前800—前600）称为"出族、法外、失去坛火（无家无邦）的人。"①

那样一些人会被鄙视为自然的弃物。为什么希腊人会有这样的观念？因为希腊的政治文化是自由成年男性文化。在雅典人的观念中，民主政治意味着全体公民的统治，更确切地说，是全体成年男性公民的统治。妇女、外邦人以及构成城邦居民多数的奴隶都被排除在政治生活之外。妇女没有参与政治的权利，"雅典本地的自由女性只有出于家族目的才被当作'公民'来看待，他们不能参与政治，他们的公民资格不过是生育公民子孙的手段"。② 与此同时，由于希腊社会中存在自由人与奴隶的基本区分，使自由人常常从奴隶的受奴役状态中体味着自由的弥足珍贵。奴隶从属于主人，没有独立人格，受主人的任意支配，不能依照自己的意志生活。而"自由人"即成年男子，自从其父亲的控制下解放出来之时，便具有了独立的人格，可以依照自己的意志生活，享有某些城邦的权利并履行相应的义务。自由人只服膺于城邦的法律，不屈从于任何具体的个人，从这一意义而言，属于城邦的感觉在希腊人的观念中似乎等同于自由。成年男性为了成为"属于城邦的人"，往往会围绕着公民权展开不惜代价的殊死斗争。总之，在雅典古典时期，民主政治实质上是公民群体中的平民占主导地位的政治制度，贵族精英不再像过去君主制时代或贵族共和制时代那样拥有政治决策权，但他们也并未被排除在政治生活之外，虽然丧失了政治决策权，但是通过提出合理政策建议的方式来获得领袖地位的大门并未向他们关闭。当然，贵族精英们的建议是否被采纳，其决定权则在公民大众手中。由于政治精英的每一项政策建议都必须经过公民群体的讨论和投

① ［古希腊］亚里士多德：《政治学》，吴寿彭译，商务印书馆1965年版，第7—8页。

② ［英］戴维·赫尔德：《民主的模式》，燕继荣等译，中央编译出版社2008年版，第23页。

票，这意味着每一次他们都要经历政治上的考验。想要保持政治领导地位，他们就必须不断提出符合公民群体利益的，从而能被公民群体所接受的政策建议。故而，雅典的政治精英是受制于公民大众的，而不是相反。从这个意义上说，雅典民主制和现代西方的精英民主呈现出殊为不同的特征。

二　直接民主

> 雅典的成年男性公民，在公元前5世纪的绝大部分时间里，从来没有达到4万人到4.5万人。这些数量如此之少，且集中在小的居民群体中的人，过着一种典型的地中海式户外生活，所以古代雅典是面对面社会的典型。①

面对面社会的重要结果是公民对政治的直接参与。在那里，公民作为国家的主人直接管理自己的事务，而不通过中介和代表，统治者与被统治者实现了身份的重合。可以说是古希腊开创了直接民主模式，故此，直接民主亦被人们称为“城邦民主”。顾准认为：“所谓直接民主制就是城邦的政治主权属于它的公民，公民们直接参与城邦的治理，而不是通过选代表，组成议会或代表大会来治理国家（即所谓代议制度）的那种制度。”②在这种政制中，希腊城邦具有多元的公共空间和发达的公共生活。随着希腊城邦的兴起，公共建筑开始在希腊各地出现。“城邦最主要的公共建筑可以分成三类：一是宗教性公共建筑如神庙、圣殿、祭坛和公共墓地；二是城邦的市政建筑如市政广场、议事大厅、公民大会会场、法庭、公共食堂等；三是城邦社会与文化活动的场所如体育馆、运动场、摔跤场、露天剧场等。”③考古资料表明了这些公共建筑出现的时间，在城邦基本的政治机构如公民大会和议事会出现的同时，市政公共建筑，如市政广场、公民大会会场和市政大厅也随之出现。最早的神庙出现于公元前8世纪，在

① M. I. Finley, *Democracy Ancient and Modern*, London: Chatto and Windus, 1973, p. 17—18.

② 顾准：《希腊城邦制度》，中国社会科学出版社1982年版，第10页。

③ 黄洋：《希腊城邦的公共空间与政治文化》，《历史研究》2001年第5期。

时间上同城邦的兴起相吻合。在同一时期，体育场、体育馆、摔跤场等文化性公共建筑也相继出现。“城邦创造了一种全新的社会空间——一个以市政广场及其公共建筑为中心的公共空间。在这里，人们就涉及公共利益的问题进行争论。权力不再限于王宫之中，而是置于这个公共的中心。”①

多元的公共开放空间培育了希腊城邦公民普遍的公共意识。能够参与政治过程、分享政治权力是每个具有公民资格的人的最大的自由、梦想和光荣。在希腊公民的观念里，总是集体决定自己的命运，因而，服从公民集体就是服从自己。在雅典，从来都是公民直接参与公共事务、集体利益高于私人利益。伯里克利在雅典民主极盛时说：“在我们这里，每个人不仅关心个人事务，而且关心国家事务：即便是那些总是忙于自己事务的人也熟知一般的政治生活——这是我们的特点；我们并不认为对于政治不感兴趣的人是一个只想着个人事务的人，我们只是认为他在这里根本没有任何事情要做。”②

雅典的公民大会是城邦的最高权力机关，“公民大会对有关战争和和平、媾和、财政、立法、公共工程，总之，有关政府活动的各个方面，享有最后的决定权，它是一个数千人的户外集会，是那些年满 18 岁且在规定的日子里被选择出席的公民的集会”。③ 他们以投票的方式对所有重大事务进行决策，所有公民都有参与大会辩论和表决的权利。“在亚里士多德时代，公民大会一年一般开会 40 次，均匀分布在全年中。”④ 也就是说，每隔八九天的时间，雅典的公民就要从四面八方聚集起来讨论国家大事并投票决策，这样频繁的参与令人难以想象。芬利（Moses Finley，1912—1986）说：“雅典公民大会通常在一个名为普尼克斯的山丘上举行，圆形会场依山就势；在这样一个露天场地，数以千计的人在没有现代扩音装置的大会上，又须在当日完成繁复的议事日程，难以相信一个普通公民会愿意或敢于发言。若有，谁又能听得见。”⑤ 也有学者说，“雅典人

---

① P. Vidal-Naquet, *The Black Hunter*: *Forms of Thought and Forms of Society in the Greek World.* 转引自黄洋《希腊城邦的公共空间与政治文化》，《历史研究》2001 年第 5 期。

② Thucydides, *Pericles' Fumeral Oration*。转引自戴维·赫尔德《民主的模式》，燕继荣等译，中央编译出版社 2008 年版，第 16 页。

③ ［英］芬利：《古代世界的政治》，晏绍祥、黄洋译，商务印书馆 2013 年版，第 90 页。

④ 同上书，第 93 页。

⑤ ［英］芬利：《希腊的遗产》，张强等译，上海人民出版社 2004 年版，第 32 页。

通常是在雅典卫城西面的普尼克斯山半圆形的山坡上集会。它的形状确保了每一个参加者不仅能看到发言的人，也可以看到其他出席的人”。[①] 历史无法复原，后世学者对于雅典参加公民大会的具体人数，以及他们人数众多的会议又是如何运作的，始终充满好奇和猜测。

负责召集并主持公民大会、处理日常事务的是一个五百人议事会，这个议事会相当于公民大会的常设机构，任何公民都有权经过五百人议事会向公民大会提出建议与议案。作为公民大会的常设机构，议事会几乎每天都要召开会议，只有节日和不吉利的日子除外。据统计，雅典每年大约有75天节日和15天不吉利的日子，也就是说议事会每年要开260天会。议事会成员须年满30周岁以上，任期一年，不得连任。而且每一个公民一生中担任该职位最多不超过2次。根据现存的资料，曾经2次担任五百人议事会成员的例子并不多。这就意味着一代人（以学者们通常接受的30年计）之中，近15000人有机会直接参与管理城邦的日常事务，如此广泛的参与度是令人惊奇的。总之，雅典人给我们描绘了一幅整个城邦普遍信奉公民美德的图景。他们“通过政治的互动作用来表达和交流他们对善的理解”。[②]

三　抽签式民主

卢梭曾经在他的《社会契约论》中比较过抽签和选举，他认为“抽签和选举这两种选拔行政官的方法都曾在不同的共和国里使用过，而且至今在选举威尼斯大公时，我们还可以看到这两者的非常复杂的糅合。抽签的好处是每个人的条件都是平等的，而且选择也并不取决于任何人的意志，所以绝不会有任何个人的作用能改变法律的普遍性。抽签的方法具有民主制的性质”。[③]

人数众多的直接民主如何保证不滑向精英民主，雅典人的抽签式投票机制提供了类似安全阀的功能。因而，描述古典民主的特质时，表象地看

① ［美］迪耶·萨迪奇、海伦·琼斯：《建筑与民主》，李白云、任永杰译，上海人民出版社2006年版，第28页。

② C，Farrar，*Ancient Greek Political Theory as a Respose to Democracy*. 转引自［英］戴维·赫尔德《民主的模式》，燕继荣等译，中央编译出版社2008年版，第17页。

③ ［法］卢梭：《社会契约论》，何兆武译，商务印书馆2003年版，第138—139页。

是人民民主加直接民主，但核心的实质的一环却是抽签式民主而非选举式民主。亚里士多德曾指出："在梭伦（Solon，前638—前559）宪制中，因为人民有了投票的权力，就成为政府的主宰了。"① 但对于雅典人来说，民主政治的投票符号是抽签，他们并不偏爱选举，认为选举是贵族政治的象征。

雅典公民投票显现出独特的"轮番为治"的自治特色，而非精英独断。他们将全体公民直接参与国家管理的核心观念以抽签的手段通过轮流执政演绎成了生动的政治现实。他们通过抽签或按一定时间轮值等方式使每个公民都有同等的机会轮流担任公职。"雅典人遵循的不是代表原则，而是轮换原则，所以，进一步强化了公民大会的直接民主。绝对真实的是，每个雅典男孩出生之后，担任公民大会主席的机会，要超过赌徒掷出某个点的机会"。②

关于雅典人的抽签选举制，在亚里士多德的《雅典政制》中有详尽的描述。除了军事基金司库官、戏剧基金管理官、水井监督官以及所有军事官吏采用举手选举之外，绝大多数行政官员都由抽签任用。也就是说，在雅典民主政治中，选举并非常用的手段，通过抽签方式产生绝大部分的公职则非常普遍。五百人议事会就由抽签方式组成。其500名成员来自10个部落，每个部落50人。五百人议事会主席团的职位由各个部落轮流担任，先后次序由抽签决定，前四个部落每一部落任职36日，后六个部落每一部落任职35日，主席团有一个总主席，由抽签选出。任职期限为一日一夜，既不能延长，也不能再度担任此职。此外，雅典娜神庙司库官10人，公卖官10人，收款官10人，查账员10人，神庙修缮官10人，城市监督官10人，市场监督官10人，谷物看守人10人，港口监督10人，竞技裁判官10人，都由部落抽签选出。40名乡村巡回法官也是由抽签选出，每一部落4人。5个街道建筑官、10个会计员及他们的10个助手都是由抽签选出。另由公民大会抽签选出10名祭祀官。执政官、王者执政官、军事执政官由每一个部落轮流以抽签方式选出。9名执政官和1名法官的书记官，共10人抽签选举陪审法官。议事会议员可以连任一次，其

---

① ［古希腊］亚里士多德：《雅典政制》，日知、力野译，商务印书馆1999年版，第12页。

② M. I. Finley, *Democracy Ancient and Modern*, London: Chatto and Windus, 1973: pp. 19—20.

他官吏则不可以。而且包括选举产生的官职在内，所有官职并非由一人担任，而是由一个通常有10名成员（有时候更多）的委员会担任。由此看到，官职的选任同样体现了最为广泛的参与原则。通过多人共任一职的做法，雅典人几乎完全避免了在任何情况下由个人做出决策，而总是信奉集体的决定。此外，对官僚的管理还有一整套的监察制度，遴选出的官员在上任之前，要由"五百人议事会"和人民法庭（亦称陪审法庭）对其进行资格审查。官员（包括"五百人议事会"成员）在卸任之时，还要经过人民法庭的履职检查，这时如有公民就其任职行为提出指控，人民法庭就会依法进行审理。在任职期间，则由"五百人议事会"对其监督。①

这种普遍的抽签和轮流执政的政治生活方式，折射出雅典人追求近乎绝对平等的直接参与国家政治管理的观念，他们的民主政制模式实现了最大程度的政治平等。雅典人执拗地相信只要给予充分参与的机会，普通民众和社会精英一样拥有政治智慧。他们并不热衷于选举，认为选举是典型的贵族政治。相反，在罗马共和国时期，选举而非抽签成为遴选官员的主要途径，而且，十分有趣的是，罗马人自己以及那些珍爱罗马政治传统的人从不认为自己的政体是民主政体，因为他们鄙视雅典的民主政体。

第三节　近代以来公投的民主转向

西方的民主模式并非一以贯之，从古典民主到自由主义民主实际上发生了质的转变。源于古希腊的"democracy"最早指称的是古典民主，而近代以来的西方所谓的民主政体却更类似于罗马共和政体，与古代希腊的民主政治相去甚远。故而，不能简单地均谓之以"民主"。这一点可以从将公民投票的走向作为分析的切入点得到验证。

一　思想界对古希腊公民投票的诘难

谈到西方近代民主政制的转向问题，必须提及促成这种转向的思想基

① ［古希腊］亚里士多德：《雅典政制》，日知、力野译，商务印书馆1999年版，第50—68页。

础。自古希腊以来，知识精英们对古典民主的批判声音始终不绝于耳。古希腊耀眼的三巨头哲学家、三位著名的历史学家都参与其中。修昔底德（Thucydides，前471—前400）在其经典著作《伯罗奔尼撒战争史》中叙述了颇多雅典民主导致的道德败坏、行为堕落、权力滥用、不讲法治、压制富人的事情，难掩他对雅典民主政治的失望和恐惧之情。古希腊历史学家色诺芬（Xenophon，前427—前355年）几乎拥有同样的情结，在《苏格拉底回忆录》中，可以发现他和他的老师苏格拉底（Socrates，前469—前399）都对普通民众和雅典民主十分轻视。苏格拉底的学生柏拉图也不例外，其著名的"哲学王"遐想令世人感怀万千，在其论著《理想国》中，他通过"船长"和"巨大而有力的动物看护人"这两个故事，试图说明"真正的航海家"应当是具备必要的技能的少数人，而普通民众既没有经验也没有知识来进行政治判断①。普通民众是一种"巨大而有力的动物"，应当由哲学家对他们进行统治。在他眼里，只有哲学家才能充当统治者，普通民众根本没有能力管理好国家。因为他认为，神用金、银、铜、铁四种金属制造出了四种不同等级的人。一个社会中的护国者属于金质的人，哲学家属于银质的人，士兵属于铜质的人，劳动者属于铁质的人。只有最聪明、最智慧的监护者和辅佐者才适合作为统治阶层，普通劳动人民只适合做被统治者。他认为，"不加区别地把一种平等给予一切人，不管他们是不是平等者"这一理念是完全错误的，因为这一理念对于参与政治的人不进行区分。由此，必然导致政治过程欠缺专业性，效率低下。所以，在他的依据统治者的特征做出的政体类型的划分中，热爱自由的民主制仅仅比热爱权力的僭主制略好一些，其位次依次排在热爱金钱的寡头制、热爱胜利的军统制、热爱慈善正义的贵族制之后。他认为政治控制置于少数人手中的贵族制是最好的政体模式。柏拉图的雅典民主制的批评言论更对后世的人们产生了深远的影响，有评论家指出："柏拉图有关民主政制之道德局限性的论述，从来没有被超越。"② 柏拉图的弟子亚里士多德也对政体进行了分类，他依据统治者的数量及其价值取向，划分

① ［古希腊］柏拉图：《理想国》，郭斌和、张竹明译，商务印书馆 1986 年版，第 23、47 页。

② J. Dunn, *Western Political Theory in the Face of the Future.* 转引自［英］戴维·赫尔德《民主的模式》，燕继荣等译，中央编译出版社 2008 年版，第 33 页。

了君主制、贵族制、共和制、僭主制、寡头制和民主制六种政体模式。在他看来，君主制、贵族制、共和制下的统治者具有公心，是为了公共利益在进行治理；但僭主制、寡头制及民主制下的统治者都是为了其私人利益在进行统治。罗马共和国晚期具有重要影响力的政治家西塞罗（Cicero，前106—前43）虽然推崇雅典的文明，但却不喜欢雅典的民主。与柏拉图一样，他认为把地位不等的人置于同等的位置，这种平等"实际上是最大的不平等"。

进入公元后，在罗马帝国的版图不断扩大的时代，希腊"民主"已渐渐被人淡忘。西罗马帝国灭亡后，欧洲进入中世纪，中世纪不但没有产生对于民主政治本质的广泛思考，而且对古典民主的批评仍在继续。中世纪最重要的思想家托马斯·阿奎那（Thomas Aquinas，约1225—1274）追随亚里士多德也对政体提出了他自己的分类，阿奎那依照统治目的将政治区分为正义的和不义的两种，正义政治有平民政治、贵族政治和君主政治；不义政治有暴民政治、寡头政治及暴君政治三种。他曾这样谈论民主："不义的政治可以由许多人行施，那就叫作民主政治；在这样的情况下，整个下等社会变成一种暴君。"①

> 直到意大利文艺复兴以及意大利城市共和国繁荣时期，古典民主模式本身才被重新引入欧洲的政治思想当中。但是在卢梭以后及后来的马克思和恩格斯之前，公民直接参与的思想在许多方面还没有得到充分的重新评估、阐发和倡导。②

二　罗马选举的备受青睐

大约在公元前500年，罗马人赶走了他们的最后一个国王，开启了独立城邦的历史。罗马城邦形成时期的制度与早期希腊城邦的制度有些类似：最初国王拥有主权，即最高权力，只有贵族组成的咨询委员会和仅能

① ［意］托马斯·阿奎那：《阿奎那政治著作选》，马清槐译，商务印书馆1983年版，第46页。

② ［英］戴维·赫尔德：《民主的模式》，燕继荣等译，中央编译出版社2008年版，第33页。

对立法表示赞成或反对的民众会议对国王有一定的约束力。之后，就像希腊曾发生的那样，君主政体被废除，贵族成为社会的统治者。从前国王掌握的主权这时转移到了两名执政官手中。作为政府首脑由百人团会议选举并经元老院批准产生，任期一年，十年内不得连任。因无薪资报酬，执政官总是由贵族担任。元老院作为主要的立法、咨询机构，实际上掌握着广泛的实权，是罗马共和国的最高权力机构。其成员有300人左右，大多是贵族阶级团体，既不是抽签产生的，也不是选举产生的，而是实行终身制。即使在接纳了若干平民后，其性质仍未改变。民众会议并非一个组织，而是由四个会议组成：区会议、百人团会议、部族会议以及平民会议。其作用都十分有限，且为贵族所把持。我们并不否认，在罗马共和国的某些时期，公民参与有所加强，但这并不妨碍元老院对整个国家的控制。因此，可以肯定地说，"罗马共和国根本不是什么民主政体，而是一个贵族共和国"。[①]

> 事实上，在过去100多年里，大部分欧美学者都对罗马共和国是民主政体的说法嗤之以鼻。[②]

11世纪末期，共和主义在一定程度上复苏。当时，意大利北部的许多共同体无视教皇和帝国的法律控制权，创立了自己的"执政官"或"行政管理者"来管理自己的司法事务。后来，这种制度逐渐被一种政府所代替，这个政府由管理理事会组成，理事会由行政官主持，行政官由选举产生，拥有行政和司法的最高权力。到了12世纪末期，佛罗伦萨、帕都亚、比萨、米兰等城市都通过以上的管理理事会有效地使自己变成了独立的城市国家或城市共和国。事实上，文艺复兴时期的共和制，实质是贵族共和制。

马基雅维利（Machiavelli，1469—1527）的贡献在于，他使政治学与伦理分道扬镳而成为一门独立的学科，因而赢得了"政治学奠基人"的地位。他对16世纪意大利城市国家之间竞争和战争不断的状况反思得出的结论是：君主制、贵族制和民主制这三种主要的政府形式天生就是不稳

---

① 王绍光：《民主四讲》，生活·读书·新知三联书店2008年版，第12页。

② M. Allen, *How Democracy was the Roman Republic*? 转引自王绍光《民主四讲》，生活·读书·新知三联书店2008年版，第12页。

定的，而且势必会产生退化和腐败的循环。马基雅维利甚至直接把雅典看作退化的民主的典型。马基雅维利也认为，“混合政府”可以弥补单个政府形式的缺陷，因为“混合政府”最有能力在对立的集团利益之间，尤其是富人和穷人之间进行利益平衡。他认为自由的基础不仅在于有一个自治政权和积极参与政治的意愿，而且还在于冲突和分歧，因为允许冲突和分歧，公民才可以促进和捍卫其利益。[①] 卢梭被人们称为“18 世纪的马基雅维利”。[②] 他与马基雅维利一样是古代雅典民主观念的批评者，关于卢梭，我们在后文中再详细分析。

在 1788 年出版的《联邦党人文集》中，詹姆斯·麦迪逊（James, Madison，1751—1836）博采众长，他吸收了霍布斯（Hobbes，1588—1679）、洛克（Locke，1632—1704），以及孟德斯鸠（Montesquieu，1689—1755）的观点。依循霍布斯的传统，他坚持政治建立在私利的基础之上；依循洛克的传统，他坚持建立一个受到法律限制，并最终对人民负责的公共权力来保护个人自由是十分重要的；依循孟德斯鸠的传统，他坚持分权原则是形成一个合法国家的核心。在麦迪逊看来，纯粹民主总是呈现出一片混乱和纷争的局面，无法与个人安全或财产权相容，麦迪逊甚至尖刻地挖苦说：“即使所有雅典公民都像苏格拉底那样睿智，其公民大会仍然会是暴民的统治。这样的民主政治一般都非常短命，且暴毙而终。”美国另一位著名的建国者亚历山大·汉密尔顿（Alexander Hamilton，1757—1804），曾经援引罗马共和国“百人团大会”和“部落大会”分享权力的例子试图为当时联邦与各州分享征税权的原则辩护。美国的缔造者们对于罗马政制的偏爱从其参议院的名称上亦可见一斑，美国“参议院”（Senate House）一语就直接源出于罗马“元老院”（Senatus）一词。因写作《论美国的民主》而名声大噪的托克维尔（Tocqueville，1805—1859）又是如何评价民主的呢？他坦承：“在思想上我倾向民主制度，但由于本能，我却是一个贵族——我蔑视和惧怕群众。自由、法制、

---

① 参考［英］戴维·赫尔德《民主的模式》，燕继荣等译，中央编译出版社 2008 年版，第 51 页。

② J. G. A. Pocock, *The Machiavellian Moment: Florentine Political Thought and the Atlantic Republic Tradition.* 转引自［英］戴维·赫尔德《民主的模式》，燕继荣等译，中央编译出版社 2008 年版，第 54 页。

尊重权利，对这些我极端热爱——但我并不热爱民主。我无比崇尚的是自由，这便是真相。”①

故而可以说，“在现代资本主义国家中，民主充其量不过变成了自由主义的同义词。占主导地位的意识形态趋向于淡化民主的思想，使之完全融化于自由主义的观念之中，不是将自由主义作为代表民众权力之民主政治的补充，而是作为它的替代物”。②

> 故而，一言以蔽之，大量的证据显示，如果对西方近现代以来的民主模式寻根问底的话，似乎应当在它与罗马共和政体之间寻求某种关联，如果在它与古希腊民主之间非要找出点什么联系，似乎是在缘木求鱼。

三　近代以来代议制下的公民投票

在传统欧洲史学中，1453 年拜占庭的陷落和美洲新大陆的发现，一直被认为是中世纪的结束与近代开始的标志。“从 15 世纪到 18 世纪，欧洲存在着两种占统治地位的政体形式：法国、普鲁士、奥地利、西班牙、俄国以及其他地区的绝对君主制；英国、荷兰的立宪君主制和共和制。”③无论如何，绝对专制主义在欧洲历史上的影响是不容小觑的，“绝对专制主义帮助开启了一个创建国家的过程，这个过程开始缩小国家内部的社会、经济、文化差异，进而扩大了国家之间的差异”。④

据戴维·赫尔德的考据，“16 世纪初期，欧洲大约有 500 个独立性程度不同的政治单位都被吸收进了这种更强的政治结构之中了。可以说，现代国家的直接来源是绝对专制主义和绝对专制主义创造出来的国家间的体

---

① ［法］托克维尔：《社会平等与政治自由》，载托克维尔《旧制度与大革命》，冯棠译，商务印书馆 1992 年版，第 4 页。

② Wood, *Democracy: An Idea of Ambiguous Ancestry.* 转引自黄洋《民主政治诞生 2500 周年？——当代雅典民主政治研究》，《历史研究》2002 年第 1 期。

③ M. Mann, *The Sources of Social Power.* 转引自［英］戴维·赫尔德《民主的模式》，燕继荣等译，中央编译出版社 2008 年版，第 68 页。

④ C. Tilly, *The Formation of National States in Western Europe.* 转引自［英］戴维·赫尔德《民主的模式》，燕继荣等译，中央编译出版社 2008 年版，第 69 页。

系。在把政治权力集中于手中并寻求创造一个核心统治体系的过程中，绝对专制主义为民族国家和世俗权力体系开辟了通道”。[①] 当然，绝对专制主义不会主动革自己的命。18 世纪以来，工业革命兴起，伴随着传统共同体生活的瓦解，众多民族国家得以确立。在这一新的统治体系创建过程中，来源于马基雅维利和卢梭的共和主义传统之上的自由主义传统和契约论思想起了重要作用。霍布斯常常被人们称为“专制契约论者”，他是推动近代思想由专制主义走向反对暴政的自由主义的一个重要转捩点。他反对君权神授，但仍然牢牢坚持君主制，当霍布斯否弃神授君权，发现个体的人能够通过同意程序让渡自己全部的权利给力量无穷的利维坦时，他设想的作为制度安排的民主是“天生爱好自由和统治他人的人类生活在国家之中，使自己受到束缚，他们的终极动机、目的或企图是预想要通过这样的方式保全自己并因此而得到更为满意的生活”。[②] 而 40 年后的洛克则对霍布斯式的民主安排不以为然，他不无讥讽地说：“这就是认为人们竟如此愚蠢，以至于注意不受狸猫或狐狸的可能搅扰，却甘愿被狮子所吞食，并且还认为这是安全的。”[③] 洛克赞同英国 1688 年的温良革命及其冲突解决方式，主张对王权施加某种宪法上的限制并探索通过宪法分割主权。他认为：“在自然状态，人人自由平等，大家都服从自然法，这种自然状态的缺陷在于没有成文法和公正的裁判者，甚至没有执法机关，人们实行自力救济。对于自然状态之缺陷的补救办法是建立一种协议或契约，以此创建一个独立的政治社会，其次，形成一个‘公民组织’或政府。”[④] 洛克这里借以创设独立国家与法治政府的公法上的契约即是所谓宪法。洛克被人们称为“自由主义契约论者”，他对 1688 年的英国革命称赞有加，倡导对王权施加某种宪法上的限制。

尤其在 1689 年《政府论》诞生之后，西方世界的政府与个人关系的认知发生了显著的变化，出现了将政府权力视为个人权利的对立

① ［英］戴维·赫尔德：《民主的模式》，燕继荣等译，中央编译出版社 2008 年版，第 70 页。

② ［英］霍布斯：《利维坦》，黎思复、黎廷弼译，商务印书馆 1985 年版，第 128 页。

③ ［英］洛克：《政府论》（下篇），瞿菊农、叶启芳译，商务印书馆 1993 年版，第 57 页。

④ 同上书，第 5 页。

面的观念。认为政府的存在意义就是更好地保障公民的权利和自由，必须对政府的管辖权限进行限制，才能确保每个公民可能拥有的最大自由。这种由他所开创的自由主义宪政传统自18世纪以来逐渐成了不断变化着的欧美政治哲学的核心理念。

“就大多数方面而言，是洛克而不是霍布斯的理论奠定了自由主义法治的基石，并为代议制政府的传统铺设了道路。同霍布斯相比，洛克对实际政治的影响是相当大的。”[①] 法国的政治理论家孟德斯鸠在洛克的基础上更进一步，他在原来的立法与行政分立的基础之上，明确提出司法与行政的分立。他完善了西方的代议制政府理论，使三权分立的架构在理论上变得更为精巧。孟德斯鸠认为，在日益复杂化的现代条件之下，自由只有建基在一套制度化的分权与制衡框架之上才是现实的、可行的。他的权力制约理论已然成了至理名言：

> 一切有权力的人都容易滥用权力，这是万古不易的一条经验。从事物的性质来说，要防止滥用权力，就必须以权力约束权力。我们可以有一种政制，不强迫任何人去做法律所不强制他做的事，也不禁止任何人去做法律所许可的事。[②]

概言之，从18世纪后期开始，建立在自由主义基础之上的民族国家的政府模式基本上转向为代议制格局，雅典人创立的古典民主传统随之亦出现了转型。近代以来的西方民主实质上是一种自由主义民主，人们通常将18—19世纪的自由民主模式称为近代民主，将20世纪的自由民主称为现代民主。自由主义民主与古典民主最大的不同即在于它是一种“代议制民主”。“代议制民主”这一专门概念是汉密尔顿在1777年首次明确提出的。在麦迪逊那里，索性用“共和政体”指称“代议制”，在他看来，“共和政体——指的是采用代议制的政体。民主政体和共和政体的两大区别是：第一，后者的政府委托给少数公民来管理，而这些公民则是由其他

① P. A. Rahe, *Republic Ancient and Mordern.* 转引自［英］戴维·赫尔德《民主的模式》，燕继荣等译，中央编译出版社2008年版，第78页。

② ［法］孟德斯鸠：《论法的精神》，张雁深译，商务印书馆1961年版，第154页。

人选举出来的；第二，后者能够管理更多的公民、更广阔的土地”。[①] 功利主义思想家本杰明·边沁（Jeremy Bentham，1748—1831）也表达了他对于代议制的偏好，他认为“代议制政府是从目标和效果上能够使最大多数获得最大幸福的唯一政治形式”。[②] 19 世纪，代议制民主理论的集大成者约翰·密尔（John Mill，1806—1873）在其影响深远的《代议制政府》中提出，“在现代条件下，理想上最好的政体是代议民主制，在此制度下，人民通过由他们定期选出的代表行使最后的控制权。代议制民主甚至可以被夸赞为现代的伟大发现”。[③] 到了 19 世纪末 20 世纪初期，两位影响西方民主政治历史的思想家韦伯（Weber，1864—1920）和熊彼特（Schumpeter，1883—1950）都认为“民主充其量不过是选择决策者并制约其过分行为的手段”。[④] 就这样，自从代议制政府产生起，在现代自由主义那里，选举逐渐被简约为现代民主的符号。那么，即使是在 20 世纪，消除了种族、性别、财产歧视的普选所产生的代议制政府果真能够保证每个公民平等参与政治的自由吗？

这恰好构成我们关注公民投票的缘由。事实上，随着近代代议制政府的产生，选举代表做出决策的选举现象与全体公民对于法律及重大事项的投票现象出现了分野。公民投票这一直接民主形式在我们这个世界上不但从未消失，而且在 20 世纪有蓬勃发展之势。只不过在不同历史时期、不同国家，公投的规模大小、层次有所不同。比如 13 世纪瑞士的一些州，年满 20 岁的男性均可参加“州民大会”的露天辩论，以举手表决方式来选举本州行政官、决定本州重大问题及立法事项。1848 年，从瑞士公民以全民投票方式通过其新宪法起，使用公民投票方式批准重大事项便成了这个国家的传统。尽管瑞士是举世公认的举行全民公投最为频繁的欧洲国家，但这丝毫不影响这个国家用选举方式推举他们的行政官员和议员。

尤其是在 20 世纪 70 年代以后，公民投票现象此起彼伏。“当今世界

---

① ［美］詹姆斯·麦迪逊：《联邦党人文集》（第 10 篇），张晓庆译，九州出版社 2007 年版，第 127 页。

② 参见［意］萨尔沃·马斯泰罗内《欧洲民主史——从孟德斯鸠到凯尔森》，黄华光译，社会科学文献出版社 1990 年版，第 63 页。

③ ［英］密尔：《代议制政府》，汪瑄译，商务印书馆 1982 年版，第 68 页。

④ ［英］戴维·赫尔德：《民主的模式》，燕继荣等译，中央编译出版社 2008 年版，第 145 页。

160个主要国家的宪法中有85部宪法，即相当于53.1%的宪法明确规定有某种形式的全民公投条款。”① 为什么在20世纪，会出现大规模的代议制政府下的公民投票这种直接民主？这需要反思代议制自身的缺陷。对于这种更多建构在共和、自由、法治、宪政传统之上的民主形式，法国自由主义学者贡斯当的著名言论是将对现代人的“个人自由”与古代人的“个人自由”相对立。然而，他也看到了现代人热衷于个人自由，漠视政治自由的一面：

> 古代自由的危险在于，人们仅仅考虑维护他们在社会权力中的份额，他们可能会轻视个人权利与享受的价值。现代自由的危险在于，由于我们沉湎于个人享受个人的独立以及追求各自的利益，我们可能过分容易地放弃分享政治权力的权利。②

如果说18—19世纪学者们的批评还是建构在学者的敏锐的理论感知上面，那么，20世纪的民主政治现实则让人们切实看到了自由主义民主日益显现出来的那些无法忽视的问题：“普通民众很难对代议民主政府体制及其决策过程产生实质性的影响力；精英主义和民众的政治冷漠并存；自由市场经济造成的经济不平等对追求政治平等的民主政治构成了严重的威胁；自由主义民主所崇尚的个人主义导致了公共善的缺失。”③ 无法否认，建构了自由主义民主的自由主义思想传统敢于直面对绝对专制主义的暴政、宗教的不宽容，能够积极倡导自由、理性和宽容等价值。但是，自由主义在将君主和教会毫不留情地赶出私人领域的时候，把政治从宗教控制下拯救出来的时候，把市民社会（个人生活、家庭生活和工商业生活）从政治的干预下解脱出来的时候，同时也衍生出了政治精英化、政治冷漠、政治不平等、个人主义等社会弊病。

---

① M. Suksi, *Bringing in the people: A Comparison of Contitutional Forms and Practices of the Referendum.* 转引自廉思《我国移植全民公决制度的可行性研究》，《山西大学学报》2008年第3期。

② ［法］贡斯当：《古代人的自由与现代人的自由之比较》，李强译（http://www.gongfa.com/gudaiziyouconstant.htm）。

③ 廉思、高福亭：《全民公决制度的理论演进及现实困境》，《首都师范大学学报》2008年第3期。

著名政治学者罗伯特·帕特南（Robert Putnam，1941—　）在历时20年对意大利进行实证研究之后，于1992年出版了堪与托克维尔《论美国的民主》相媲美的《使民主运转起来——现代意大利的公民传统》一书，书中列举了意大利公民参与选举与投票的差异："最近几十年来，普通选举的投票率一般都在90%以上，而全民公决的投票率从1974年首次公决时的86%连续下降到1987年最近一次公决时的64%。正如意大利专门从事全民公决投票率的研究人员所指出的，'那些把投票当做交易机会的人一般不愿意参加一场不可能获得及时的个人利益的投票'。全民公决时投票者的主要动机是对公共事务的关心，这种关心或许还比一般的公民义务更强烈，因此全民公决的投票率为衡量公民参与提供了一个比较纯粹的指标。"① 这种见解是基于长期近距离观察的一种判断和评价。所以，尽管都是代议制国家体制下的直接民主形式，选举和公投从概念到历史渊源及现代表现方式都是有所区别的，这一点应当引起注意。国内一些学者将选举归入全民公投，称作"选举性公投"，这种归类方法似乎与细节不符。实际上，"在现代西方世界，'民主政治'一词被劫持了，被用来表示在理论和实践上都与古代雅典存在根本性不同的政治安排"。②

从本质上而言，20世纪公民投票的大规模出现，正是为了修复自由主义民主即代议制民主的自身缺陷应运而生的。但这里需要注意区分雅典式的古典民主是一种国家体制意义上的直接民主，而近代以来的公民投票则属于非国家体制意义上的直接民主，即这种直接民主的条件是国家体制是间接民主模式，在这种国家体制之下的针对法律及重大事项的公民投票是一种直接民主。现实地看，这种直接民主形式已经成为间接民主的有力补充。尽管近代以来，世界各国的国家体制基本都采用了代议制模式，但是，无法忽视的是，公民投票这种直接民主形式的大量涌现似乎可以看作古典民主复兴的有力证据。正所谓"古希腊民主的最终消亡，并不意味着丧失了广泛参与公共事务的历史可能"。③

---

① ［美］帕特南：《使民主运转起来：现代意大利的公民传统》，王列、赖海榕译，江西人民出版社2001年版，第107页。

② R. Osborne and Ritual Fnance，*Politics*：*A Account of Athenian Dmocracy*. 转载于黄洋《民主政治诞生2500周年？——当代西方雅典民主政治研究》，《历史研究》2002年第6期。

③ ［英］戴维·赫尔德：《民主的模式》，燕继荣等译，中央编译出版社2008年版，第15页。

第四节　古希腊兴衰之反思

专门研究希腊、罗马文明的古典学“是西方人文科学中最为基础的学科，是文史哲的基石，算得上是西方的‘国学’。……古典文明在很大程度上为西方世界所攫取，建构成其文化谱系，因而超出了民族历史的范围，成为西方世界共同的文化传统。也因为如此，更为深厚的古希腊史研究传统是在西欧和北美，而不限于希腊本土”。[①] 但整体而言，19 世纪以前，罗马史受到西方思想界关注与热捧的程度远远大于希腊史。随着西方社会大众民主化时代的到来，希腊史研究才广泛引起了学者们的兴趣，那个沉睡在远古的希腊正是在思想界不懈的释读中渐渐明晰。

早期的主要文明大多发端于大河流域，比如，古埃及文明发源于尼罗河，古巴比伦文明滋养于美索不达米亚两河流域，华夏文明成长于黄河流域。但是，唯有古希腊文明的发轫和兴盛以海洋为依托。希腊位于地中海东部的巴尔干半岛，东临爱琴海，海岸线曲折，天然良港众多，海岛星罗棋布，航海和海外贸易的条件得天独厚。独特的地理因素造就了希腊浑然天成的商业氛围，希腊的手工业、农业与市场的联系十分紧密。与此同时，由于希腊半岛没有肥沃的大河流域和广阔平原，纵横的山岭和交错的河流将希腊人自然地分割在彼此相对孤立的山谷里和海岛上。正是由于这种地缘特色，使希腊小国林立，公元前 8—前 6 世纪，希腊曾出现了两百多个小国，史称城邦或城市国家（city-state）。然而，希腊的政治模式似乎与这城邦结构存在某种渊源，希腊的衰亡也与这城邦息息相关。

一　规模与民主[②]

“地理条件对于西方政治思想的影响，比哲学家们愿意承认的更为复杂和多变。从伯里克利到亚里士多德时代有影响的希腊人似乎都赞成这样一个观点，即政体在地域面积和人口规模上都应该是小的。”[③] 卢梭也主

① 黄洋、晏绍祥：《希腊史研究入门》，北京大学出版社 2009 年版，第 2—4 页。

② 这里借用了罗伯特·达尔、爱德华·塔夫特的书名《规模与民主》。

③ ［美］罗伯特·达尔、爱德华·塔夫特：《规模与民主》，唐皇凤、刘晔译，上海人民出版社 2013 版，第 4—5 页。

张小国寡民，认为“民族庞大、领土辽阔，是人类不幸的主要根源。国家越扩大则自由就越缩小。公民有效参与决策的机会总是与政体规模呈反比关系；公民数量越多，平均分配给公民的决策权就越少”。[①] 当然，希腊的城邦体制是多元的。这里需要说明的是，卢梭心目中理想的政体是斯巴达而非雅典。

“1992 年至 1993 年，雅典民主政治的研究达到了一个高潮，乃是因为，西方知识界掀起了一场热烈的庆祝活动，纪念民主政治诞生 2500 周年。”[②] 这一活动的举办者及其支持者显然是打算在古代希腊民主政治和现代西方民主政治之间建立起某种联系，可以说这是一个十分有趣的事件。1994 年，耶鲁大学博士、纽约市立大学纽约城市分校古典学及历史学教授珍妮弗·罗伯兹（Jennifer Roberts）出版了《审判雅典：西方思想中的反民主传统》一书，只要概览一遍，就会发现大量西方国家长期批判雅典民主的思想传统。这一点我们在上述近代以来公投的民主转向问题中已经有所论述，而且我们也通过古代公民投票这面镜子也分析了古代希腊民主从源头到本质都与西方现代民主十分迥异，古代希腊民主是典型的全体公民投票，而西方现代民主主要源于罗马的选举。

> 雅典民主制和现代民主制有一个根本性的不同，那就是现代民主政治在本质上是精英政治；而雅典民主政治是真正意义上的公民统治，政治精英不是实际的权力操纵者，而不得不服从于人民的意志和利益。[③]

那么，古代希腊是怎样一步步地走向民主的呢？城邦这一地理规模要素很大程度上促成了雅典民主政制的诞生。希腊人在公元前 8 世纪定居下来的时候，曾有一段时间在他们的城邦保持了君主统治。至公元前 6 世纪以前，大多数希腊城邦又经历了贵族共和国的阶段。自公元前 7 世纪起，

---

① ［美］卢梭：《社会契约论》，何兆武译，商务印书馆 1980 年版，第 63 页。

② 黄洋：《民主政治诞生 2500 周年？——当代西方雅典民主政治研究》，《历史研究》2002 年第 6 期。

③ M. Finley, *Democracy Ancient and Modern*. 转引自黄洋、晏绍祥《希腊史研究入门》，北京大学出版社 2009 年版，第 198 页。

随着商业、手工业的发展，平民阶层在社会经济中的地位和作用日益重要，他们争取平等地位、分享政治权利的呼声日益高涨。公元前6—前4世纪，开始出现了民主政体。在公元前6世纪中期，第一个民主政体出现在开俄斯岛。

需要注意的是，古希腊城邦，包括雅典是通过立法的方式来确立城邦政制的。这一点在亚里士多德的《政治学》中有大量的叙述，比如，斯巴达的莱库古立法、雅典的梭伦立法。"如此广泛的立法活动完全称得上是一场'立法运动'，也足以说明城邦制度发展的方向。立法的内容通常包括明确公民的权利，限定公民群体的范围，确立城邦的政治体制。"① 故此，如果说希腊有法治传统倒是有充分的证据的。

公元前594年，梭伦执政后积极适应这一形式的变化，倾力改革。他推行的第一个重大举措就是颁布著名的"解负令"（Seisachtheia），意即卸下人民的负担。这一法令禁止以人身为担保的借贷，废除了债务奴隶制，释放因债卖身的农民；因欠债而卖到外邦做奴隶的农民，由城邦赎回，希望借此永远地解放人民。在雅典，是梭伦第一次准许没有财产的平民参加公民大会，并规定国家的官职先由各部落预选候选人，然后再从这些候选人中抽签选举。这些举措保障了雅典公民的人身自由，提高了公民大会的地位，同时赋予公民大会诸多权力。规定一切成年公民，包括平民都有参加公民大会的权利。有学者甚至提出："雅典公民权确立于公元前6世纪初期的梭伦改革，至此才能说雅典城邦初步形成。"② 这样的说法也许不是十分恰当，但是梭伦通过立法创设公民权无疑是一个事实。在城邦体制方面，梭伦创设400人议事会作为公民大会的常设机构，负责为公民大会审核提供议案、处理日常政务，400人议事会的成员来源于4个部落，每个部落100人。"虽然原有的贵族议事会战神山议事会（Areopagus）仍然是城邦体制的监护者，但新的400人议事会无疑会分享一定的政治权力，从而使政治生活更为民主化。"③ 此外，梭伦还提出全体公民都能被选为公众法庭陪审员。这两项制度对于进一步巩固公民的民主权

① 黄洋、晏绍祥：《希腊史研究入门》，北京大学出版社2009年版，第27页。

② P. Manville, *The Origins of Citicenship in Ancient Athens.* 转引自黄洋、晏绍祥《希腊史研究入门》，北京大学出版社2009年版，第185页。

③ 黄洋、晏绍祥：《希腊史研究入门》，北京大学出版社2009年版，第30页。

利，监督官员，维护城邦公共利益都具有划时代的意义，可以说梭伦从组织上为日后雅典民主黄金时代的到来奠定了基础。所以，亚里士多称赞“梭伦是一个优良的立法家”。①

当然，梭伦的改革也同样不是那么一帆风顺的。当梭伦大刀阔斧地进行改革的时候，雅典的贵族和平民却各怀心思。人民期待他制定法律，重新分配一切财产，而贵族则希望他或者恢复以前的制度，或者能够有所变更。但梭伦选择了不去迎合任何一方，他很清楚，如果他随意袒护一方，就有成为僭主的可能，他宁愿隐忍承受双方的仇视，执意改革，拯救雅典。下面这首诗正是梭伦基于当时的处境下所写就的：

> 我给予人民的适可而止，
> 他们的荣誉不减损也不加多；
> 即使是那些有钱有势有财之人
> 也一样，我不使他们遭受不当的损失；
> 我拿着一只大盾，保护双方，
> 不让任何一方不公正地占据优势。②

后世人们对于梭伦的锐意改革给予了积极的评价。在《雅典政制》中，亚里士多德在提到梭伦和克里斯梯尼（Kleisthenes，约前570—前508）对于雅典民主制的贡献时，认为“是梭伦建立了民主政制，而克里斯梯尼的改革只不过使其更加民主化了”。③

公元前508年，克里斯梯尼取消了原始的组织形式，建立了十个实际上是按照地区划分而不是基于氏族血缘关系的新部落，每个新部落均由各不相连的沿海、内地和城区三部分组成，这一改革大大削弱了贵族的政治权力。进而克里斯梯尼改组了梭伦的四百人议事会，建立了五百人议事会，其成员来自于10个部落，每个部落50人，规定所有年满30岁的男性公民都有资格当代表。五百人议事会除了为公民大会准备议案外，还握有最高执政权。每个部落各选一名将军组成十将军委员会，继续扩大公民

---

① ［古希腊］亚里士多德：《政治学》，吴寿鹏译，商务印书馆1965年版，第105页。
② ［古希腊］亚里士多德：《雅典政制》，日知、力野译，商务印书馆1999年版，第14页。
③ 同上书，第18页。

大会的权力。此外，克里斯提尼执政期间，还实行了“陶片放逐法”（Ostracism），在每年举行的公民大会上，如果公民们认为某人的行为损害了公民利益，威胁到城邦民主，就把他的名字写于陶片上，然后投入陶罐中，一个陶片相当于一张选票，如果一个人的得票超过6000张，就表示多数通过，遂被逐出国门十年。这一做法对威胁城邦民主的人无疑会起到震慑作用。

到了公元前5世纪，雅典迈入了伯里克利时代，这一时期被认为不但是雅典的黄金时代，也是全希腊在古典时期中的黄金时代。公元前431年，伯利克里在那篇著名的殉国雅典将士的追悼词中表露了伟大的雅典黄金时代的辉煌，他不无骄傲地宣布：

> 我们的政体并不与其他的政体相敌对。我们不模仿我们的邻人，相反，我们是他们的榜样。我们的政体可以称得上是真正的民主政体，因为权力不是掌握在少数人手中，而是掌握在全体人民手里。当法律对所有的人都一视同仁、公正地调解人们的私人争端时，民主政体的优越性也就得到了确认。一个公民只要有长处，就能受到提拔，担任公职，这种提拔是对他优点的奖赏，跟特权是两码事。贫穷也不是参政的障碍物，任何人都可以有益于国家，不管他的家境有多暗淡。……总之，我要说：雅典是希腊的学校。①

伯里克利在公元前451年颁布了公民权法，公民大会每年举行40余次，法定最低人数为6000人。所有重大问题都要提交出席公民大会的公民考虑和决定。公民大会依照多数原则对一些棘手的问题以正式投票表决的方式予以解决，比如立法、选举国家官吏、决定战和等国家重要事务。为了保证公民能够切实参与政治活动，伯里克利于公元前450年左右向法庭陪审员发放津贴，这一做法为公元前4世纪初期起公民大会成员及500人议事会成员获得津贴奠定了基础。由此培育了整个雅典城市国家崇尚一种公民积极参与、自我管理的观念，全体公民聚集在一起，讨论、决定和制定法律，直接参与不仅是政府的活动原则，也是公民的生活方式。最

---

① Thucydides，*Pericles'Fumeral Oration.* 转引自［美］斯塔夫里阿诺斯《全球通史》，董书慧、王昶译，北京大学出版社2005年版，第107页。

终，由于雅典的各项决策和法律实际上是建立在信服即说服力的基础之上，而不是仅仅建立在风俗、习惯或武力之上，雅典人总是甘愿接受法律的强制，他们始终认为国家的法律就是公民的法律。

伯里克利对于雅典民主制的贡献，亚里士多德也作出了比较意义上的客观评价，他认为，“一些人认为梭伦是个优秀的立法者，因为他废除了极端的寡头政治，结束了人民受奴役的状态，建立起了传统的民主政治，使政体得到了恰到好处的调和。……通过建立所有人都能参与的陪审法庭，他确实建立了民主政治。……埃菲阿尔特斯和伯里克利削弱了战神山议事会的权力，伯里克利开始实行陪审员津贴制，通过这样的方式，每一位平民领袖相继扩大了民主政治，使它发展到今天的样子”。① 可以说，是伯里克利使雅典的民主政制趋向了辉煌。

同时，从亚里士多德的叙述中，我们能体会到“雅典民主政治的建立是一个漫长的发展过程，从古风时代早期执政官由终身制变为一年一任，到梭伦立法，再到克里斯提尼改革，再到埃菲阿尔特斯及伯里克利改革，这一系列的改革最终造就了雅典的民主政治”。②

二　规模与兴衰

政治学者罗伯特·达尔（Robert Dahl，1915—　）和爱德华·塔夫特（Edward Tufte，1942—　）在1973年出版的专著《规模与民主》中专门讨论了“民主是否在某种程度上与国家规模之间具有密切联系”，他们是这样提出他们的问题的：

> 1971年，世界上已建立民主政体的国家中，人口数量最少的是圣马力诺（San Marino）。另外一个“小”国——挪威的人口规模是圣马力诺的200倍，瑞典的人口规模是圣马力诺的400多倍，而荷兰的人口规模是圣马力诺的650倍。当然，拥有民主政府的其他国家，其人口规模要远远大于这些“小国”，如英国的人口规模几乎是圣马力诺的3000倍，美国的人口规模大约是圣马力诺的10000倍，而印

① ［古希腊］亚里士多德：《雅典政制》，日知、力野译，商务印书馆1999年版，第26页。

② 黄洋：《民主政治诞生2500周年？——当代西方雅典民主政治研究》，《历史研究》2002年第6期。

度的人口规模几乎是圣马力诺的25000倍！然而，相对于伯里克利时代的雅典民主主义来说，即使作为“小”国的荷兰，也似乎是一个只适合专制君主统治和奴隶制的巨型帝国了。在卢梭生活时代的日内瓦，人口规模在22000人左右。[①]

也许罗伯特·达尔和爱德华·塔夫特忽略了一个事实，即“在我们（西方）的文化中，民主政治等于选举制度的公式如此根深蒂固，以至于在研究古代政治时，必须有意识地努力以彻底抛弃它”。[②] 显然，如果不把民主政治等同于选举制度，罗伯特·达尔和爱德华·塔夫特眼中的民主国家圣马力诺、挪威、瑞典、荷兰、英国、美国、印度推行的都是代议制民主，而非古希腊的城邦直接民主。

然而，自柏拉图、修昔底德起，那种雅典民主导致城邦衰败的声音似乎从未停止。典型的说法比如：绝大多数雅典人识字不多或根本不识字，因而质疑他们参与政治的能力；也有人说雅典人民领袖缺乏教养，不具有治理国家的能力；还有人批评雅典民主的代表性，因为一半或过半的奴隶和异邦人，以及占自由人三分之二的妇女和儿童没有参与政治的权利。

那么，如何正确看待雅典民主呢？如果我们总是戴着现代的眼镜去观察它，估计初步的印象都是以上那些看法。只有认真研究雅典社会，回到他们的历史语境，才能理解他们的政治社会。

首先，古希腊和古罗马“社会和经济史是乡村的历史、农民的历史。……古代也存在城市，但大多数城市规模有限，甚至是帝国盛期的罗马，真正的城市人口也从不曾超过总人口的5%。因此，将希腊—罗马文明称为城市文明显属错误。而作为农业文明的雅典是‘面对面社会的典型’，这样一个世界不仅仅是缺乏大众媒体，而且根本就没有今天意义上的媒体”[③]。人们的基本交往方式及讨论重大问题的方式都是采用口头语言，所以，从这一角度而言，雅典民众的文化素质于参与政治的障碍到底

---

① ［美］罗伯特·达尔、爱德华·塔夫特：《规模与民主》，唐皇凤、刘晔译，上海人民出版社2013年版，第1页。

② ［英］芬利：《古代世界的政治》，晏绍祥、黄洋译，商务印书馆2013年版，第90页。

③ M. I. Finley, *Dmocracy Ancient and Modern*. 转引自黄洋、晏绍祥《希腊史研究入门》，北京大学出版社2009年版，第122页。

有多大呢？

至于对雅典人民领袖的诋毁，芬利这样指出：“人民领袖——我是在中性的意义上使用这个词——是政治制度中的一个结构性因素。我这样说的意思是：如果没有他们，这个制度根本不能发挥作用。……我们不能采用双重标准：我们不能在赞扬和钦佩它两个世纪的成就时，同时却否定政治框架设计师和政策制定者的人民领袖，或者是这些领袖通过其发挥作用的公民大会。”[①] 雅典的人民领袖都是在几千人的公民大会演讲并经过认可而当选的，他们的重大决策都是经过公民大会讨论过的，因此，公民领袖并非肤浅之辈所能担当的。后世人们在批判雅典民主的时候，都说它的代表性不够，但是，只要是回溯一下整个西方国家民主化的历史，19 世纪废止奴隶制，20 世纪妇女享有了选举权，似乎都不是太遥远的事件，为什么要去苛求 2000 多年前的古希腊呢？所以，对于雅典民主政制作语境式的理解可能是一个正确的研究态度。芬利研究雅典民主的结论是：

> 在将近 200 年的时间里，雅典是希腊世界最繁荣、最强大、最稳定、内部最为和平、文化上最有成就的国家。就关于政体的有效判断来说，这种制度是成功的。[②]

换句话说，即并非民主制导致了希腊的衰败，倒是民主制带来了希腊的繁荣及其厚重文化对于整个西方的影响。接下来的问题是，究竟是什么导致了希腊的衰亡？“一个共和国，如果小的话，则亡于外力；如果大的话，则亡于内部的邪恶。”[③] 希腊足以看作印证孟德斯鸠以上说法的样本。下面我们再考量一下希腊的规模：

> 公元前 7 世纪，在意大利南部、希腊和小亚细亚一带兴起的希腊文明，和源出于尼罗河和美索不达米亚两河流域的两大文明体系，在

---

① M. l. Finley, *Athenian Demagogues*. 转引自［英］芬利《古代世界的政治》，晏绍祥、黄洋译，商务印书馆 2013 年版，第 xxvi 页。

② M. l. Finley, *Dmocracy Ancient and Modern*. 转引自黄洋、晏绍祥《希腊史研究入门》，北京大学出版社 2009 年版，第 123 页。

③ Montesquieu, *De L'Esprit Des Lois*. 转引自［美］罗伯特·达尔、爱德华·塔夫特《规模与民主》，唐皇凤、刘晔译，上海人民出版社 2013 年版，第 7 页。

> 许多重要方面是不同的。那两大文明是从原始农业开始，围绕着庙宇生活缓慢成长起来的。祭祀国王们和神祇国王们使这些早期的城邦走向联合最终成为了帝国。而希腊人似乎直接就形成了城市组织。到公元前7世纪时，新的希腊世界的大城市有雅典、斯巴达、柯林斯、提佛、萨摩斯和迈利特。……这是一个和东方的君主政体大不相同的社会结构。埃及、苏美尔、中国、北印度，这些地方的文明先是从一些独立的城市开始的，但他们都经历了一个合并的过程，进入了王国和帝国。但是希腊人，直到他们历史终了都没有合并过。希腊最大的城市之一——雅典，在它全盛的时期，也不过拥有三十几万的人口。①

古代希腊的城邦民主源于城邦，最终整个希腊也亡于城邦，它们有过短暂的偶然的联合，但从未真正成为一个整体。所谓成于斯，败于斯！希腊先是陷入了各自为政的城邦混战而渐趋于弱，最后，又由于其他强大国家的兴起不敌于彼而走向了衰。公元前431—前404年，在以雅典为首的提洛同盟和以斯巴达为首的伯罗奔尼撒同盟之间发生的27年时断时续的伯罗奔尼撒战争给希腊造成了极为沉重的打击。修昔底德在《伯罗奔尼撒战争史》中作了如下的描述：

> 伯罗奔尼撒战争不仅持续时间长久，而且在整个战争期间给希腊带来了空前的苦难。此前从未有如此多的城市被占领、被毁灭，无论是被外邦军队还是被希腊人自己的军队；从未有如此多的人被驱逐；从未有如此多的生命被牺牲，他们牺牲在战争中和内部的革命中。②

这场持久的战争，最终以斯巴达的胜利告终。但也正是这场战争，几乎终结了繁荣的希腊古典时代（公元前490—前336年），也终结了雅典的民主时代。公元前146年，本已因内耗而衰弱不堪的希腊城邦国家终究不敌强大的罗马而衰亡。存续了约650年（公元前800—前146年）的古

① ［英］赫·乔·维尔斯：《世界史纲》，吴文藻、谢冰心、费孝通等译，广西师范大学出版社2001年版，第246页。

② Thucydides. *The Peloponnesian War*. 转引自黄洋、晏绍祥《希腊史研究入门》，北京大学出版社2009年版，第43页。

希腊城邦文明似乎随风消逝了！

深究古代希腊城邦国家的本质，“如果我们坚持将民族（nation）与民族国家（nation-state）等同起来的话，那么希腊人究竟在什么意义上才是一个民族？”① 显然，我们可以探讨不必依赖国家来定义的古代希腊民族（ethnic group），但是不能将古代希腊等同于现代民族国家（nation-state）。圣马力诺再小也是一个民族国家，民族国家在正常的国际秩序下，应当获得主权上的尊重，并享有相对的稳定。

如今，我们依然可以将希腊的民主政制当作它的民族遗产来研究。无论如何，在那个遥远的年代是希腊通过立法方式为人类提供了一种别样的政制模式，它是独特的，与现代西方代议制民主模式并非同一谱系。古希腊民主模式的直接参与性培养了公民的城邦国家忠诚及公共责任，这一点谁能否认呢？

下一章我们将选择爱尔兰这个因公投欧盟条约而声名鹊起的“公投国家”，以此专门研究发生在我们身边的现实版公投现象及其内在的民主逻辑，并解析其深厚而丰富的公投文化与其宪法之间有着怎样的内在关联。

---

① M. l. Finley, *The Ancient Greeks and their Nation*. in M. l. Finley, *The Use an Abuse of History*, New York: Penguin Books Ltd., 1975, p. 123.

第二章　域外个案：爱尔兰宪法性公投

第一节　爱尔兰：一个“公投国家”

一　爱尔兰概况

爱尔兰的全称是爱尔兰共和国（Republic of Ireland），位于欧洲西北海岸的爱尔兰岛，约占该岛南部5/6的面积，剩余的北部1/6面积属于英国，被称为北爱尔兰。爱尔兰素有“翡翠岛国”“欧洲的庄园”之美誉。这个远离欧洲大陆，独处于欧洲最西端的孤零零地镶嵌在大西洋上的小国，似乎从未被上帝遗忘过。恰是其独特的西临大西洋、东靠爱尔兰海的地缘特色，造就了它的历史与现实、伤痛与欢愉、屈辱与辉煌……

罗马人（Romans）视爱尔兰岛为一个冰冷、荒凉的地方，但维京人（Vikings）历经千难万险后，发现他们的航行是值得的，他们起初对爱尔兰岛实施掠夺，之后就定居了下来。作为古代斯堪的纳维亚人（Norsemen）后裔的诺曼人（Normans）起初定居于现在被称之为法国（France）的地方，他们视爱尔兰岛为不断扩张的王国的延伸之地。其他诺曼人成为了英国人（English）或法国人（French），他们互相发动过战争。后来的英国统治者为了主宰或诱骗爱尔兰的资源，他们把爱尔兰当做一个可以掠夺的殖民地抑或他们王国的不可或缺的组成部分。然而，它从未真正变成英国的一部分，也从未被以相同的方式对待过。在大饥荒（Great Famine）时期，威斯敏斯特政府积极应对了发生在约克郡（Yorkshire）的危机而不是爱尔兰海对面的。经年以后，那些以为从爱尔兰会有所收获的人们常常发现它带给他们的是更深重的问题。爱尔兰实际上是一个不容忽视的邻居。①

沙默思（Seamas）这位来自爱尔兰的著名历史权威，对于自己母国沉重历史的深情勾勒足以让人体味这个凯尔特民族的艰辛。自12世纪末期英王亨利二世率军登陆爱尔兰岛以来，爱尔兰便陷入了800年受英国奴役的深渊。1845年的“大饥荒”引发了爱尔兰历史上前所未有的移民潮，当时大约有180万人离开了爱尔兰。至今有7000多万爱尔兰后裔散居于世界各地，其中大部分移居大洋彼岸的美国。美国白人中有1/6属于爱尔兰后裔，他们常常或从美洲大陆回来旅游寻根，或直接在爱尔兰投资，20世纪90年代爱尔兰高科技行业的迅速崛起与此有很大关系。不寻常的历史使爱尔兰成了一个不同于欧洲其他国家的独特的国家。它身处欧洲，却与美国有着千丝万缕的情缘；它属于欧洲，但它与欧洲其他国家的交往却长期受到英国的阻隔。饱受奴役的记忆让它倔强地显露出更为强烈的自我保护意识。

1916年复活节，爱尔兰爆发了自1798年起义以来最重要的悲壮的复活节大起义，起义虽然在六天后被镇压了，但却成为再次唤醒民族意识、追求国家独立统一的一个重大转折点，20世纪爱尔兰的独立战争由此开启。1921年7月11日战争因停火协议而结束。1922年12月6日，爱尔兰作为一个自由邦（frees state）成立，领土包括爱尔兰全岛，但《英爱条约》（Anglo-Irish Treaty）允许北方六郡可以不参加爱尔兰自由邦，这一协议为后来的北爱尔兰属于英国而非独立的爱尔兰共和国埋下了隐患。暂时独立的爱尔兰自由邦宪法（即1922年宪法）规定，爱尔兰实行君主立宪制，由英国国王兼任爱尔兰国王，同时设立了总督，成立了内阁即“行政委员会”。1937年12月29日，爱尔兰颁布了新的宪法暨其现行宪法，宣布爱尔兰为主权独立、民主的国家。根据1937年宪法第4条，以“爱尔兰”为国家的正式名称，设立了爱尔兰总统，但勉强承认英王继续在国际上作为爱尔兰国的象征。经过12年事实上的自治，1949年4月18日，英国终于承认了爱尔兰的独立地位，但北部六郡仍然属于英国。爱尔兰共和国通过法案最终废除了君主制，将国王职权全部授予了总统，至此

① Seamas Annaidh, *Irish History*, Bath: Parragon: 2007, pp. 6—7.

爱尔兰成为一个完全独立的议会共和国制国家。

二战期间，爱尔兰保持了军事中立（1939—1945），它是当时英联邦国家中唯一坚持军事中立的国家。对于爱尔兰，这场世界战争可谓祸福相倚，一方面从外围看它使爱尔兰的经济雪上加霜，另一方面却又在精神上提振了这个国家的民族凝聚力，自立自强的重要性日益凸显，内战时期不同政治意见带来的裂痕也逐渐得以弥合，人们共同携手推进着这个贫弱国家的前行之路。但温斯顿·丘吉尔（Winston Churchill，1874—1965）在他的胜利演讲中，却批评了爱尔兰在战时的中立态度。其言辞立即遭到了爱尔兰共和国第一任总理埃蒙·瓦莱拉（Eamon Valera，1882—1975）的还击，他说："丘吉尔先生自豪于法国战败、美国未参战时英国的孤军奋战。难道他没有发现他的内心实际上在慷慨地承认，有一个小国家不是一两年而是上百年都在孤立地抗争着侵略，忍受着无休止的劫掠、饥饿、屠杀。她从来不会准备接受失败，也从来不会拱手出卖她的灵魂？"①

二战以后，在强烈的民族尊严感的驱使下，爱尔兰一度封闭锁国，结果造成其经济局势每况愈下，错过了战后欧洲经济复兴的便车。当时，爱尔兰劳动人口从事农业生产的比例高达36%，从事工业生产的仅为25%。然而，20世纪60年代开始，爱尔兰改变了发展战略，开始欢迎外资加入爱尔兰的经济建设。并且决定在欧洲共同体（European Community）宣布开放之际，积极申请加入，1973年，爱尔兰以低度开放的农业国身份，被欧洲共同体接纳，与英国、丹麦一起成为首批加入共同体的新成员国。欧洲共同体为了弥合成员国之间的区域发展落差，于1975年成立了欧洲区域发展基金，资金规模相当于欧洲共同体成员国经济体的1%。爱尔兰经济由于以农业为主、工业发展水平低，成为区域政策首要受助国。仅1989—1999年10年间，欧盟就对爱尔兰提供了110亿美元的外援资金，用于爱尔兰道路、电力等基础设施建设。爱尔兰首都著名的酒吧街（Tempel Bar）就是用欧盟旅游基金会赞助的2500万美元得以修复的。②

20世纪80年代，爱尔兰仍远远落后于欧洲发达国家。但爱尔兰最终显示出自己是一个最善于利用欧盟体制的国家，自1995年起，爱尔兰经

---

① E. Valera'speech. 转引自 Seamas Mac Annaidh, *Irish History*, Bath: Parragon: 2007, p. 293.

② 参见陈一珊《爱尔兰 最会利用欧盟经济的国家》，《中国时报》2006年4月6日。

济持续高速增长，成为经济合作与发展组织中发展最快的国家。1997—2007 年，爱尔兰的工资增幅几乎是欧元区其他国家的五倍。2009 年，爱尔兰的人均 GDP 达到了 4 万美元左右，社会福利开支比例超过了英国和法国。这源于爱尔兰利用低成本，将自己定位为外资进入欧洲的跳板，不断吸引跨国企业投资，将一个贫穷落后的农业国一跃转型为一个研发、服务业重地。为此，时人比照亚洲的新加坡、韩国、中国香港、中国台湾这“四小龙”，将爱尔兰誉为“凯尔特虎”（Celtic Tiger），称颂其创造了欧洲唯一的传奇。但是，由于爱尔兰的经济严重依赖对外出口，这正是爱尔兰的阿喀琉斯之踵，这样的经济模式显然极易受到全球经济的影响。2008 年发生于美国的次贷危机引发的全球经济危机立即使爱尔兰再次陷入了需要救援才能走出泥沼的困境。2012 年 2 月 23 日，从英国《经济学家》周刊对经济危机给各国造成的损害评估结果看，爱尔兰的经济至少倒退了 7 年。但爱尔兰人能够直面自己的命运，他们不断努力，最终以自己的智慧再次走出了阴霾。根据世界银行统计的最新数据，爱尔兰 2014 年的人均 GDP 达到了 5.33 万美元，同年，英国人均 GDP 是 4.56 万美元，德国人均 GDP 是 4.76 万美元。① 从这一组经济数据看，爱尔兰仍然是一个西方发达国家。

二　爱尔兰成为“公投国家”的缘由

1973 年正式成为欧洲经济共同体成员国，这是爱尔兰摆脱英国阴影，真正成为欧洲国家一员的转捩点。从此，爱尔兰的经济市场不但扩大了若干倍，而且其政治舞台也随之放大。爱尔兰作为欧洲联盟 28 个成员国中的一员，虽然不是欧盟的六个创始国之一，但无疑也是一个老资格的成员国。所以，爱尔兰时不时地会发出自己的个性声音，让欧洲各国不得小觑它的力量。

从 1937 年爱尔兰现行宪法颁布以来，爱尔兰共采用全民公投方式通过了 34 个宪法修正案。② 但如果因此说爱尔兰是一个“公投国家”（referendum country），估计瑞士人是不会同意的，“瑞士联邦从 1848 年开始

① 数据参见 www.ststs.gov.cn。

② The Department of the Environment, *Referrendun Results*（*1937—2015*）（www.environ.ie）.

施行公民投票制度，至2011年年底共举行过570次公民投票”。[①] 瑞士的公民投票不但历史悠远，而且种类繁多，其公民投票包括宪法性公投、法律公投、行政命令公投以及国际条约公投，而且公投的层次既有国家层面上的，也有地方层面上的。此外，频繁的瑞士公民投票还有一个重要的特点：“自1874年以来，联邦颁布的法律、行政命令或签署的条约只有7%付诸公民投票。”[②] 相比之下，爱尔兰的公投均属于全国性的公投，而且爱尔兰举行的全民公投无一例外都属于宪法性公投。换句话说，爱尔兰的全民投票必然涉及爱尔兰宪法的修改，这一区别应该与瑞士是一个联邦制国家，而爱尔兰是一个单一制国家有很大关系。总之，我们说爱尔兰是一个“公投国家”，绝非仅仅从公投的次数而言，而主要是从其公投的影响力上评判的。尤其是涉及欧盟事项的公投，常常让这个弹丸小国出尽了风头。至今爱尔兰涉及欧盟事项的公投共计9次，除了1972年公投是否加入欧洲经济共同体之外，其余8次都是涉及欧盟重大条约的公投。从1987年到2013年，爱尔兰公投欧盟条约达8次之多（见表2－1），其中，1987年公投《单一欧洲法案》（Singal European Act）；1992年公投《马斯特里赫特条约》（Maastricht Treaty）；1998年公投《阿姆斯特丹条约》（Amsterdam Treaty）；2001年公投《尼斯条约》；2002年再次公投《尼斯条约》；2008年公投《里斯本条约》；2009年再次公投《里斯本条约》；2012年公投《财政稳定条约》（Fiscal Stability Treaty）。无一例外，对于欧盟的6个重要条约，爱尔兰都采取了公投批准方式，这一纪录是所有欧盟28个成员国中绝无仅有的。当然，丹麦也曾经4次公投欧盟条约（《单一欧洲法案》公投1次、《马斯特里赫特条约》公投2次、《阿姆斯特丹条约》公投1次），但从频次上看还是逊色于爱尔兰，而且从《尼斯条约》开始，丹麦再未采用过公投批准方式。

2001年，《尼斯条约》曾在爱尔兰经历了从“No”到“Yes”的两轮公投。2008年，当涉及欧盟现行整体框架的《里斯本条约》在爱尔兰再

---

① 田芳菲：《瑞士公民投票制度研究》，硕士学位论文，华东政法大学，2012年，第34页。

② David Butler，Austin Ranney ed.，*Referendums around the World：The Growing Use of Direct Democracy*. 转引自田芳菲《瑞士公民投票制度研究》，硕士学位论文，华东政法大学，2012年，第34页。

次上演两轮公投一幕时，这个国家几乎令世界瞩目。其时，欧盟 27 个成员国中的 26 国都选择了议会批准方式，唯独爱尔兰依然选择了公投批准，而且《里斯本条约》又被爱尔兰人"认真"对待了两次。《里斯本条约》在爱尔兰的遭遇与《尼斯条约》几乎如出一辙，这对当时欧洲联盟的一体化进程无疑造成了不小的影响，原定于 2009 年 1 月生效的《里斯本条约》被迫延迟。彼时，连爱尔兰人自己也由衷地感慨："我们无意识地变成了一个'公投国家'。"①

表 2－1　　爱尔兰有关欧盟事项的公投

年份	选民	投票人数	投票率	赞成人数	赞成率	否决人数	否决率
1972	1784	1264	71	1042	83	212	17
1987	2462	1085	44	755	70	325	30
1992	2543	1457	57	1001	69	449	31
1998	2747	1544	56	933	62	578	38
2001	2868	998	35	453	46	529	54
2002	2924	1447	50	906	63	535	37
2008	3051	1621	53	752	47	862	53
2009	3078	1816	59	1214	67	595	33
2012	3145	1591	51	955	60	629	40
平均值	2734	1425	53	890	63	524	37

资料来源：Tony Brown，"Saying No". An Analysis of the Irish Opposition to the Lisbon Treaty. 2010 The Institute of International and European Affairs。

第二节　爱尔兰两轮公投《里斯本条约》

一　欧盟及《里斯本条约》概况

欧盟（EU）是欧洲联盟（European Union）的简称。它是目前世界

① 2009 年 12 月 1 日，《里斯本条约》生效日，爱尔兰著名智库组织"国际和欧洲事务协会"（the Institute of International and European Affairs）主席布兰登·哈利根（Bredan Halligan，1936— ）先生发表了题为 Lisbon：Lessons Learned 的演讲。这里顺便感谢他将自己的演讲纸稿送给了现场唯一的中国听众即笔者。

上影响最大的区域一体化组织，就其实质而言，欧盟类似一个独特的“自称一体”（sui generis）的“混合政体”（poly-polity），是一个超国家结构（supranational construction）。作为1945年之后出现的欧洲一体化的庞大组织形式，其合法性来自于各成员国通过条约让渡的部分主权。欧盟承载着欧洲人实现“大欧洲”（Great European）的梦想，希望用同一个声音一致对外，寻求共同繁荣与发展的美好愿望。

曾经，“由于欧洲在文明中所处的独特地位，到本世纪初为止，欧洲一直不需要联合。事实上，欧洲并不认为它是世界的一部分，而是把自己看成不折不扣的‘世界’”。[①] 但是历经两次世界大战，世界的格局已经从欧洲中心转向了以美国与苏联为首的两极格局。二战后席卷欧洲大陆的气氛确实弥漫在对战争的厌倦和对昔日繁华的追忆之中，复兴欧洲、重塑欧洲成为欧洲人的整体希冀。

也许政治家总是那个最敏感的政治局势的感知者，1946年，丘吉尔发表著名演讲《欧洲的悲剧》，由此启动了欧洲一体化的思维，他提议“我们必须创造一个欧洲合众国”[②]。之后，欧洲一体化的具体行动便渐次出炉，1950年5月9日，法国外交部部长、“欧洲之父”罗伯特·舒曼（Robert Schuman，1886—1963）宣布了重新组建欧洲的历史性宣言。1951年4月18日，由法国、意大利、比利时、荷兰、卢森堡、西德参与的《巴黎条约》（Paris Treaty）签署。欧洲煤钢联营同时开启了欧洲政治联合的大门。1958年，六国签署《罗马条约》（Rome Treaty），正式成立欧洲经济共同体和欧洲原子能共同体。1965年，六国再次签署《布鲁塞尔条约》（Brussels Treaty），将原来的欧洲煤钢共同体、欧洲原子能共同体及欧洲经济共同体统一，由此，欧洲共同体成立。1993年，欧洲共同体又过渡为欧洲联盟。60年风雨历程中，欧盟历经八次东扩，成员国也由最初的6国达到目前的28国，一个逐渐扩大的欧洲联盟赫然出现在世界视野中，它行走着一条从经济一体化到政治一体化，并寻求社会一体化的发展道路。

---

① ［德］弗·约·施特劳斯：《挑战与应战：一个欧洲的纲领》，上海《国际问题资料》编译组译，上海人民出版社1976年版，第12页。

② ［英］丘吉尔：《欧洲的悲剧》，转引自李巍、王学玉《欧洲一体化理论与历史文献选读》，山东人民出版社2001年版，第5页。

然而，欧洲联盟的逐渐扩大及一体化的道路并非一路坦途，它始终伴随着欧盟与其各个成员国之间的利益冲突和纠葛。欧盟有欧盟的设计，而各个成员国也都无一例外地谋划着各自民族国家的前途命运。从欧盟而言，创造欧洲范围的经济、政治乃至社会“多元一体”的内部大格局，实现“大欧洲”梦想是其不变的追求。多年来欧盟身体力行，经济上，通过促成市场的不断扩大，刺激欧盟经济发展以加强国际竞争力；政治上，极力维持欧洲大陆的稳定并努力成为多极世界中的一极。但与此同时，由于不断扩大，欧盟内部原有的利益格局正在失去往日的平衡，协调新老成员国之间的利益诉求变得日益困难。中东欧国家投入欧盟的怀抱本是希望获得经济支持和安全保护，但西欧的老成员国则担心随之而来的移民潮会危及自己本国的就业市场和社会安全。欧盟内部一时间似乎很难用一个声音说话。因此，如何恰当地整合各民族国家利益与欧盟整体利益之间的冲突成了欧盟的头等大事。

欧盟曾经设想过构建一个类似于民族国家的整合约束功能的框架机制，即制定一部《欧盟宪法条约》。“注意到欧洲联盟将进入其历史的转折点，2001 年 12 月 14 至 15 日，在比利时的莱肯召开的欧盟理事会决定成立讨论欧洲未来的欧洲制宪会议。”① 2002 年 2 月 28 日，第一次欧洲制宪会议在布鲁塞尔的欧洲议会大厦召开，制宪会议打算用一年时间制订出一份有关欧盟改革方案和平衡欧盟各机构与各成员国权限分配的宪法建议草案，以供各成员国讨论、修改和通过。2004 年 10 月 29 日，25 个成员国的领导人在罗马签署了欧盟的第一部宪法即《欧盟宪法条约》。

依照 1992 年签署的《马斯特里赫特条约》第 48 条，“任何欧盟条约的改变必须经过所有欧盟成员国依据其本国宪法规定，一致批准方可最终生效”。也就是说，欧盟的每个成员国，无论其是老成员国还是新成员国，也无论其面积是大还是小，更无论其地处“富人区”的西欧还是地处“穷人区”的东欧，皆平等享有欧盟条约修正案的批准权。应当说，这是欧盟条约中极其彰显民主的一个条款，体现了欧盟对于其各成员国主权的充分尊重，也是欧盟获取其存在合法性的法律依据。但也正是因为这一条款，欧盟唯一的宪法不幸殒命。2005 年，《欧盟宪法条约》在法国和

① 欧洲联盟宪法草案的序言。

荷兰这两个欧盟创始成员国的全民公决中早夭。就此，欧盟的通过一部宪法整合不断扩大的欧盟的梦想沉戟折翼了。无奈之下，欧盟只有改弦更张，紧急决定重新制定一个简化版的新条约。2007 年 12 月 13 日，欧盟各国领导人在葡萄牙首都里斯本签署了《里斯本条约》，该条约可谓“受任于败军之际，奉命于危难之间”①，它完全是出于拯救欧盟制宪梦想的败局而生。所以，《里斯本条约》能否顺利被各成员国批准绝对事关大局。当时，欧盟的 27 个成员国中的 26 国都采用了议会批准方式，唯独爱尔兰一枝独秀，依然采用了公投批准，而且令世人震惊的是，《里斯本条约》在爱尔兰遭遇了两轮公投。以下我们将详细分析《里斯本条约》在爱尔兰的两轮公投情况。

二 《里斯本条约》的两轮公投过程

爱尔兰现行宪法第 46 条第 2 款规定：“任何修改宪法的提议应当由爱尔兰众议院以法案的形式提出，在国会两院无异议之后，再交由人民依照有效的公投法律公投批准。”因为欧盟条约的变更都涉及爱尔兰宪法的修改，所以，有关批准欧盟条约的法案无疑都要走议会通过后交由人民公投批准，公投通过之后再交由爱尔兰总统签署的程序。2008 年 6 月 12 日，有关是否接受欧盟《里斯本条约》的第 28 条宪法修改草案在爱尔兰举行全民公投。从 6 月 13 日爱尔兰选举委员会公布的结果看，爱尔兰人以 53.4% 的反对票否决了《里斯本条约》，这一结果旋即将爱尔兰抛入了舆论旋涡。一时间，爱尔兰在世界的眼中，或成了众矢之的或成了热捧对象。有人扼腕叹息，有人拍手称快，有人极尽讥讽之能事。批评声、赞扬声等各种声音铺天盖地而来。总之，各种说法，不一而足，这些声音中既有批判爱尔兰的，当然也有批判欧盟的：

> 《金融时报》说：“拥有 4.9 亿人的各个国家的政治意愿不应该成为一个只有 400 万人的国家的人质。”路透社说：“《里斯本条约》未能通过爱尔兰公投，意味着占欧盟总人口不到 1% 的爱尔兰再次让欧盟各成员国首脑的数年努力化为了泡影。”而《泰晤士报》则称：

---

① 诸葛亮：《出师表》，见《三国志·诸葛亮传》。

“爱尔兰的否决挫败了一个由官员们炮制并推动的、充斥着难懂语汇的方案。”《太阳报》称：“爱尔兰人有勇气，这表明很多人都不喜欢欧盟踏上的道路。”时任捷克总统克劳斯（Vǘclav Klaus，1941— ）发表声明说，爱尔兰全民公投否决《里斯本条约》是“自由和理智战胜人为精英工程和欧洲官僚主义的胜利”。捷克前总统哈维尔（Vaclav havel，1936—2011）说：“欧洲正在分裂为一小群欧盟专家与大多数的欧盟文盲群众。”①

也难怪舆论有那么大的反弹，在欧盟成员国中，找不出第二个像爱尔兰这样的国家，第二次全民公投否决了欧盟的重要条约。第一次是2001年《尼斯条约》遭否决，这次历史又重演了。爱尔兰人口不到欧盟总人口的1%，登记选民约300万人，2008年公投的投票率仅为53.4%，也就是说，862415个爱尔兰人否决了涉及近4.95亿欧洲人以及其他26个欧盟成员国国家利益的极具重要性的宪法性文件。从这一事实看，爱尔兰否决《里斯本条约》事件在国际社会注定会产生极大的反响。

表2-2 《里斯本条约》两轮公投情况

年份	2008	2009	
投票人数	1614866	1808874	+194008
投票率（%）	53	59	+6
赞成人数	752451	1214268	+461817
赞成率（%）	47	67	+20
否决人数	862415	594606	-267809
否决率（%）	53	33	-20

资料来源：Tony Brown，“Saying No”. An Analysis of the Irish Opposition to the Lisbon Treaty. 2010 The Institute of International and European Affairs。

但是，无论人们怎样评价爱尔兰或怎样批评欧盟，欧盟的脚步不可能因此而停歇，这是最关键的。历经七年艰苦谈判的制度框架《里斯本条约》应当得以批准而非搁置。此时，有人猜测欧盟是否会将爱尔兰开除

① Lily：《“里斯本条约”爱尔兰全民公投——到底是Yes还是No?》，爱尔兰华人报《新岛周报》2009年10月1日。

出欧盟而独自前行，对此，时任欧盟委员会主席巴罗佐（Barroso，1956— ）在爱尔兰第一轮公投后的第二天即表示，“这一结果并不是爱尔兰对欧盟的否定，更不意味着该条约已经‘死亡’。作为条约的推行者，欧盟委员会当然不希望看到这一结果，但欧盟委员会尊重爱尔兰人民所作出的选择。我相信爱尔兰依然致力于建设一个强大的欧洲，并愿意在欧盟中发挥全面、积极的作用”。[①] 他的表态传递出的信号是，在《里斯本条约》第一轮公投失败后，欧盟并不会抛弃爱尔兰，而是选择尊重爱尔兰人民的决定，悉心倾听他们的种种声音，并积极寻求对策继续推动条约的批准。

参与条约最初谈判的爱尔兰政府也在积极研究公投失败的原因。2008年七八月份，爱尔兰政府组织了针对2101个人的民意测验和12个焦点组（focus groups）的访谈及问卷调查，之后提供了一份有关公民投票意愿的研究报告。[②] 研究结果显示，否决者主要基于四方面的原因投了反对票。第一，担忧《里斯本条约》的“共同防务条款”和“团结条款”使欧盟具有近似于军事同盟的性质，欧盟在外交和防务方面权力的提高是否会损害爱尔兰一贯奉行的军事中立政策。第二，担忧新条约一旦获得通过，可能会给爱尔兰的经济带来冲击。因为爱尔兰的公司所得税税率为12.5%，是欧盟中最低的，正是这一低税率帮助爱尔兰吸引了数额巨大的外国直接投资。第三，尤其担心欧盟新的制度框架是否会使爱尔兰这样的一个小国失去话语权。因为《里斯本条约》规定从2014年起，欧盟委员会的委员人数将从27名减至18名，议会的议席数将从当时的785席减至750席，一些国家所占议席数将根据其人口数量作出调整。除此之外，爱尔兰人还担忧欧盟新的制度框架会给爱尔兰现有的禁止流产法律制度以及有关工人权利等方面的现有政策带来影响。

2008年12月，欧盟委员会表示，如果《里斯本条约》生效，其条款之中有关保留每一个成员国的欧盟委员会委员资格的决议也应当生效，并进一步确认了爱尔兰将在以下三个方面得到法律保证：《里斯本条约》在

① Lily：《“里斯本条约”爱尔兰全民公投——到底是Yes还是No?》，爱尔兰华人报《新岛周报》2009年10月1日第14版。

② Ireland Department of Foreign Affairs，*Post Lisbon Treaty Referendum Research Findings*（http：// www. Lisbontreaty. ie）.

有关征税问题上，不会给任何成员国带来任何改变；不会损害成员国的安全和防卫政策，包括爱尔兰传统的中立政策；《欧盟人权宪章》及《里斯本条约》的公平和家庭事务条款不会影响爱尔兰宪法中涉及生存、教育、家庭各方面的权利。①

其间，也有人猜测欧盟是否会放弃《里斯本条约》而另定新约。2009 年 6 月 19 日，在欧盟峰会上，欧盟领导人一方面明确排除订立新约的可能性，同时也明确提出，不考虑爱尔兰仅仅在批准条约的国家内部搞联合是不可能的。与此同时，在这次峰会上，爱尔兰政府也分别与其他 26 个欧盟成员国领导人积极斡旋，力求达成一份协议，这份获得保证的协议将会和《里斯本条约》一同生效，具有法律效力。在爱尔兰国内，时任爱尔兰外交部长也撰文呼吁爱尔兰人民支持《里斯本条约》，他指出："我们没有准备任何后备计划，但是我知道我们的底线，如果《里斯本条约》没有通过，会将欧洲推入非常危险的处境。众所周知，我们所有人都是欧盟的一员。《里斯本条约》中的改革措施非常适度，这些能够令欧洲在世界舞台上更有力度，拥有更为重要的角色，而这些对于我们每个人来说都是非常重要的。"② 正是有了以上国内外的共同努力，爱尔兰政府决定在 2009 年 10 月 2 日举行《里斯本条约》的第二轮公投。

欧盟与爱尔兰历经长达一年多的利益博弈，最终《里斯本条约》在 2009 年 10 月 2 日的公投中以 67% 的支持率获得了通过，一场欧盟条约批准危机终于得以化解。被放行之后的《里斯本条约》已经于 2009 年 12 月 1 日正式生效，至今仍然是欧盟的现行框架性条约。

第三节　爱尔兰宪法性公投的相关问题

在前述分析中，我们已经阐明，20 世纪大规模出现的公投现象实质是代议制民主国家体制下的直接民主，是代议制民主的补充，是西方古典民主情结的回归。爱尔兰两轮公投《里斯本条约》只是众多公投事件在

① Ireland Department of Foreign Affairs, *Lisbon Treaty* 2009 *White Paper* (http: //www. Lisbontreaty. ie).

② Lily：《如果不通过"里斯本条约"，欧洲将面临危机》，爱尔兰华人报《新岛周报》2009 年 10 月 5 日。

历史长河中的一朵浪花，它显现的是21世纪公投现象的内在民主逻辑。那么，21世纪民族国家的公投主体究竟是国家公民还是世界公民？其公投的过程究竟是一种达成共识的过程还是一种趋于全体一致同意的过程？其公投结果究竟算是法律的胜出还是政治的胜出？公投的意义相对公投的成本又在哪里？

一 公投主体：世界公民还是国家公民

在琢磨投票者的投票动机时，有一个有趣的现象，大多数情况下，无论是支持派还是反对派都持着相同的矛和盾——“国家主权”。在他们那里，这个矛即是盾，当对方的矛刺过来的时候，它就是盾；当需要去攻击对方的时候，它就是矛。他们都利用国家主权这一噱头反驳对方的观点，更以此来唤起投票者的注意，从而影响他们的投票动机。当然，在公投欧盟条约时，这似乎是一个最有正义感、最具正当性的理由了。

在支持派与反对派的9次有关欧盟事项公投的较量中，爱尔兰反对派获得过两次胜利，一次是2001年的《尼斯条约》公投，另一次是2008年的《里斯本条约》公投。也正是这两次否决使爱尔兰这个小国家名声大噪。因此，对爱尔兰欧盟事项公投中的反对派进行深入分析是十分必要的。

> 从1972年起，反对派阵营就始终存在，当时它并没有正式的组织，只是带着一些明显的思想倾向，它的目的是试图击败每一个欧盟的制度体系及其工作方法的改革和创新。它强烈反对爱尔兰加入欧洲共同体，当这一努力失败以后，其策略转变为试图整体反对和削弱欧盟的事业。尽可能地使爱尔兰脱离欧盟。因为无法达到这样的目的，就寻求给欧盟造成尽可能多的损害，而且使爱尔兰在欧盟之中逐渐走向边缘化。①

由此观之，反欧主义者几乎是从1972年爱尔兰公投加入欧洲共同体以来就存在的一个伴生物。

---

① T. Brown, “*Saying No*”. *An Analysis of the Irish Opposition to the Lisbon Treaty* (http://www.iiea.com/events).

尽管在2009年公投中支持派最终胜出了，但需要注意的是，依然有33%的否决率。下面我们详细分析一下在这次公投中反对派都在反对什么。首先，看看以下2009年《里斯本条约》公投时反对者的反对意见：

17%　保护爱尔兰身份（To protect Irish identity）

10%　对政治家不信任（Lack of trust in politicians）

9%　不同意二次公投（Disagree with second referendum）

6%　保卫爱尔兰的军事中立（Safeguarding Irish neutrality）

5%　反对政府政策（Protest against Government policies）

4%　反对欧洲一体化（Against the idea of a unified Europe）

4%　对条约认识不充分（Insufficient knowledge of Treaty）

4%　就业率下降（Because of declining employment）

3%　欧盟大成员国的主宰（Dominance of larger EU states）

2%　欧盟委员会委员资格丧失的隐忧（Potential loss of Commissioner）

2%　保护爱尔兰税收制度（To protect tax system）

2%　保护小成员国的影响力（To protect influence of small states）

2%　躲避移民潮（To avoid influx of immigrants）

2%　防止欧盟法对于爱尔兰禁止堕胎法的影响（To prevent EU legislation on abortion）

2%　反对外交政策上持单一的欧洲声音（To prevent single EU voice on foreign policy）

2%　不知道（Don't know）

24%　其他理由（Other）

——资料来源：Tony Brown，"Saying No". An Analysis of the Irish Opposition to the Lisbon Treaty. 2010 The Institute of International and European Affairs.

梳理下来可见，以上列举中，除了最后24%的"其他理由"之外，剩余的反对理由都很明确。所以，我们从明确列举出的反对理由中，分析条约的反对者都在反对什么。可以将反对派的反对理由归纳为六种：保卫爱尔兰主权的，反对欧盟的，反对政府的，反对二次公投的，对条约缺乏认知的，不知道的。其中，"保护爱尔兰身份""保卫爱尔兰军事中立"

“欧盟的大成员国的主宰”“委员资格丧失的隐忧”“保护爱尔兰的税收制度”“保护小成员国的影响力”“躲避移民潮”“防止欧盟立法对爱尔兰禁止堕胎法的影响”“反对外交政策上保持单一的欧洲声音”这些理由，都可归为与保卫爱尔兰政治、经济、社会、文化等主权相关的理由，在所有反对理由中占到了38%的绝对多数比例。的确，只有这些理由听上去最铿锵有力，最能唤起投票者的公共热情，而那些明确反对欧盟的或者反对政府的论调难免存在偏见之嫌。如何看待这些反对派的理由呢？早在2008年2月，爱尔兰工党领袖埃蒙·吉尔莫（Eamon Gilmore，1955— ）就曾经讥讽过公投反对派。

> 欧盟在过去35年中从没有对爱尔兰做过如下的事情：没有将爱尔兰吸收为欧洲帝国的一个省；没有对爱尔兰男青年和女青年强迫征兵；没有强迫爱尔兰参与侵略性的帝国主义战争；没有导致灾难性的国家人口的降低；没有摧毁爱尔兰的经济；没有使爱尔兰的文化消逝；没有终止工会的权利；没有引入流产和安乐死；没有抑制宗教自由。所有这些导致恐惧的信誓旦旦的预言被一次次地编造着，事实证明每一个都是毫无根据的、错误的。①

这些颇具正义感的反对由头在爱尔兰与欧盟的利益博弈中可能还会时不时地被拽出来。毋庸置疑，主权是一个国家的最高最基本的权力。1916年4月24日的爱尔兰复活节起义者们的流血牺牲是为了1921年有尊严地独立，成立爱尔兰自由邦。获得主权独立的爱尔兰为了走向繁荣与发展，彻底摆脱英国的阴影，融入欧洲大家庭，于1972年毅然选择加入欧洲经济共同体。在1972年的要不要批准加入欧洲经济共同体法案的公投活动中，爱尔兰人的投票率是40年以来所有针对欧盟事项投票中最高的，达到了71%。支持率也同样是最高的，达到了83%。与此同时，否决率是40年来针对欧盟事项投票中最低的，只有17%（见表2-1）。可以说，爱尔兰1973年正式成为欧洲经济共同体成员国是爱尔兰绝大多数人民自愿选择的结果。40年以来，作为欧洲经济共同体一员的爱尔兰，曾经利

① T. Brown, “*Saying No*”. *An Analysis of the Irish Opposition to the Lisbon Treaty*（http://www.iiea.com/events）.

用欧共体的政策创造过“凯尔特虎”的欧洲经济奇迹，也曾经因为全球经济危机而深陷泥沼向欧盟请求紧急援助。至今，爱尔兰依然是一个有魅力的独立主权国家，它并没有因为加入欧盟而丢失了自我。相反，它愈加意识到自己的利益与欧盟息息相关，爱尔兰2/3的就业机会依赖于和欧盟成员国的贸易，其经济复苏很大程度上依赖于欧盟内部的市场。这一重要性自然会影响到公民的投票意愿，尤其是《里斯本条约》第二轮公投前急转直下的经济形势让很多投票者再次掂量欧盟对于爱尔兰的意义。从爱尔兰欧盟委员会代表机构（European Commission Representation）的调查数据看，在《里斯本条约》前后两轮公投中，对于投支持票有助于爱尔兰经济发展这一主张的支持率，第一轮仅占9%，第二轮却飙升到了38%，因而，第二轮投票结果出现了逆转。

无疑，上述分析凸显了一个重要的民主政治问题，即在涉及爱尔兰与欧盟的利益关系投票中，投票主体每每在爱尔兰公民与欧洲公民，或者说在他们的主权国家公民身份与世界公民身份之间表露出选择性的焦虑，投票者潜意识中无疑都表现出对于主权国家这个共同体的权力遭受侵蚀的担忧与不知所措，他们对欧盟这个大共同体的忠诚度显然弱于对自己的民族国家忠诚度。当面对影响本国利益的欧盟条约批准问题时，爱尔兰人以自己的行动证明了他或她首先是一个爱尔兰公民，其次才是一个欧洲公民。

德国浪漫主义哲学家约翰·赫尔德（Johann Herder，1744—1803）是较早肯定民族认同是人性独特表现的学者之一。

> 野蛮人平和喜悦地爱他自己、爱妻子和儿女，以适度的方式为部落的事情效力，而优雅的世界公民，着迷于爱他自己的影子同胞，爱的不过是虚构的怪物，本身也不过是人的影子，还不如野蛮人真实。在实际生活中，正是野蛮人在穷困中也欢迎陌生人；而闲暇的世界公民泛滥的爱心，没有保护任何人。①

赫尔德力图向人们说明世界主义公民忠诚于人类这种理想终究是有缺陷的。因为，“我们学会去爱人类，不是从普遍的爱而是从特定的爱开始

① ［英］埃里·凯杜里：《民族主义》，张明明译，中央编译出版社2002年版，第51页。

的。……世界主义伦理的错误，不是由于宣称我们对作为整体的人类有某些责任，而是因为坚持我们栖身的世界性共同体总是必须优先于那些特殊的共同体”。[①] 所以，从民族国家公民认同和世界公民认同的比较来看，民族国家公民认同在选择上通常占优。

但是，从爱尔兰 1987 年的《欧洲单一法案》到 2012 年的《财政稳定条约》的 8 次公投看，公民投票率最高的仅有 59%，最低的达到了 33%。这说明在全球化时代，人们对于主权逐渐受到侵蚀的民族国家的忠诚度在减弱，这是最需要民族国家注意的。事实上，“受全球经济整合趋势以及群体认同分割趋势的困扰，民族国家日益无力把认同与自我统治连接起来。即使最强大的国家也不能逃脱全球经济的规则；即使是最弱小的国家，对生活于其中的任何族群、民族、宗教群体的集体认同，也因为其内部差异太大，而不可能在不压制其他群体的情况下给予充分的表达”。[②] 毋庸置疑，全球化事实上已经把所有地方问题世界化了，我们无处可逃，任何一个地方性问题都必须在世界问题体系中加以思考和解决。无论是欧洲联盟这一世界上最大的地区性经济联合体还是一个单一的民族国家，都必须用全球化的世界性的思维权衡利弊，既不能陷入狭隘民族主义的旋涡，同时又要注意培育公民的民族国家忠诚度。

二 公投过程：共识还是同意

如上所述，自从爱尔兰选择加入欧洲经济共同体开始，公投中反对欧盟事项的派别就出现了。但是，对于这些反对者需要进行甄别，其中一部分实际是些保守的反欧主义者，他们反对欧盟条约的理由五花八门，但最主要的一条无非是“欧盟可能损害爱尔兰的主权”。显然，再无法找出比这个理由更具正义感的反对理由了，表面看他们似乎是在保卫爱尔兰的主权，但实际却是在以主权为借口反对欧洲一体化，应该说他们是利用了国家主权。不能否认的是，条约反对派中，也不乏那些真正设身处地为主权国家分忧者。前者最典型的例子有：在 2009 年的《里斯本条约》公投中，由几乎 50 个政党、组织及个人构成的反对派中，那些来自其他国家

① ［美］迈克尔·桑德尔：《民主的不满：美国在寻求一种公共哲学》，曾纪茂译，江苏人民出版社 2008 年版，第 400—401 页。

② 同上书，第 402 页。

的反欧主义者名义上是为了保护爱尔兰，实际上是为了实现他们自己本国的企图，不惜以牺牲爱尔兰利益为代价。如果条约未获公投批准，欧盟甩掉了爱尔兰或者使其边缘化，对爱尔兰又有什么好处呢？所以，对于这些心口不一的条约反对派的问题，本书暂不做探讨。

让我们把目光更多地放在那些真正为爱尔兰主权考虑的反对者身上。无疑，民族国家的主权既受到来自全球化下行趋势的侵蚀，又受到次民族群体要求独立或自治上行压力的挑战，民族国家无论大小，主权的有效行使都或多或少受到了一些影响。所以，条约反对派基于主权的考虑提出否决意见，也无可厚非。当然，从另一方面来说，条约支持派积极推动欧盟条约的批准，也不代表他们都是卖国贼，妄图向欧盟主动奉上爱尔兰的主权。

《里斯本条约》的支持派坚持认为，条约可以使欧盟运作更加灵活，更加有效率地处理突发事件，一个团结的欧盟在世界政治舞台上会更加有竞争力，爱尔兰的经济也会在欧洲一体化的进程中获益，放眼未来，爱尔兰这个小国只有在大欧洲内才能体现出它的价值。而否决派则认为，爱尔兰近年来的经济增长是建立在爱尔兰对海外投资优惠的税收政策上，如果批准了条约，这一优惠的税收政策可能会被迫改变，这会使爱尔兰现在下滑的经济更加举步维艰。而且条约通过以后，欧盟将以“双重多数”的投票方式取代现有的“一票否决”方式，这会导致爱尔兰的声音在欧盟中彻底消失。《里斯本条约》第二轮公投正式开始的两天前，支持派和反对派的交锋达到了白热化，双方都互相指责对方以散布谣言的方式企图赢得这场比赛，而且都亮出了各自的最后底牌，以求在最后的决定时刻占据优势。反对派手中的王牌是夸大《里斯本条约》通过之后可能出现的经济问题。尤其是最低工资问题，这是反对派最有力的武器，在他们看来，当时爱尔兰最低工资标准为每小时 8. 65 欧元，位居欧洲第二，如果通过《里斯本条约》，很有可能降至每小时 1. 84 欧元。针对这种说法，时任爱尔兰外交部长曾提出过严正谴责，他指出：“这样的海报和标语完全错误，这是迄今为止最大的谎言，希望打出这些标语的人尽快清理，并为做出这样的行为道歉。”①

如果说以上支持派与反对派在欧盟条约公投选战中沸沸扬扬，热闹不

① Lily：《“里斯本条约”公投前的最后角力》，爱尔兰华人报《新岛周报》2009 年 10 月 5 日。

已的口水战使你一头雾水，那么，2009 年 12 月 1 日，《里斯本条约》生效日，爱尔兰著名智库组织“国际和欧洲事务协会”（the Institute of International and European Affairs）主席布兰登·哈利根（Bredan Halligan，1936— ）先生对于公投中支持派与反对派的理性分析则会让你豁然开朗。谈到爱尔兰屡次公投条约的经验与教训时，他将爱尔兰的选民划分为五个部分：

> 1/5 选民是坚定的支持者（Hard Yes）；1/5 选民是摇摆不定的支持者（Soft Yes）；1/5 选民是坚定的否决者（Hard No）；1/5 选民是无法投票者（Cannot Vote）；1/5 选民是不愿投票者（Won't Vote）。①

这意味着每次公投选战中，总有 1/5 坚定的支持者，1/5 坚定的否决者，他们的基本立场应该是始终不变的。总有 1/5 的选民因为其他事务缠身而无法行使投票权。而 1/5 的摇摆不定的支持者，以及那些曾经不愿投票的弃权者都有可能改变他们原有的立场，加入对方的阵营，导致不同的结果。从这一意义而言，投票的结果似乎取决于条约支持派与反对派对 1/5 的摇摆不定者与 1/5 弃权者的游说和争夺。

以《里斯本条约》两轮公投过程为例，由表 2－2 的数据可以直观地看到，2008 年《里斯本条约》公投中，53% 的否决派占据了上风，而 2009 年的公投则因 67% 的赞成票而出现了转机。第二轮投票人数比第一轮增加了 6 个百分点；投赞成票的人数比第一轮增加了 20 个百分点；而投否决票的人数比第一轮减少了 20 个百分点。支持派阵营之所以在第二轮投票中扭转乾坤，主要源于第一轮中的 20% 的否决者在第二轮投票中“阵前倒戈”，以及 6% 的弃权者在第二轮投票中的“友情加入”。两轮公投中，弃权率从 2008 年的 47% 降到了 2009 年的 41%。通常，投票者如果对条约比较了解则不会选择弃权。据调查，两轮公投中因“不真正了解公投所引发的问题”而弃权者分别为 52%（2008 年）和 29%（2009 年）；因“未被告知利害攸关的问题”而投弃权票者分别为 42%（2008 年）和 29%（2009 年）；因“不了解条约的内容”而选择弃权者分别为

① B. Halligan，Lisbon：*Lessons Learned*（http：//www.iiea.com/events）.

37%（2008年）和32%（2009年）。在两轮公投中投票立场始终未变的选民占到61%。其中，始终投支持票的占25%，始终投弃权票的占24%，始终投否决票的占12%。与此同时，2008年公投中20%的否决者在2009年的公投中倒向了支持派，6%的弃权者在2009年的公投中也倒向了支持派，还有15%第一轮参与投票者在第二轮公投中选择了弃权。这些摇摆不定的选民临阵转身的原因是"更多地了解了条约"，"参与了更多的公共讨论"，以及对"赞成条约有助于爱尔兰的经济发展"这一说法的认同。[①] 总之，在第一轮投票中，选民主要是针对条约本身在投票，但由于许多选民缺乏对条约的认知，所以第一轮投票以失败而告终。而第二轮投票中，大多数选民基于一种强烈而普遍的欧洲主义情感的支持，及对爱尔兰主权利益的权衡，从欧盟及爱尔兰的大局出发投了支持票。

以上无论是公投现场的纷扰，还是学者的理性分析，都验证了一个事实：无一例外，任何一场公投选战中都有支持者、反对者、弃权者和"墙头草"的身影，任何一场公投选战都是支持派与反对派动员一切资源的角力，最终的结果都是一个多数比例决。所以，我们有理由相信：民主只能是一种妥协基础上的共识，而非完全一致的同意。

三　公投结果：法律胜出还是政治胜出

爱尔兰自独立以来，共有两部宪法，即1922年宪法和1937年宪法。以公投方式修改宪法始于1922年宪法，该宪法规定，"由爱尔兰两院提议的宪法修改案必须经过全民公投批准通过"。"这样的法律规定是基于当时社会背景下的法律改革意图——1922年刚从英国赢得独立的爱尔兰为了区分自己与英国的不同，决意抛弃英国那种典型的威斯敏斯特模式，以彰显爱尔兰的民主"。[②] 但事实上，初获独立的爱尔兰要举行全民公投并不容易。爱尔兰权威部门统计公投数据都是从1937年开始的。[③] 1937年宪法草案是通过全民公投获得批准的，但是，因为处于过渡时期，1937

① The European Commission Representation in Ireland, *Lisbon Treaty Post-Referendum Survey* (http: //ec. europa. eu/public_ opinion/flash/fl_ 284_ en. pdf).

② T. Brown, "*Saying No*". *An Analysis of the Irish Opposition* to the Lisbon Treaty (http: //www. iiea. com/events).

③ The Department of the Enviroment, Community and Local Goverment, *Referendum Rsults* (1937—2012) (http: //www. environ. ie/en/LocalGovernment/Voting/Referenda/).

年宪法的最初两次修改作为普通法律，并未以公民投票方式批准，后来才因1939年的第一宪法修正案和1941年的第二宪法修正案获得了宪法效力。此后，爱尔兰的宪法修改进入了公投批准的常态化。依据1937年爱尔兰宪法第46条第2款，爱尔兰修改宪法的唯一途径是全民公投，公投通过则修宪成功，公投未通过则修宪失败。1958—2013年，爱尔兰的36次宪法性公投中26次成功，10次失败。尽管爱尔兰公投批准宪法从理念到实践的整个过程并不是很顺利，但是这个国家试图在民主政治上摆脱英国根深蒂固的议会至上模式的努力终究变为了现实，这一过程可以看作政治对于法律的胜利。

但是，“持续不断的公投并非爱尔兰政府在1972年准备加入欧洲共同体时的初衷，它曾设想加入欧共体的修宪法案经过人民同意即意味着批准共同体后续的条约。所以最高法院在‘克罗蒂判例’（Crotty v. An Taoiseach）① 中有关《欧洲单一法案》个别条款违宪的判决使得当时的政府大感意外。如今所有的欧盟条约都必须经历宪法修改程序”②。布兰登·哈利根先生的说法可以看作对1973年爱尔兰加入欧洲共同体40年以来，无一例外地采用公投方式批准欧盟条约的缘由阐释。爱尔兰政府在1972年决定采用全民公投方式批准爱尔兰加入欧洲共同体法案时，并未打算在成为欧盟成员国之后，政府参与谈判的所有欧盟条约都采用全民公投的方式批准，它也可以交由议会批准。但是，在这一问题上，法律似乎战胜了政治。爱尔兰欧盟法学者加文·巴雷特（Gavin Barrett）曾说：“爱尔兰政府常常发现自己被令人遗憾的‘克罗蒂判例’中最高法院的判决逼入死角。‘克罗蒂判例’像一个幽灵一样长达二十多年盘旋在爱尔兰的法律上空，束缚着爱尔兰政府，使其背负着举行全民公投的义务，而这种义务对其他欧洲政府而言却不是必要的”。③ 也就是说，欧盟条约在爱尔兰必经公投批准程序的决定性的法律依据是“克罗蒂判例”。

1987年，原告克罗蒂向最高法院提出了两个诉求：第一，裁定《1986年欧洲共同体修改法案》是违反宪法的、无效的，因为该法案意图

① ［1987］IESC 4，［1987］IR 713，［1987］ILRM 400，［1987］2 CMLR 666.

② B. Halligan, *Lisbon*: *Lessons Learned*（http：//www. iiea. com/events）.

③ G. Barrett. Brief, *Relection on the Holding of a Referendum in Ireland on the Treaty of Lisbon*: *A Response of Rossa Fanning*, The Irish Times, 23April, 2008.

将《单一欧洲法案》的大部分条款吸收进爱尔兰国内法。第二，以禁令限制爱尔兰政府批准《单一欧洲法案》及其相关宣言。这次最高法院没有像高等法院那样驳回原告的诉求，而是做得更多。针对克罗蒂的第一个诉求，最高法院指出，“宪法第29条第4款第3项必须被解释为是一种对于国家的授权，这一规定不仅授权国家自1973年起加入欧洲共同体，而且授权国家有权参与条约的修订，只要这种修改不改变共同体原有的基本范围和宗旨（essential scope or objectives）。宪法第29条第4款第3项并未授权1973年后的任何形式的不以宪法修改为前提的条约的修改，该条款是一种偏于开放式的授权，不以宪法修改为前提的任何对条约的修改显得过于宽泛”[①]。根据这一解释，对于成员国间条约的修改如果不超越原有条约的基本范围和宗旨都不构成违宪，超越了原有条约的基本范围和宗旨，则对条约的批准必须以宪法修改为前提。由此，“克罗蒂判例”造就了欧盟条约在爱尔兰的宪法性修改之命运。针对克罗蒂的第二个诉求，最高法院一致回应：关于共同体条约的既有宪法性豁免不适用于《单一欧洲法案》的有关外交政策领域合作的条款，因为对该条约的修改协定在国家主权意义上与爱尔兰宪法不符，所以，爱尔兰政府被剥夺了批准欧盟条约的权力，与此同时，爱尔兰司法部门收获了使议会通过的欧盟条约归于无效的权力，爱尔兰政府也同时被警告必须谨记，自1978年“克罗蒂判例”以后，凡是政府参与谈判的欧盟条约获得批准的选择只能是一次又一次的公投。欧盟条约从此被推入了爱尔兰公投批准之大网。

为什么欧盟所有的条约到了爱尔兰，都要采用公投方式批准？这需要询问爱尔兰最高法院。为什么爱尔兰宪法从形式到具体的制定、修改程序都要区分于英国宪法？这需要询问爱尔兰政府。前者似乎是法律对政治的胜出，而后者似乎是政治对于法律的胜出。当然，从“克罗蒂判例”产生之日起，对它的质疑声从未停止，很多人指出“克罗蒂判例”的判词缺乏说服力，比如，加文·巴雷特认为：

> 如果对最高法院的在这方面的做法提出批评，那就是似乎在最高法院看来“欧洲经济共同体条约”（EEC Treaty）仅仅是一个有关经

---

① ［1987］IESC 4，［1987］IR 713，［1987］ILRM 400，［1987］2 CMLR 666.

济合作的条约，“欧洲原子能共同体条约”（Euratom Treaty）只是一个涉及核能的和平条约，“煤钢条约”（Coal and Steel Treaty）只涉及工业原料交易。无可争辩的事实是，最早的促成欧洲一体化的欧洲条约的历史本源、当时的社会现实以及隐含于其中的意图都不可能被准确地再现，一切都在流变之中。只要认真研读《舒曼宣言》及《欧洲经济共同体条约》的序言便会意识到欧洲一体化是一个持续的过程（ongoing process），这一欧洲联盟过程起始于遥远的已不复存在的“欧洲煤钢共同体”。换句话说，爱尔兰和其他成员国一样，加入欧盟即意味着登上了一列行驶中的火车（moving train），而非一个静止不动的法律实体（static legal entity）。①

既然是行驶中的火车，沿途的风景必然不同，那么，对于不同情势下的风景的描述又怎么会相同？如果新条约较之旧条约变化不大，欧洲联盟可能还停留在半个世纪以前。欧盟从 20 世纪 50 年代一路走来，已经发展成为了一个巨大的超国家结构，世易时移，其组织框架条约会不断更新，以新易旧，这是再自然不过的事情。难道爱尔兰要不断跟进，无休止地因为批准欧盟条约而修改自己的宪法吗？

在爱尔兰现行宪法中，有两处可以看到欧盟条约的痕迹。一是附在现行宪法正文前面的“修正案”（Amending Acts）。二是宪法第 29 条。宪法中有关欧盟事项的修正案包括：1987 年的“第十修正案”（批准《单一欧洲法案》），1992 年的“第十一修正案”（批准《马斯特里赫特条约》），1998 年的“第十八修正案”（批准《阿姆斯特丹条约》），2002 年的“第二十六修正案”（批准《尼斯条约》），2009 年的“第二十八修正案”（批准《里斯本条约》），2012 年的“第三十修正案”（批准《财政稳定条约》）。与此同时，欧盟条约的部分内容依次由爱尔兰宪法的“国际关系（International Relations）条款”，即第 29 条这个入口不断地吸收进爱尔兰宪法。40 年以来，爱尔兰宪法第 29 条第 4 款的内容在不断地被重构与扩展，欧盟规范并入爱尔兰宪法形成的初始条款是第 29 条第 4 款第 3 项，而现在的第 29 条第 4 款已经由第 3 项扩展到了第 10 项。这一过程绝非简

---

① G. Barrett. Brief, *Relection on the Holding of a Referendum in Ireland on the Treaty of Lisbon*: *A Response of Rossa Fanning*, The Irish Times, 23 April, 2008.

单的国际条约与一国国内法的渗透关系，而是政治通过法律途径重新发挥了作用。英国著名公法学家马丁·洛克林（Martin Loughlin）早就告诫那些声称“20 世纪的结束标志着政治的终结”的人们——“不能轻言法律的胜利与政治的结束”。因为“随着法律作为权利理念的上升，我们也不会因此而实现所谓的历史目标，或者实现从政治的逃离。相反，这种政治法律化的现象却产生了法律政治化的现象”。[①]

四　公投的成本与意义：值还是不值

根据爱尔兰公投委员会《里斯本条约》2009 年报告，2009 年公投《里斯本条约》的信息宣传费用如下：

广告支出（Advertising）：1148331

法律支出（Legal Costs）：51170

出版及其他公共意识提升支出（Press & other public awareness promotions）：1286558

海报及其他发行成本（Postal & other distribution costs）：265519

印刷及出版物设计成本（Printing & Design of Publications）：180603

其他管理成本（Other administration costs）：140263

翻译支出（Translation）：2921

其他支出（Miscellaneous）：7356

给外事部门返回（Already returned to the Department of Foreign Affairs）：1098225

总计：4180946

——资料来源：The Lisbon Treaty 2009 Report，Referendum Commission

从以上数据看，2009 年第二次公投《里斯本条约》仅公投委员会总计花费达 4180946 欧元，这还不算那些民间的花费。德克兰·甘利（Declan Ganley，1968—　）这个爱尔兰亿万富翁就承认在第一轮公投中借出

① ［英］马丁·洛克林：《剑与天平：法律与政治关系的省察》，高秦伟译，北京大学出版社 2011 年版，第 252—253 页。

了20万欧元。[①] 我们可以设想一下，假如《里斯本条约》在2008年6月12日的公投中通过了，那么，2009年公投花费就会被节省下来。无论是政府还是富商都可以将这笔钱花在其他有用的地方，但这只是爱尔兰一次公投的不完全支出。依据爱尔兰公投委员会的统计，1998—2011年公投委员会的支出共计3031万欧元（见表2-3）。

表2-3　1998—2011年公投委员会的支出

日　期	主　题	公投日期	支出
1998年3月2日	阿姆斯特丹条约	1998年5月22日	2.8m
1998年4月22日	英爱协定	1998年5月22日	2.7m
1999年5月4日	地方政府定期选举	1999年6月11日	0.8m
2001年4月17日	死刑	2001年6月7日	1.1m
2001年4月17日	国际刑事法院	2001年6月7日	1.1m
2001年4月17日	尼斯条约	2001年6月7日	1.6m
2002年2月8日	流产权利限制	2002年3月6日	2.6m
2002年7月9日	尼斯条约	2002年10月19日	4.1m
2004年4月22日	国籍	2004年6月11日	3.1m
2008年3月6日	里斯本条约	2008年6月12日	5.0m
2009年7月7日	里斯本条约	2009年10月2日	4.1m
2011年9月5日	法官的薪资	2011年10月27日	0.651m
2011年9月13日	议会质询	2011年10月27日	0.659m

资料来源：Referendum Results（1937—2012），The Department of the Environment，Community and Local Government。

看到以上的数据，我们不禁会问：花费这么多钱投入无限期的充满不确定性的公投值得吗？也许爱尔兰人从来不会这么想，他们更多在分析否决派的形成及影响，研究怎样调动公众的参与性，以便让下一次的公投进行得更为顺畅。

原以为爱尔兰人对于国内事务的关注度高于对欧盟事务的关注度，比对公投事项之后才发现这两类事项的投票率都是忽高忽低，比如，2001年《尼斯条约》的投票率低至35%；1996年有关其国内保释问题的投票

① G. Barrett. Brief，*Relection on the Holding of a Referendum in Ireland on the Treaty of Lisbon*：*A Response of Rossa Fanning*，The Irish Times，23 April，2008.

率仅为29%，所以，对公投事项进行区分研究是没有意义的。而且超过1/3的公投选民参与率不到一半，自1996年以来2/3的公投没有达到60%的参与率。相反，议会选举却吸引到了更多的参与者。1948—1987年的议会选举没有低于70%的参与率。其中，1968年的议会选举投票率达到了76.9%。尽管自1989年以来，议会投票率在持续走低，2002年的投票率曾经低至62.57%，但是，2011年的议会选举投票率为70%。两相比较，选举的投票率依然远远高于公投的投票率，此时，那些公投的意义变得更加令人生疑。

在此，有必要回溯一下自1937年以来的宪法性公投的主题，看看爱尔兰都是为了什么在进行全民投票（见表2-4）。

表2-4　34次公投主题

类别	单一主题公投次数	重叠主题公投次数
有关社会转型	10	15
有关欧盟	9	9
有关选举制度	7	7
有关司法规则	3	6
有关国际协定	2	2
有关犯罪、移民	2	2
有关经济问题	1	1

资料来源：Gavin Barrett, The Use of Referendums in Ireland: Looking Back in a Time of Fiscal Crisis。

从表2-4的数据不难看出，大多数公投主题都涉及爱尔兰过去40年以来的社会变迁与社会转型的塑造与反思这一命题。加文·巴雷特认为，"尽管这些巨大变革表象地看是一次又一次的公投，但是它的意义远远超出公投本身。……这些渐进的变革已经将爱尔兰由一个单一的、保守的、天主教主宰一切的国家转型成为了一个淡化宗教色彩、更加世俗化和自由的社会"。[①] 是的，5年一届的议会选举，7年一届的总统选举，无非就是在选举代表公民行使国家权力的公职人员，这些重要人物的选举固然重要，但是它与直接参与重大社会公共议题的决策是两种概念。在全民公投中，公民收获的不仅仅是参与其中的体验，更重要的是通过对一个个重大公共议

① G. Barrett, *The Use of Referendums in Ireland: Looking Back in a Time of Fiscal Crisis.* 此文尚未公开发表，作者允许参阅。

题的关注，认识到什么是公共善，从而提升其公共意识。从这个意义而言，这些被提升至国家宪法修改层面的、代议制体制下的全民公投，实际上是间接民主与直接民主的对接和互益。尽管它加大了决策的不确定性，却是一个国家人民自觉自愿的选择。我们没有理由只是站在一边讥讽，而应该试着去触摸、了解并尊重它。

2013年5月9日，布兰登·哈利根在爱尔兰加入欧洲共同体40周年之际，作了一个题为“大欧盟中的小国战略”（Strategies for a Small State in a Large Union）的演讲。通过回顾爱尔兰加入欧洲经济共同体时时任外交部长的外交策略，他指出：

> 爱尔兰至少有五大对欧盟有利的国家资本（national assets）。依次分别是：与英国的关系；与美国的关系；受殖民的历史；自成为联合国会员国以来的和平倡议者；善于折中和寻求共识的政治文化。①

这些生存秘籍也正是爱尔兰这个欧盟小国40年来辗转腾挪的杀手锏。在以法国、德国为主导的欧盟框架中，爱尔兰虽然不在规模最小国家之列，但也不在规模最大国家之列。所以，如何变劣势为优势，充分利用好自身资源，无疑是一个十分重大的课题。由于曾经是距离英国最近的殖民地，对于英国有较为清晰的了解，所以爱尔兰常常能够参与斡旋英国与欧盟的外交纠葛，并能为欧盟提供英国政策的分析建议。由于大量的爱尔兰人曾经移民去往美国，这些移民的后裔与爱尔兰又有着千丝万缕的联系，这使爱尔兰也比较容易获悉美国的政治策略，比如在欧盟驻华盛顿的代表机构中配备爱尔兰人对于欧盟就比较有利。非常有意思的是，虽然爱尔兰在外交上不断强调它与英国和美国这两个国家的深厚历史渊源，但是这并不代表爱尔兰的政治模式是英国式的或是美国式的。

爱尔兰学习美国采用了总统共和体制，而抛弃了英国的君主立宪制，在政府权力的配置上带有美国的痕迹。比如前述的“克罗蒂诉爱尔兰政府”案中，爱尔兰最高法院裁定议会通过的《1986年欧洲共同体修改法案》违反宪法无效，这类似美国的最高法院行使司法审查权，也就是说

---

① B. Halligan, *Strategies for a Small State in a Large Union*（http://www.IIEA.ie）.

爱尔兰的司法机关可以制约立法机关。而英国因为不存在具有“更高法”地位的成文宪法，长期以来，不管是在宪法修改还是在宪法解释问题上，议会都享有最高的权威。有关英国议会的经典名言有：“除了不能易男为女和易女为男外，议会无所不能，这是英国法律家信奉的一个根本原则。”① 著名宪法学者戴雪（Albert Dicey，1835—1922）曾说，议会主权“不多不少恰好意味着议会在遵守英国宪法的前提下，有权制定或废止任何法律；并且按照英国法律，任何个人或团体均不得推翻或藐视议会制定的法律”②。当然，2009 年 10 月之后，这一情形有所改变，英国成立了自己的最高法院。而爱尔兰比英国甚至美国走得更远。爱尔兰宪法第六条规定，爱尔兰坚持人民主权（popular sovereignty）原则，政府的一切权力服从于上帝（under God），来自于人民（from the people）。在这个国家，涉及宪法的重大事项的决策都要举行全民公投，它不仅仅是政治家们的事情。从 1937 年现行宪法制定以来，除了过渡时期两次修宪未采用全民公投方式之外，其余全部采用了公投方式得以修改，而美国和英国的宪法制定或批准主要由立法机构完成。但是，在前述的分析中，我们也看到爱尔兰公民在重大事项上的投票率还是远远低于选举代议机关代表的投票率。由此，我们将爱尔兰的民主模式界定为以选举为主、公投为辅。民主决策以选举为主是西方政治文化的共同现象，但是爱尔兰坚决辅之以公投民主，客观看是因为它的规模允许，但从其制宪史看，这实际是爱尔兰人民主动选择的结果。

我们不是让美国和英国都效法爱尔兰的做法。但是，如果仅仅因为英国是议会与宪法之母国，美国是分权与制衡之典范，就由此认为它们的政治模式无可挑剔，具有普遍适用性，这种观点即使是爱尔兰这样一个与两国都具有深厚渊源的国家也不会认可。爱尔兰的公投式民主既不是美国式的也不是英国式的，而是它自己的。这种代议制下的直接参与式民主恰恰是对于那种纯粹的代议制民主的反动，是雅典式的关注公民品格的古典民主的回归，是对那种自由主义公民缺陷进行补救的一种尝试。

---

① A. V. Dicey, *A Introduction to the Study of the Law of the Constitution*, London: Macmillan, 1959, pp. 42—43.

② Ibid., pp. 39—40.

一个本质上属于西方，与英国和美国存在千丝万缕联系的国家，并没有复制英国或美国任何一个国家的发展模式，而是从自身民族历史出发选择了适合其本民族地域文化的政制模式。作为一个东方大国的中国，有自己的民主模式难道不是合理的吗？

第三章　新中国宪法史与中国民主模式

第一节　五四宪法：人民制宪创立民主模式

一　五四宪法产生的历史背景

从1949年10月1日新中国成立到1954年9月20日五四宪法颁布前这五年之中，规范、调整国家社会生活的准则是1949年9月29日中国人民政治协商会议第一届全体会议通过的《中国人民政治协商会议共同纲领》（简称《共同纲领》），它实际上发挥了临时宪法的作用。为什么一个新的主权国家成立了却未很快制定宪法呢？

> 从制宪权发展的一般规律看，1949年10月1日中华人民共和国成立应立即准备宪法的起草工作，制定宪法，并以宪法为基础建立全部的国家政权体系。但由于当时不具备召开全国人民代表大会的客观条件，故制定了具备临时宪法性质的《共同纲领》，并以此为基础建立了过渡性的政权体制。①

1949年10月1日，当中华人民共和国宣告成立的时候，以广州为中心的华南地区，以重庆为中心的西南地区以及一些海岛，仍然被国民党残余武装占领着，显然根本不具备在全国实行普选，建立全国人民代表大会和地方各级人民代表大会的条件。新中国的第一部宪法担当起结束过渡性的政权体制并开启新的政权体制的重任，而这部宪法的出现必须等待相应

① 韩大元：《1954年宪法与中国宪政》，武汉大学出版社2008年版，第36页。

条件的成熟。

> 按毛泽东等领导人的解释，召开人民代表大会至少需要三个条件：全国基本解放，实现国内和平和安全；土地改革彻底完成；人民有充分的组织和人民觉悟水平提高。①

在五四宪法产生之前，这三个条件已基本具备了。首先，1951 年 10 月 26 日，中国人民解放军进驻拉萨，标志着人民解放军在大陆上的重大军事行动全部结束，实现了全国基本解放的目标。与此同时，为了抵制国民党在大陆余留的反革命分子的破坏活动，中共中央于 1950 年 10 月 10 日发出了“关于镇压反革命活动的斗争”的指示，1950 年 12 月开始，全国范围内开展了一场规模空前的镇压反革命活动的斗争，这场运动到 1951 年 10 月基本结束，至此，国内和平与安宁的目标基本实现。其次，1950 年 6 月 28 日，中央人民政府委员会第八次会议通过了《中华人民共和国土地改革法》，提出废除地主阶级封建剥削的土地所有制，实行农民的土地所有制。从 1950 年冬到 1953 年春，除了一部分少数民族地区外，占全国人口一大半的新解放区农村完成了土地制度的改革，至此，在中国延续了几千年的封建地主阶级的土地所有制基本被消灭。最后，1949 年 9 月 21 日至 9 月 30 日，中国人民政治协商会议第一届全体会议召开，正是此次政协历史上唯一的一次全体会议产生了中央人民政府，制定了《共同纲领》。《共同纲领》第十二条规定：“国家最高行政机关为全国人民代表大会。全国人民代表大会闭会期间，中央人民政府为行使国家政权的最高机关。”而在不具备普选条件，全国人民代表大会无法成立的情况下，国家政权机关又如何行使权力呢？《共同纲领》第十三条第二款规定：“在普选的全国人民代表大会召开以前，由中国人民政治协商会议的全体会议执行全国人民代表大会的职权，制定《中华人民共和国中央人民政府组织法》，选举中华人民共和国中央人民政府委员会，并付之以行使国家权力的职权。”1949 年 10 月 1 日，中华人民共和国中央人民政府成立，至此，中央人民政府成为 1954 年 9 月 20 日以前的国家政权的最高机关。

---

① 蔡定剑：《宪法精解》，法律出版社 2006 年版，第 24 页。

而中央人民政府是一个过渡阶段的政府，而且中央人民政府具有“议行合一”的“大政府”的特点，它由中央人民政府委员会、中央人民政府主席、政务院、人民革命军事委员会、最高人民法院和最高人民检察署构成。与此同时，以地方各级人民政府及地方各级人民代表会议为主的地方权力组织体系也逐渐得以建立。1953 年 3 月至 1954 年 5 月的全国普选，又促成了县级以上的地方各级人民代表大会的先后建立，这就具备了毛泽东所言的“人民有充分的组织”这一召开全国人民代表大会并制定宪法的条件。中央人民政府委员会在硬件上构建组织条件的同时，也积极为“人民觉悟水平的提高”这一观念条件做了准备。从 1949 年 12 月起，全国实行扫盲政策，一场全国规模的识字运动从 1951 年逐渐推开，这场普遍的扫盲运动对实现普选、顺利召开各级人民代表大会及制定宪法无疑具有重大的意义。当以上三项召开全国人民代表大会的条件都基本具备之时，应当是新中国的第一部宪法诞生之时。

二 五四宪法的制定程序[①]

五四宪法的制定历时 9 个多月，“最先是中共中央起草，然后是北京五百多高级干部讨论，全国八千多人讨论，然后是三个月的全国人民讨论，全国人民代表大会代表一千多人讨论。宪法的起草算是慎重的，每一条、每一字都是认真搞了的”。[②]当毛泽东在 1954 年 9 月 14 日的中央人民政府委员会临时会议上，对于第二天即将提交全国人大的宪法草案所讲的以上一段话，基本勾勒出了五四宪法的制定过程及具体程序。五四宪法的制定主要历经了中央人民政府委员会成立宪法起草委员会，中共中央起草宪法，全国政协、地方单位、军事单位讨论宪法草案初稿，宪法起草委员会审议宪法草案，中央人民政府委员会通过宪法草案，全民讨论宪法草案，第一届全国人民代表大会表决通过宪法七道程序。

（一）中央人民政府委员会成立宪法起草委员会

1953 年 12 月，中共中央基于当时的社会发展情况，决定接受斯大林的制宪建议。五四宪法诞生以前，《中国人民政治协商会议共同纲领》担

---

① 五四宪法的制定程序主要参考了韩大元的《1954 年宪法与中国宪政》。

② 毛泽东：《中央人民政府委员会临时会议讲话》，转引自韩大元《 1954 年宪法与中国宪政》，武汉大学出版社 2008 年版，第 287—288 页。

当临时宪法的任务，依照《共同纲领》，中国共产党作为中国人民政治协商会议的主要党派，要先向政协全国委员会提出召开全国人民代表大会和制定宪法的提议，而是否召开全国人民代表大会及制定宪法，只有中央人民政府委员会这一当时行使国家政权的最高机关有权作出决定。如前所述，从1949年10月1日中华人民共和国成立到1954年9月15日第一届全国人民代表大会召开前，中央人民政府委员会是我国的最高权力机关。

1952年12月24日，中共中央向全国政协提出了召开全国和地方各级人民代表大会，制定宪法的提议。在第一届全国政协常委会第43次会议上，各民主党派在展开充分协商和讨论的基础上，于同日决定向中央人民政府委员会建议召开全国人民代表大会和地方各级人民代表大会。1953年1月13日，中央人民政府委员会第20次会议专门讨论了全国政协委员会关于召开全国人民代表大会的建议。会议最后通过了《关于召开全国人民代表大会及地方各级人民代表大会的决议》。中央人民政府委员会同时决定成立以毛泽东为主席的中华人民共和国宪法起草委员会和以周恩来为主席的选举法起草委员会。

（二）中共中央起草宪法

1953年年底，中共中央成立了宪法起草小组，专门负责起草宪法草案初稿。1953年12月24日，毛泽东率宪法起草小组成员南下杭州，着手宪法起草工作。一个多月以后，宪法起草小组草拟出了宪法草案初稿，1954年2月18日，草案初稿被分别送到了中央政治局委员和在京的中央委员进行讨论，同时发给全国政协委员征求意见。2月24日和26日，宪法起草小组根据讨论意见又拟出了“二读稿”和“三读稿”。2月27日再派人送给刘少奇和在京的中央委员阅读，同时发给全国政协委员征求意见。2月28日至3月1日，中央政治局扩大会议讨论并通过了“三读稿”。3月9日，宪法起草小组再次根据征求到的意见写出了“四读稿”。3月12日、13日、15日，刘少奇再次主持召开中央政治局扩大会议，最终中共中央党内基本形成并正式通过了《中华人民共和国宪法草案（初稿）》。

（三）全国政协、地方单位、军事单位讨论宪法草案

将宪法草案交由中国人民政治协商会议全国委员会，各大行政区、各省市的领导机关和各民主党派、各人民团体的地方组织讨论是1954年3月23日宪法起草委员会第一次全体会议决定的。

自1954年3月25日起，全国政协组织了宪法草案座谈会，对宪法草案初稿进行了广泛的讨论与研究。全国政协分17个小组举行宪法草案座谈会，1954年5月6日至22日，座谈会各小组召集人联席会议举行，联席会议在各小组充分讨论的基础上又反复进行了认真的讨论、研究，最后把取得基本一致的意见提交给宪法起草委员会。与此同时，各省市的领导机关，各民主党派、各人民团体的地方组织与部队领导机关也对草案进行了广泛的研究与讨论。需要说明的是，这一阶段的讨论只是在全国政协、地方单位和军事单位的领导机关中进行的，是属于内部的不公开的讨论。

（四）宪法起草委员会审议宪法草案

宪法起草委员会前后共召开过9次全体会议。其中，第一次、第七次、第八次全体会议由毛泽东主持，其余6次都是由刘少奇主持的。

宪法起草委员会第一次全体会议于1954年3月23日举行。在此次会上，毛泽东代表中国共产党向全体会议正式提出了中共中央起草的《关于中华人民共和国宪法草案（初稿）》，会议最后决定在两个月内完成对宪法草案初稿的讨论和修改，并提请中央人民政府委员会批准。宪法起草委员会第二次全体会议于1954年5月27日举行，会议主要讨论了宪法草案（初稿）的序言和第一章总纲的内容。宪法起草委员会第三次全体会议于1954年5月28日举行，会议主要讨论了宪法草案（初稿）第二章第一节至第四节的关于全国人民代表大会、中华人民共和国主席、国务院、地方各级人民代表大会和地方各级人民政府等方面的问题。宪法起草委员会第四次全体会议于1954年5月29日举行，会议主要讨论了宪法草案（初稿）的第二章第五节民族自治地方的自治机关、第六节人民法院和人民检察院、第三章公民的基本权利和义务方面的问题。宪法起草委员会第五次全体会议于1954年5月31日举行，会议主要讨论了宪法草案（初稿）第二章第四节地方各级人民代表大会和地方各级人民委员会，公民基本权利和义务等部分的内容。宪法起草委员会第六次全体会议于1954年6月8日举行，会议主要讨论了5月31日宪法草案（初稿）的修正稿全文，最后形成了"中华人民共和国宪法草案（修正稿）"。宪法起草委员会第七次全体会议于1954年6月11日举行，这次会议的主要议题是讨论、通过中华人民共和国宪法草案及准备提交给中央人民政府委员会审议的"中华人民共和国宪法起草委员会关于宪法起草经过的报告"。最终，宪法起草委员会第七次全体会议一致通过了宪法草案全文及《中华人民共和国宪法起草委员会关于宪法起草经过的报告》。宪法起草委员会第八次全体会议于1954年9月8日举行，本次会议主要对宪法草案在全民讨论时提出的意见进行研究，并对草案文本进行修改之后提交中央人民政府委员会通过。宪法起草委员会第九次全体会议，即宪法起草委员会的最后一次会议于1954年9月12日召开，本次会议的议题主要是讨论通过准备向第一届全国人民代表大会第一次会议提交的《关于中华人民共和国宪法草案的报告》《全国人民代表大会组织法》《国务院组织法》《人民法院组织法》《人民检察院组织法》《地方各级人民代表大会组织法》修改稿。

（五）中央人民政府委员会通过宪法草案

1954年6月14日，中央人民政府委员会第30次会议召开，中央人民政府主席毛泽东、副主席朱德、刘少奇、宋庆龄、李济深、张澜等46人参加会议。同时，列席本次会议的有200余人。在认真讨论的基础上，中央人民政府委员会一致通过了《中华人民共和国宪法草案》，并予以公布。

（六）全民讨论宪法草案

1954年6月16日，《中华人民共和国宪法草案》公布。当日，《人民日报》发表了题为《在全国人民中广泛地开展讨论中华人民共和国宪法草案》的社论，呼吁全国人民对关系切身利益的国家根本大法，积极地参与讨论并提出意见。宪法起草委员会在汇总整理全民讨论意见的基础上，于1954年9月8日和1954年9月12日，分别召开了第八次和第九次全体会议，再次集中研究、修改、通过了宪法草案，完成了对于宪法草案的最后修订完善工作。1954年9月9日，中央人民政府委员会举行第34次会议，讨论并通过了宪法起草委员会提交的《中华人民共和国宪法草案》，并决定把这一宪法草案提交即将召开的第一届全国人民代表大会第一次会议。

（七）第一届全国人民代表大会表决通过宪法

1953年1月13日，中央人民政府委员会举行第20次会议，会议一致通过了《关于召开全国人民代表大会及地方各级人民代表大会的决议》。中央人民政府委员认为，召开全国人民代表大会的条件已经具备，但是要召开全国人民代表大会制定宪法还需要先制定选举法，这样选举人大代表才能有法可依。1953年2月11日，中央人民政府委员会第22次会议审议通过了《中华人民共和国全国人民代表大会及地方各级人民代表大会选举法》。1953年3月4日，中央选举委员会发出了开展基层选举工作的指示。而要使选举工作顺利进行，人口调查登记工作又迫在眉睫，为此，1953年4月3日，在政务院举行的第173次会议上，通过了《中央人民政府政务院为准备普选进行人口调查登记的指示》，普查结果显示，截至1953年6月30日24时，全国人口总数为601912371人，这也是新中国组织的第一次人口普查，以此为基数的登记选民人数为323809684人。第一次基层普选于1954年5月底结束。1954年6—7月，全国150个省辖市，2064个县、自治县及县一级的单位和170个中央直辖市的区全部召开了人民代表大会，会议选举产生了省、直辖市和自治区人大代表。截至1954年8月24日，全国25个省、内蒙古自治区和14个中央直辖市举行了人民代表大会，选出了全国人民代表大会的代表1136人，再加上军队选出的全国人大代表60人，侨务扩大会议选出的人大代表30人，共计1226人构成第一届全国人民代表大会的代表。自1954年9月6日起，全国25个省、内蒙古自治区、西藏地区、昌都地区、14个直辖市、军队和华侨等44个选举单位的1211名实际报到的全国人大代表，分33个代表组讨论了宪法草案。考虑到代表们在草案讨论过程中也提出了一些修改意见，1954年9月14日，毛泽东主持召开了中央人民政府委员会临时会议，对第二天即将提交的宪法草案又进行了最后的审议，与会者最终表决同意修改意见，全体一致通过了宪法草案。①

1954年9月15日，第一届全国人民代表大会第一次会议隆重开幕。中华人民共和国宪法由中华人民共和国第一届全国人民代表大会第一次会议审议通过。

三　五四宪法制定过程中采用的民主形式

以上剥离了内容的单纯程序的叙述无疑是乏味的，但是没有这些严密的程序，又怎么会有五四宪法中那些精彩的内容？正是五四宪法制定过程中摸索出的那些中国式程序奠基了一种与宪法相关的高层次民主。而要发现这一高层次民主，也就是我们所说的民主模式，需要先行归纳五四宪法

① 韩大元：《1954年宪法与中国宪政》，武汉大学出版社2008年版，第241—244。

制定过程中采用的具体民主形式，再对具体民主形式进行归纳、分析、研究。那么，当年那些参与了五四宪法制定的先贤们，在五四宪法制定过程中，采用了哪些具体的民主形式呢？

（一）民主协商

在五四宪法制定过程中，采用的最主要的民主形式是协商讨论。协商讨论几乎贯穿了五四宪法从提议到初稿讨论到宪法委员会审议讨论的各个环节。

第一，先从制定五四宪法的提议说起，制定五四宪法的提议虽然是中共中央提出的，但是中共中央需要先向全国政协提议召开全国和地方各级人民代表大会、制定宪法。全国政协常委会在各民主党派展开充分协商和讨论并取得一致意见的基础上，再向中央人民政府委员会建议召开全国人民代表大会和地方各级人民代表大会以及起草选举法和宪法。中央人民政府委员会专门讨论全国政协委员会关于召开全国人民代表大会和制定宪法的建议之后，最后通过《关于召开全国人民代表大会及地方各级人民代表大会的决议》。有了以上程序上的准备，宪法起草工作才能开始。

第二，中共中央草拟宪法初稿的整个过程也并非闭门造车。宪法草案初稿共写出了四稿，其中，“一读稿”一方面由中央政治局和在京的中央委员讨论，另一方面也发给全国政协委员征求意见；“三读稿”讨论的过程中，周恩来、董必武也邀请宪法起草委员会中的非中共党员展开过充分讨论。

第三，当宪法草案初稿作为中共中央的建议稿交给宪法起草委员会后，宪法起草委员会环节的民主协商是最广泛而有深度的。主要体现在两个方面。一是，宪法起草委员会第一次全体会议决定，将草案交由中国人民政治协商会议全国委员会，各大行政区、各省市的领导机关和各民主党派、各人民团体的地方组织与部队领导机关共8000多人展开讨论，历时81天，共提出了5900多条意见。[①] 二是，宪法起草委员会通过召开9次全体会议的形式集中、反复地讨论、研究宪法草案初稿并最终形成宪法草案。宪法起草委员会的协商性质主要体现在它的人员组成及工作程序上，宪法起草委员会全体会议由宪法起草委员会委员33人和中央人民政府委

① 蔡定剑：《宪法精解》，法律出版社2006年版，第38页。

员会委员16人及秘书长1人、副秘书长7人、法律顾问2人、语言顾问2人，共计61人参加。宪法起草委员会全体会议参会成员主要来自三个方面：中央各国家机构主要领导人，民主党派主要领导人，著名民主人士。可见，“这是一个由共产党和各民主党派、著名民主人士参加的高层人士的委员会，这个委员会从形式上看还是具有广泛的代表性的、民主协商性制宪机构”。[①] 此外，宪法起草委员会的工作程序也充满了民主协商的氛围，宪法起草委员会的宪法草案修改稿来自于宪法起草委员会座谈会小组组长联席会议，而宪法起草委员会座谈会小组组长联席会议的宪法草案修改稿来自于17个宪法委员会小组座谈会。这17个座谈小组是全国政协依照各民主党派、民主人士、工会、共青团、全国妇女联合会、文艺教育科学界、华侨、少数民族、国家机关等为单位划分的。据统计，“全国政协17个小组的讨论共进行了40多天，参加者500多人，开会260次，平均每组开会20多次，提出的意见和建议达3900多条”。[②]

（二）民主选举

五四宪法制定过程中采用的第二种民主形式是选举。包括选举产生全国人民代表大会及地方各级人民代表大会代表，以及依照宪法选举产生国家领导人。选举产生全国人民代表大会及地方各级人民代表大会代表是制定五四宪法的需要，选举产生国家领导人则是落实五四宪法的要求。制定五四宪法的前提是召开全国人民代表大会及地方各级人民代表大会，而召开全国及地方各级人民代表大会的前提是选举产生人大代表，在全国实现普选。根据1954年6月19日邓小平关于基层选举工作完成情况的报告，全国参与基层选举的单位共214798个，选出的基层人民代表大会代表共有5669144名，其中妇女代表占17.31%。以此为基础，1954年6—7月，各地又选出了省、直辖市、自治区的人大代表共16680人。1954年8月24日，全国25个省、内蒙古自治区和14个中央直辖市，普遍举行了第一届人民代表大会第一次会议，共选出了全国人大代表1226人，这1226名代表的构成比例是：妇女代表147人，占代表总数的11.99%；少数民族代表177人，占代表总数的14.4%；共产党员代表668人，占代表总数

① 蔡定剑：《宪法精解》，法律出版社2006年版，第31页。

② 萧心力：《毛泽东与共和国重大历史事件》，人民出版社2001年版，第130页。

的 54.5%；非共产党员代表 558 人，占代表总数的 45.52%。[①]

第一届全国人民代表大会第一次会议又根据已经通过的宪法，选举产生了新中国的第一届国家领导人，包括中华人民共和国主席、副主席，全国人民代表大会常务委员会委员长、副委员长、秘书长、委员，最高人民法院院长，最高人民检察院检察长，国防委员会副主席、委员。

（三）民主投票

民主投票主要是指全国人大代表对宪法草案、“五法”[②] 修改稿、政府工作报告、决议进行投票以决定是否通过。如果缺失了建立在充分讨论基础上的投票这一环节，五四宪法不可能诞生。所以，在谈论五四宪法所创生的民主模式时，投票这一形式同样无法忽视。根据《中华人民共和国第一届全国人民代表大会第一次会议进行无记名方式投票办法》，1954 年 9 月 20 日的会议首先选出了负责监票工作的总监票人、副监票人、监票人。之后，大会执行主席宣读《中华人民共和国宪法草案》并交于代表们表决。最后执行主席当场宣布表决结果，投票总数为 1197 张，同意票总数也为 1197 张，这意味着五四宪法于 1954 年 9 月 20 日被全票通过。[③]

会议根据已经通过的宪法，又投票通过了《中华人民共和国全国人民代表大会组织法》《中华人民共和国国务院组织法》《中华人民共和国人民法院组织法》《中华人民共和国人民检察院组织法》《中华人民共和国地方各级人民代表大会和地方各级人民委员会组织法》。

（四）民主参与

五四宪法制定过程中采用的另一种民主形式就是全民参与宪法草案的讨论。这一方式是借鉴 1936 年苏联制定宪法的经验。宪法草案的全民讨论从 1954 年 6 月 16 日开始，到 9 月 11 日结束，历时 3 个月，共 1.5 亿人参与了讨论。根据刘少奇在第九次宪法起草委员会上的讲话，全国人民对宪法草案和“五法”共提出了 118 万条修改和补充意见，其中有关宪法草

① 韩大元：《1954 年宪法与中国宪政》，武汉大学出版社 2008 年版，第 244 页。

② 即《中华人民共和国国务院组织法》《中华人民共和国人民法院组织法》《中华人民共和国人民检察院组织法》《全国人民代表大会组织法》《中华人民共和国地方各级人民代表大会和地方各级人民委员会组织法》。

③ 韩大元：《1954 年宪法与中国宪政》，武汉大学出版社 2008 年版，第 289—290 页。

案的意见有 52 万条。[①] 这些修改和补充的意见都先后提交给了宪法起草委员会。

四　人民制宪所形成的民主模式

分析以上五四宪法创制过程中所采用的主要民主形式，其中，民主协商和民主选举应当是最为重要、最为核心的两种形式，民主投票是辅助形式但也不可或缺。在五四宪法的制定过程中，没有 500 多高级干部和 8000 多来自全国政协、地方单位、军事单位的相关人士以及宪法起草委员会 9 次全体会议上参会人员的协商讨论，就没有五四宪法草案。没有民主选举就没有各级人民代表大会的召开，只有借助全国人民代表大会这一最具合法性和正当性的人民代表机构，宪法才有可能诞生，也只有凭借全国人民代表大会，其他国家机构才能产生。使宪法从草案成为正式意义上的法律还需要借助于全国人民代表大会代表的民主投票。而“民主参与”这一民主形式显现出的更多意义在于宣传宪法，培育宪法的社会基础。当然，“全民讨论”这种民主参与形式对于宪法草案的修改完善也是有帮助的，宪法起草委员会采纳的来自全民讨论的意见就有七点。但客观地讲，五四宪法草案的形成过程中，民主协商和民主选举发挥了最为重要的作用，二者之中，民主协商采用的频度又远远高于民主选举，为此，我们将中国的民主模式称为协商为主选举为辅的民主模式。民主模式是对于一个国家决策中所采用的具体民主形式的理论抽象和概括，是民主形式的上位概念。五四宪法作为一个人民创制政府的契约，理应承载国家民主模式构建的担当。

从 1954 年 9 月 20 日至 1975 年 1 月 17 日，五四宪法似乎已经在中国社会中运行了 21 年，但其实际发挥作用的时间却很短，“宪法公布 8 个月后以后就发生了所谓的‘胡风反革命集团案’，宪法的权威性受到了严重的损害。1957 年下半年以后宪法开始失去了对社会生活的实际调整功能，到了‘文化大革命’ 10 年期间，1954 年宪法实际上成了一张废纸”。[②] 最后，落得被七五宪法裁剪到七零八落的结局。谈起五四宪法的厄运，很多人都从宪法文本本身找原因。其实，五四宪法的文本极其富有智慧，即使

① 许崇德：《中华人民共和国宪法史》，福建人民出版社 2003 年版，第 237—238 页。

② 韩大元：《1954 年宪法与中国宪政》，武汉大学出版社 2008 年版，第 388 页。

我国的现行宪法八二宪法也主要是以五四宪法为蓝本制定的。当然，并不是说五四宪法文本本身没有瑕疵，而是说导致五四宪法厄运的主要原因不在宪法本身，而在宪法之外。1954 年的政治家们以激情而审慎的态度采用被人民所认可的民主模式制定了五四宪法，之后这部宪法的命运也因当年所借助的民主模式的被坚守抑或遭变形而起起伏伏。

从 1957 年后半年开始，由五四宪法开启的中国政治生活中良好的民主模式逐渐出现了变形。所谓变形，即构成原有民主模式的民主形式之主次颠倒、本末倒置。全民参与逐渐被发展成为一种主要的民主形式，而民主协商、民主选举、民主投票则不再被尊崇。“反右”斗争扩大化为此后 20 年否弃协商民主模式拉开了大幕。第二届全国人民代表大会超过任期一年零七个月，第三届全国人民代表大会超过任期六年，从 1965 年到 1975 年的 10 年间，全国人民代表大会处于停滞状态，这一系列事实说明民主选举及民主投票现象渐次消失。毛泽东曾在 1954 年 3 月 23 日宪法起草委员会第一次会议上说：“我们的主席、总理都是由全国人民代表大会产生出来的，一定要服从全国人民代表大会，不能跳出如来佛的手掌。”[①] 但是其后来却说：“对选举我是不大相信的。1968 年《红旗》杂志有篇社论还说：‘迷信选举是一种保守思想，革命委员会不是选举产生的，它比以往历届人民代表大会和人民委员会更具有广泛的群众性，更合乎民主集中制，更能够深刻得多地反映无产阶级和劳动人民利益。”[②] 这无疑意味着当时关于民主的主流思想已经发生了转向，开始打压协商民主、轻视选举民主，而全面采用参与式民主。但需要注意的是，1957 年之后的参与式民主与五四宪法制宪时所采用的有序地民主参与不可同日而语。1957 年 2 月 27 日，毛泽东在最高国务会议第十一次（扩大）会议上发表了《关于正确处理人民内部矛盾的问题》的重要讲话，正是在这次讲话中，毛泽东集中阐发了他要用民主的方法解决人民内部矛盾的思想。“他提出了‘小民主’与‘大民主’的方法。所谓‘小民主’即整风，是用批评和自我批评的方式解决人民内部矛盾。所谓‘大民主’即超常的利益表

① 毛泽东：《在宪法起草委员会第一次会议上的讲话》，转引自韩大元《1954 年宪法与中国宪政》，武汉大学出版社 2008 年版，第 377 页。

② 王汉斌：《王汉斌访谈录：亲历新时期社会主义民主法制建设》，中国民主法制出版社 2012 年版，第 16 页。

达方式，比如罢工罢课、示威游行等。在他看来，‘大民主’是解决人民内部矛盾、调整社会秩序的一种补充方法。对于1957年已经出现的‘大鸣、大放、大辩论、大字报’所谓‘四大自由’，毛泽东也予以积极肯定，认为那是群众创造的一种革命形式、斗争形式，还说这些形式充分发挥了社会主义民主。”① 正是这些得到政治家首肯的、完全失序的、由“大乱”意图达致“大治”的群众参与式民主终于一发不可收拾，最后将中国推入了长达十年的“无产阶级专政下继续革命”之“文化大革命”的恐怖深渊。也正是这种失去控制的如脱缰野马般的“民主”给国人造成了难以磨灭的痛苦历史记忆。虽时移世易，也不能因为那些变形了的“民主”而遗忘了五四宪法制宪时刻的真正民主。

第二节　七五宪法、七八宪法：修宪变形民主模式

一　七五宪法与民主模式

（一）1975年修改宪法的历史背景

1954年9月15日，第一届全国人民代表大会第一次会议上，刘少奇在《关于中华人民共和国宪法草案的报告》中提出：“宪法是全体人民和一切国家机关都必须遵守的。全国人民代表大会和地方各级人民代表大会的代表以及一切国家机关的工作人员，都是人民的勤务员，一切国家机关都是为人民服务的机关，因此，他们在遵守宪法和保障宪法的实施方面，就负有特别的责任。”② 1958年8月，毛泽东在北戴河召开的协作区主任会议上却说：“不能靠法律治多数人。民法、刑法那么多条谁记得了。宪法是我参加制定的，我也记不得。我们的各种规章制度，大多数，百分之九十是司局搞的，我们基本上不靠那些，主要靠决议、开会，一年搞四次，不靠民法、刑法来维持秩序。人民代表大会、国务院开会有他们那一套，我们还是靠我们那一套。刘少奇同志提出，到底是法治还是人治？看

① 房宁：《民主的中国经验》，中国社会科学出版社2013年版，第124页。

② 刘少奇：《关于中华人民共和国宪法草案的报告》（http://cpc.people.com.cn/GB/69112/73583/73601/73624/5069195.html）。

来实际靠人，法律只能作为办事的参考。”①这种将法律视为办事参考的观念使人们对于五四宪法权威刚刚建立的认同又渐渐归于了零，也正是在这种无视法律的观念指引下，毛泽东于1966年5月发动了目的为“把被走资派篡夺的权力重新夺回来”的“无产阶级文化大革命”，他说：“这实质上是一个阶级推翻另一个阶级的政治大革命，以后还要多次进行。”②然而，这场延续十年的戕害人权、藐视宪法的“革命”最终给整个国家和人民带来了无尽的伤痛。“‘文化大革命’名义上是直接依靠群众，实际上既脱离了党的组织，又脱离了广大群众。”③

在“文化大革命”进行到第五年的时候，1970年3月8日，毛泽东提出了召开第四届全国人民代表大会和修改中华人民共和国宪法的建议。

（二）七五宪法的制定程序④

七五宪法是对五四宪法的修改，宪法修改工作于1970年3月正式启动。七五宪法的出炉主要经过了中共中央的修改宪法工作小组提出宪法修改草案初稿，中共中央成立的修改宪法起草委员会审议宪法修改草案，动员全国革命群众讨论修改宪法和讨论通过第四届全国人民代表大会的代表，中共九届二中全会通过宪法草案，第四届全国人民代表大会第一次会议决议通过宪法五道程序。

1. 中共中央提出宪法修改草案初稿

1970年3月9日，中共中央成立了由康生、张春桥、吴法宪、李作鹏、纪登奎组成的宪法工作小组。3月16日，中央政治局就修改宪法的指导思想和修宪的一些原则问题，向毛泽东作了《关于修改宪法问题的请示》。3月17日至20日，中共中央召开工作会议，会议由政治局委员、各省、市、自治区革命委员会核心小组负责人以及人民解放军各军区、各总部、各军兵种负责人103人参加。宪法工作小组的负责人就宪法修改的

---

① 全国人大常委会办公厅：《人民代表大会制度建设四十年》，中国民主法制出版社1991年版，第102页。

② 《在中国共产党第九次全国代表大会上的报告》（http://www.mzdbl.cn/maoxuan/wenxian/9dabaogao.html）。

③ 中国共产党第十一届中央委员会第六次全体会议：《关于建国以来党的若干历史问题的决议》，中共党史出版社2010年版，第81页。

④ 七五宪法制定程序主要参考了许崇德的《中华人民共和国宪法史》和蔡定剑的《宪法精解》。

必要性、修改的指导思想、修改原则以及一些原则性的问题向会议作了通报。会议一致同意毛泽东提出的召开第四届全国人民代表大会和修改宪法的意见，还讨论修改了关于第四届全国人民代表大会代表名额分配的协商调整方案。宪法工作小组一周后拟出了一个草案，这一稿草案只有60条，比五四宪法少了46条，对于该草案，中央政治局进行了多次讨论，政治局委员们提出了不同的修改方案。3—7月的四个月中，宪法工作小组共拟出了8个宪法修改草稿。7月11日至7月17日，修改宪法工作小组再次简化了宪法修改内容，最后，形成了两稿（一稿60条，6000多字；另一稿30条，4000多字），[①] 毛泽东指示，把这两稿交给中央修宪起草委员会讨论。

2. 中共中央成立的修改宪法起草委员会审议宪法修改草案

1970年7月17日，中共中央成立了“修改中华人民共和国宪法起草委员会”。中央修宪起草委员会前后共举行过四次全体会议，四次会议都是由周恩来同志主持。1970年7月17日，中央修宪起草委员会第一次全体会议举行，会上，周恩来宣布成立“修改中华人民共和国宪法委员会”及将要召开第四届全国人民代表大会修改宪法的决定，会上还讨论了宪法工作小组提出的两个草稿。1970年7月20日，中央修宪起草委员会第二次全体会议举行，会议主要讨论了关于贯彻中央《通知》的问题。1970年7月22日，中央修改宪法起草委员会举行第三次全体会议，会议继续讨论关于宪法修改问题及民主协商四届人大代表的问题。1970年8月22日，中央修改宪法起草委员会第四次全体会议举行，会议最后讨论通过了即将交给党的九届二中全会讨论的宪法修改草案。

3. 动员全国革命群众讨论修改宪法

根据中共中央1970年7月12日关于准备召开党的九届二中全会和四届人大工作计划，需要两次动员全国革命群众参与讨论中共中央提出的中华人民共和国宪法修改草案。1970年7月21日，中共中央发出了关于修改宪法和推选四届人大代表的通知。要求经过各省、直辖市、自治区革命委员会和军委，动员各厂矿、公社、军队、机关、事业单位、街道组织的革命群众，广泛讨论修改1954年第一届全国人大通过的《中华人民共

① 许崇德：《中华人民共和国宪法史》，福建人民出版社2003年版，第271页。

和国宪法》，并提出修改意见，由省、直辖市、自治区革命委员会和军委办事组集中整理后转交中央修宪起草委员会讨论。与此同时，将四届人大代表名单分配到地方及军队并组织群众讨论。1970 年 8 月中下旬，中央政治局和宪法修改委员会在研究了全国革命群众对于 1954 年宪法修改意见的基础上，正式提出了《中华人民共和国宪法修改草案》。1970 年 9 月 12 日，中共中央再次发出通知，将宪法修改草案发给基层单位，组织人民群众进行讨论并提出修改意见。中央在此基础上再行修改后提出一个正式的宪法修改草案，提请第四届全国人民代表大会审议。

4. 中国共产党第九届中央委员会第二次全体会议通过宪法草案

1970 年 8 月 23 日至 9 月 6 日，中共九届二中全会在庐山举行。会议由毛泽东亲自主持，康生在会上做了《毛泽东对修改宪法的历次指示和修改宪法的过程》报告，并对全国人民宪法修改意见的采纳情况作了说明。9 月 6 日，会议最后通过了《中华人民共和国宪法修改草案》，并建议全国人大常委会进行必要的筹备工作，在适当的时候召开第四届全国人民代表大会。

5. 第四届全国人民代表大会第一次会议通过宪法

1975 年 1 月 13—17 日，中华人民共和国第四届全国人民代表大会第一次会议举行。但是，此次人民代表大会的 2885 名人大代表不是经选举产生的。会上，张春桥受中共中央委托，向第四届全国人民代表大会第一次会议做了《关于修改宪法的报告》。1975 年 1 月 17 日，全体与会的 2864 名人大代表一致表决通过了修改后的《中华人民共和国宪法》。①

（三）遭变形的民主模式

以协商为主、选举为辅的中国民主模式在七五宪法产生过程中遭遇了严重的变形。

第一，关于民主协商。交由第四届全国人民代表大会第一次会议讨论的宪法修改草案的形成过程缺乏广泛而深入的民主协商。前述五四宪法的制定过程中，采用的最主要的民主形式即是协商讨论，协商讨论几乎贯穿了五四宪法从提议到初稿讨论，到宪法委员会审议讨论各个环节。而“在七五宪法在修宪过程中，1954 年宪法规定的修改程序没有得到严格遵

① 许崇德：《中华人民共和国宪法史》，福建人民出版社 2003 年版，第 290 页。

守，主要由中共中央直接负责整个修宪工作，连修改宪法起草委员会也是由中共中央决定成立的，没有经过宪法程序”。[①] 中共中央成立的修改宪法起草委员会成员主要来自四个方面：中共中央政治局委员 19 人，中共中央政治局候补委员 4 人，各省、市、自治区党的核心小组负责同志 24 人，工农兵代表和知识分子 8 人。显而易见，除了 8 名工农兵代表和知识分子代表之外，修改宪法起草委员会的成员都是中央和地方的各国家机构领导人，而且协商也主要局限于中共中央的宪法工作小组和修改宪法起草委员会内部。[②]

第二，关于民主选举。需要说明的是，通过七五宪法的第四届全国人民代表大会的人大代表并非经选举产生，而是由各地的革命群众协商讨论产生的。

> 在筹备四届人大的过程中，全国经过广泛的民主协商，反复讨论，共选出代表二千八百八十五名。出席这次大会的代表共二千八百六十四人。他们当中有产业工人、农民、其他劳动人民、人民解放军、革命干部、革命知识分子、爱国人士、归国华侨的代表。工农兵代表占百分之七十二。妇女占百分之二十二以上。五十四个少数民族都有代表参加。参加大会的还有十二名台湾省籍同胞的代表。许多代表是在无产阶级“文化大革命”和批林批孔运动中涌现出来的先进分子。[③]

与此同时，依据 1975 年 1 月 17 日的中华人民共和国第四届全国人民代表大会第一次会议主席团公告，中华人民共和国第四届全国人民代表大会第一次会议选举产生了第四届全国人民代表大会常务委员会委员长、副委员长、委员。根据中国共产党中央委员会的提议，任命了中华人民共和国国务院总理、副总理、各部部长、各委员会主任。

第三，关于民主投票。七五宪法在由第四届全国人大第一次会议通过

---

① 韩大元：《1954 年宪法与中国宪政》，武汉大学出版社 2008 年版，第 397 页。

② 许崇德：《中华人民共和国宪法史》，福建人民出版社 2003 年版，第 290 页。

③ 中华人民共和国第四届全国人民代表大会：《中华人民共和国第四届全国人民代表大会第一次会议新闻公报》，《人民日报》1975 年 1 月 19 日。

时，同样采用了民主投票的形式，投票本身是符合法定程序的。同时，会议还投票通过了《关于政府工作报告的决议》。

第四，关于民主参与。七五宪法制定过程中采用最多的民主形式是失范的民主参与。1970 年 7 月 21 日和 1970 年 9 月 12 日，中共中央分别发出通知，动员全国革命群众参与讨论宪法修改问题。康生在 1970 年 8 月 22 日中央修改宪法起草委员会全体会议上讲到组织群众讨论修改宪法问题时曾说：

> 各省市实际上开展了一场巨大的群众运动。通过这次讨论修改宪法的运动，提高了群众的革命觉悟，促进了各方面工作的发展。工农劳苦群众就讲了，这件事情关系到我们举什么旗，抓什么纲，建什么国的大问题。他们对毛主席有深厚的阶级感情，所以他们能积极参加修改宪法。①

1970 年 7 月 21 日的中共中央通知在呼吁组织群众参与讨论修改宪法时，提出了六个需要掌握的原则，其中的第一、第五和第六个原则对于鼓动人民群众的参与积极性发挥了重要作用：第一个原则是关于修改宪法的指导思想的，说 1975 年修改宪法的指导思想是毛主席对于马克思、列宁主义国家学说的发展和无产阶级专政下继续革命的理论与实践；第五个原则是说修宪要总结历史经验，总结我们自己的革命和建设，特别是“无产阶级文化大革命”中群众创造的并为毛主席所肯定的好经验，如“大鸣、大放、大辩论、大字报”，三结合的革命委员会等；第六个原则是关于宪法文本修改的指导意见，要求修改后的新宪法力求简明扼要，通俗易懂，人人能记，便于运用。这三个修宪原则充分调动起了革命群众参与修改宪法讨论的积极性。

1975 年 1 月 13 日，张春桥在向第四届全国人民代表大会第一次会议所做的《关于修改宪法的报告》中说：“1954 年宪法是正确的，它的基本

① 康生：《关于宪法修改的讲话》，转引自许崇德《中华人民共和国宪法史》，福建人民出版社 2003 年版，第 274 页。

原则今天仍然适用。……这次的修改草案是1954年宪法的继承和发展。”[①]如用他的话去对应民主问题，应该是五四宪法的民主原则在1975年仍然适用。然而，1975年宪法规定群众有运用“大鸣、大放、大辩论、大字报”的权利及罢工自由似乎超出了五四宪法的精神。所以，公开谈论1975年宪法在民主问题上是1954年宪法的继承和发展似乎有罔顾事实、指鹿为马的嫌疑。

二　七八宪法与民主模式

（一）1978年修宪的历史背景

1975年宪法颁布一年后，中国人的政治生活因卡里斯马式人物的消逝而出现了历史性的转折。1977年8月，党的第十一次全国代表大会召开，这次会议在揭批“四人帮”和动员全党建设社会主义现代化强国方面发挥了积极作用。但是，由于当时历史条件的限制和华国锋同志的“两个凡是”[②]错误方针的影响，“文化大革命”的错误理论、政策和口号没有能够得到及时纠正。正是在极力清除“四人帮”的影响，但对于毛泽东及其发动和领导的“文化大革命”还未给出正式评价的历史条件下，带有“左”倾色彩的七八宪法产生了。

（二）七八宪法的制定程序[③]

七八宪法是对于七五宪法的全面修改。七八宪法的制定过程主要经历了中共中央政治局起草宪法、群众参与讨论宪法修改、中国共产党第十一届中央委员会第二次全体会议通过宪法修改草案、第五届全国人大第一次会议通过宪法四道程序。

1. 中共中央政治局起草宪法

在1978年3月1日召开的第五届全国人大第一次会议上，叶剑英做了《关于修改宪法的报告》，他在报告中提及：“现在提交大会讨论的《中华人民共和国宪法修改草案》，是以华国锋主席为首的、中国共产党

---

① 张春桥：《关于修改宪法的报告》，转引自许崇德《中华人民共和国宪法史》，福建人民出版社2003年版，第290页。

② 即“凡是毛主席做出的决策，我们都坚决拥护，凡是毛主席的指示，我们都始终不渝地遵循”。

③ 七八宪法的制定程序主要参考了许崇德的《中华人民共和国宪法史》和蔡定剑的《宪法精解》。

中央政治局全体同志组成的修改宪法委员会起草的。”也就是说1978年宪法的起草工作是由中共中央政治局直接领导和主持的，修改宪法委员会的成员都是由1977年8月19日中国共产党第一届中央委员会第一次全体会议选举产生的中央政治局成员，当时并未成立由全国人民代表大会决定的专门修宪机构。

2. 群众参与讨论宪法草案

中共中央组织群众参与讨论宪法修改问题共有两次。第一次是1977年10月15日，中共中央发出通知，要求各省、直辖市、自治区、人民解放军采用适当的形式，征求党内外群众对修改宪法的意见，于11月份汇总报告中央。第二次是1977年11月2日，中共中央发出通知，要求各省、直辖市、自治区党委，中央和国家机关、各部、委的党委和党组，军委各总部、各军兵种党委发出补充通知，征求党内外群众对于宪法修改的意见，并将意见汇总整理后于11月20之前报送中共中央，征求意见的对象包括工、农、兵、知识分子、党政干部、民主党派、爱国人士、少数民族、归国华侨。

3. 中共十一届二中全会通过宪法修改草案

1978年2月18日至23日，中国共产党第十一届中央委员会第二次全体会议举行，这次会议主要的目的是为即将召开的第五届全国人民代表大会和人民政协第五届全国委员会做积极准备。会议一致通过了《中华人民共和国宪法修改草案》以及《关于修改宪法的报告》，并决定提请第五届全国人民代表大会第一次会议审议。

4. 第五届全国人民代表大会第一次会议通过宪法

1978年2月26日，第五届全国人民代表大会第一次会议在北京举行。3月1日，叶剑英受中共中央委托，向大会做了《关于修改宪法的报告》。1978年3月5日，第五届全国人民代表大会第一次会议一致通过了《中华人民共和国宪法》。

（三）遭变形的民主模式及其局部修复

通过以上简单的回溯，同样可以发现在1978年的修宪过程中，中国民主模式的命运与1975年修宪几乎一样，仍然遭遇了严重的变形。

第一，与七五宪法一样，交由第五届全国人民代表大会第一次会议讨论的宪法修改草案的形成过程依然缺乏广泛而深入的民主协商。1978年修改宪法时，没有成立专门的修改宪法委员会，而是将中共中央政治局的全体成员直接作为修改宪法委员会的成员。这个修改宪法委员会共26名成员，比七五宪法修改委员会成员少31人。虽然，从人员构成上来说，除了政治局委员和政治局候补委员相同之外，七五宪法修改起草委员会比七八宪法多了各省、自治区、直辖市党的核心小组负责同志及工农兵代表及知识分子代表。但是，这些区别只是表象的，并没有实质上的差别。七八宪法与七五宪法一样，整个宪法修改草案的形成过程中像五四宪法那样广泛而深入的民主协商几乎乏善可陈。

第二，与七五宪法修宪时一样，通过七八宪法的第五届全国人民代表大会的3497名人大代表不是选举产生的，而是仅以并不广泛的民主协商方式产生的。但是，从1978年3月5日的中华人民共和国第五届全国人民代表大会第一次会议主席团公告看，第五届全国人民代表大会第一次会议选举产生了全国人民代表大会常务委员会委员长、副委员长、秘书长、委员及最高人民法院院长、最高人民检察院检察长。

第三，与七五宪法一样，七八宪法在由第五届全国人大一次会议通过时，同样采用了民主投票的形式，投票本身是符合法定程序的。会议上代表们投票表决通过了《中华人民共和国第五届全国人民代表大会第一次会议关于政府工作报告的决议》。

第四，与七五宪法一样，七八宪法制定过程中采用最多的民主形式仍然是民主参与。如前所述，中共中央曾两次组织群众参与讨论宪法修改问题。第一次是1977年10月15日；第二次是1977年11月2日。但是，需要注意的是，这两次群众参与讨论宪法问题都是在正式的宪法草案公布之前组织进行的。

综上，在民主问题上，可以说七八宪法是对七五宪法的沿袭与继续。五四宪法创生过程中所借助的那种以协商为主、选举为辅的民主模式几乎同样遭到了被变形的命运。没有选举，没有真正意义上的协商，只剩下失控的民主参与和徒具形式的投票。七八宪法和七五宪法的这种变形的民主形式都无一例外地反映在其文本之中，七五宪法经由第四届全国人民代表大会将“大鸣、大放、大辩论、大字报”载入了宪法总纲，称其为“是人民群众创造的社会主义革命的新形式”。而七八宪法则更胜一筹，通过第五届全国人民代表大会将“大鸣、大放、大辩论、大字报”规定为中华人民共和国公民的一项基本权利。至此，20年的时间中，1957年初期以来的“鸣放”政策登堂入室成为了宪法条文，具有了宪法效力。

这种局面无疑是不经过广泛协商的宪法草案经由未建立在选举基础上的人民代表大会投票批准的必然结果。好在遭到严重变形的民主模式在七八宪法于1978年3月5日颁布之后及时地得到了局部修正。1979年7月1日，第五届全国人民代表大会第二次会议通过了《关于修正〈中华人民共和国宪法〉若干规定的决议》，1980年9月10日，第五届全国人民代表大会第三次会议通过了《关于修改〈中华人民共和国宪法〉第四十五条的决议》。这两次对于七八宪法的及时修改是新中国宪法史上仅有的两次以决议方式部分修改宪法的范例，对于及时局部修复中国的民主模式无疑具有重大的意义。1979年7月1日的修宪决议涉及的重大问题有四个，其中三个问题直接与抑制那种“以阶级斗争为纲”和“无产阶级专政下继续革命”式的“大民主”有关。比如，将地方各级革命委员会改为地方各级人民政府；县级以上的地方各级人民代表大会设立常务委员会，结束了长达30年的同级人民政府作为人大闭会期间行使地方国家权力之机关的局面；县级以上的人民代表大会由选民直接选举产生，结束了1953年《中华人民共和国全国人民代表大会及地方各级人民代表大会选举法》之人民代表大会代表由其下一级人民代表大会选举产生的历史。

1980年9月10日的《关于修改〈中华人民共和国宪法〉第四十五条的决议》称：

> 中华人民共和国第五届全国人民代表大会第三次会议同意第五届全国人民代表大会常务委员会提出的关于建议修改《中华人民共和国宪法》第四十五条的议案，为了充分发扬社会主义民主，健全社会主义法制，维护安定团结的政治局面，保障社会主义现代化建设的顺利进行，决定：将《中华人民共和国宪法》第四十五条；“公民有言论、通信、出版、集会、结社、游行、示威、罢工的自由，有运用大鸣、大放、大辩论、大字报的权利。”修改为“公民有言论、通信、出版、集会、结社、游行、示威、罢工的自由。”取消第四十五条中“有运用大鸣、大放、大辩论、大字报的权利”的规定。①

① 第五届全国人民代表大会常务委员会：《关于建议修改〈中华人民共和国宪法〉第四十五条的议案》（http：//www. npc. gov. cn/wxzl/gongbao/2000 -12/11/content_ 5004391. htm）。

无疑，取消七八宪法第四十五条之公民“四大”权利是对那种长期以来无序的群众性政治斗争的彻底否定。七八宪法的两次部分修改为1982年全面修宪奠定了良好的基础。

第三节　八二宪法：修宪回复、发展民主模式

一　八二宪法产生的社会历史背景

八二宪法的产生与之前全国人民尤其是全党的实事求是、解放思想运动有直接的关系。1978年5月，中共中央党校《理论动态》第60期上发表了一篇题为《实践是检验整理的唯一标准》的文章。5月11日，该篇文章被以特约评论员的名义在《光明日报》上转发。5月12日，《人民日报》《解放军报》转载。这篇文章开启了全国性的针对“毛泽东说过的话就是真理”这一说法的理论批判，对于结束“两个凡是”的错误具有重要意义。邓小平指出：

> 怎么样高举毛泽东思想旗帜，是个大问题。……有一种议论，叫做“两个凡是”，不是很出名吗？凡是毛泽东同志圈阅的文件都不能动，凡是毛泽东同志做过的、说过的都不能动。这是不是叫高举毛泽东思想的旗帜呢？不是！这样搞下去，要损害毛泽东思想。毛泽东思想的基本点就是实事求是，就是把马列主义的普遍原理同中国革命的具体实践相互结合。①

1978年12月18—22日召开的中国共产党第十一届中央委员会第三次全体会议（简称十一届三中全会），在中国共产党历史上具有十分深远的意义。全会结束了1976年以来党的工作在徘徊中前进的局面，全面认真地纠正了“文化大革命”中及以前的“左”倾错误。批判了“两个凡是”的错误方针，充分肯定了必须完整地、准确地掌握毛泽东思想的科学体系，高度评价了关于真理标准问题的讨论，确定了解放思想、开动脑

① 邓小平：《邓小平文选（1975—1982）》，人民出版社1983年版，第121页。

筋、实事求是、团结一致向前看的指导方针。果断地停止使用“以阶级斗争为纲”这个不适合社会主义社会的口号，并作出了把工作重点转移到社会主义现代化建设上来的战略决策。着重提出了健全社会主义民主和加强社会主义法制的任务。

1981 年6 月27 日至29 日，中国共产党第十一届中央委员会第六次全体会议一致通过了《关于建国以来党的若干历史问题的决议》，这一重要决议的发布标志着中国共产党完成了在指导思想上的拨乱反正。决议对于新中国成立32 年以来一系列重大历史问题和经验教训进行了正确的总结，科学客观地评价了毛泽东的历史功过，并阐明了毛泽东思想的内涵及其对于中国革命和建设的重大意义。通过拨乱反正，党在各方面的正确政策得到恢复和落实，“文化大革命”时期及以前被严重搞乱的社会关系得到调整，大量历史遗留问题得到妥善解决。这些工作的完成，对于调动一切积极因素，动员全党全国各族人民同心同德进行社会主义现代化建设，起到了巨大作用。

1982 年9 月1—11 日，中国共产党第十二次全国代表大会召开，会议将遵守宪法，弘扬宪法权威提到了应有的高度。

> 我们已经在思想上完成了拨乱反正的艰巨任务，在各条战线的实际工作中取得了拨乱反正的重大胜利，实现了历史性的伟大转变。……社会主义民主建设必须同社会主义法制建设紧密结合起来，使社会主义民主制度化、法制化。在党的领导下，国家已相继制定了一系列重要法律。特别是即将提交全国人民代表大会通过的新宪法草案，根据党的十一届三中全会以来我国民主建设取得的成就和已经确定的方针，做出了许多具有重大意义的新规定。这部宪法的通过，将使我国社会主义民主的发展和法制建设进入一个新阶段。……从中央到基层，一切党组织和党员的活动都不能同国家的宪法和法律相抵触。党是人民的一部分。党领导人民制定宪法和法律，一经国家权力机关通过，全党必须严格遵守。①

---

① 胡耀邦：《全面开创社会主义建设的新局面》（http：//www. gov. cn/test/2007 -08/28/content_ 729792. htm）。

二　八二宪法的制定程序①

八二宪法的制定历时29个月。具体的制定程序在1980年9月10日召开的第五届全国人民代表大会第三次会议通过的《关于修改宪法和成立宪法修改委员会的决议》中有明确规定："决定由宪法修改委员会主持修改一九七八年第五届全国人民代表大会第一次会议制定的《中华人民共和国宪法》，提出中华人民共和国宪法修改草案，由全国人民代表大会常务委员会公布，交付全国各族人民讨论，再由宪法修改委员会根据讨论意见修改后，提交本届全国人民代表大会第四次会议审议。"虽说宪法修改草案由于宪法条款所涉及问题的复杂性，最终是由第五届全国人大第五次会议审议通过的，但是以上规定所确立的宪法修改的法定程序没有任何变化。简言之，八二宪法的制定过程主要经历了成立宪法修改委员会、宪法修改委员会提出宪法修改草案、第五届全国人民代表大会常务委员会第二十三次会议审议并公布宪法草案、全民讨论宪法草案、第五届全国人民代表大会第五次会议通过并颁布中华人民共和国宪法五道程序。

（一）五届人大三次会议成立宪法修改委员会

1980年8月30日，中国共产党中央委员会向第五届全国人民代表大会第三次会议主席团提出了《关于修改宪法和成立宪法修改委员会的建议》及中华人民共和国宪法修改委员会名单（草案），提请大会审议。该建议指出：

> （1978年宪法）由于当时历史条件的限制和从那时以来情况的巨大变化，许多地方已经很不适应当前政治经济生活和人民对于建设现代化国家的需要，为了完善无产阶级专政的国家制度，发展社会主义民主，健全社会主义法制，巩固和健全国家的根本制度，切实保障人民的权利和各民族的权利，巩固和发展安定团结、生动活泼的政治局面，充分调动一切积极因素，发挥社会主义制度的优越性，加速四个

---

① 八二宪法的制定程序主要参考了许崇德的《中华人民共和国宪法史》和蔡定剑的《宪法精解》。

现代化建设事业的发展，需要对宪法做比较系统的修改。①

1980年9月6日，第五届全国人民代表大会第三次会议主席团举行第三次会议，会议讨论和通过了中国共产党中央委员会关于修改宪法和成立宪法修改委员会的建议。9月9日，主席团第四次会议讨论和通过了第五届全国人大三次会议关于修改宪法和成立宪法修改委员会的决议草案。1980年9月10日，第五届全国人民代表大会第三次会议通过了《关于修改宪法和成立宪法修改委员会的决议》。该决议同意中共中央修改宪法的建议，同意中共中央提出的中华人民共和国宪法修改委员会名单。

（二）宪法修改委员会提出宪法修改草案

宪法修改委员会共举行了五次全体会议。1980年9月15日，宪法修改委员会第一次全体会议召开。会议由宪法修改委员会主任委员叶剑英主持，会议的主要成果有两点：第一，明确宪法修改的必要性、修改宪法要达到的基本目的及修改方法。第二，成立了修改宪法工作小组，即宪法修改委员会秘书处。会议决定，由秘书处起草宪法草案初稿，再交给宪法修改委员会讨论。1980年9月17日，秘书处开始了具体工作。1980年9月到1981年6月，近九个月的时间中，秘书处主要从两个方面开展工作，一是理论学习、调查研究和资料准备工作；二是宪法修改稿的初步起草工作。

1981年7月起，中共中央决定由彭真具体负责宪法修改工作。1981年10月3日，彭真在秘书处会议上就宪法修改的指导思想和重大问题提出了四点指导性意见：第一，以“四项基本原则”为修改宪法的总的指导思想；第二，要从中国的实际情况出发；第三，只写现在能定下来的最需要的东西；第四，以五四宪法为基础，继承发展五四宪法的基本原则。这几点指导意见基本决定了下一步开展修宪工作的方向。从1981年9月初到11月中下旬，秘书处经过两个月的艰苦努力，拟出了宪法修改草案初稿。这一初稿又在1982年1月和1982年2月两次分别征求中共中央、各地方、各部门、各方面人士意见的基础上不断修改，形成了宪法修改草案讨论稿。

① 中国共产党中央委员会：《关于修改宪法和成立宪法修改委员会的建议》，转引自许崇德《中华人民共和国宪法史》，福建人民出版社2003年版，第351页。

1982 年 2 月 27 日至 3 月 16 日，中华人民共和国宪法修改委员会第二次全体会议召开，会议主要讨论并审议了《中华人民共和国宪法修改草案（讨论稿)》。本次会议由宪法修改委员会副主任委员彭真主持。2 月 27 日，宪法修改委员会委员兼书记处秘书长胡乔木就宪法修改草案讨论稿中的重要问题做了解释。从 1982 年 3 月 9 日至 3 月 16 日的八天中，宪法修改委员会第二次全体会议分三组对《宪法修改草案（讨论稿)》进行了逐章、逐节、逐条的详尽讨论。

1982 年 4 月 12 日至 4 月 20 日，中华人民共和国宪法修改委员会第三次全体会议召开。会议由宪法修改委员会副主任委员彭真主持，主要讨论并审议了《中华人民共和国宪法修改草案（修改稿)》。这一修改稿是宪法修改委员会秘书处根据宪法修改委员会第二次全体会议上宪法修改委员会委员，全国人大常委会委员，政协全国委员会委员，中共中央和国家机关各部门，中央军事委员会领导机关，各省、自治区、直辖市的负责人提出的修改意见，再次修改《宪法修改草案（讨论稿)》而形成的。4 月 12 日的会议上，胡乔木先向委员们就重新修改过的情况做了简要说明。从 4 月 13 日开始，宪法修改委员会第三次全体会议经过 8 天的认真讨论，形成了《中华人民共和国宪法修改草案》。至此，宪法修改委员会历经一年半的艰苦工作，终于完成了一个较为成熟的宪法修改草案。

中华人民共和国宪法修改委员会第四次全体会议和第五次全体会议是在全国人大常委会审议并通过宪法草案及全民讨论宪法草案之后召开的。宪法修改委员会秘书处在集中整理、汇总全国人大常委会第二十三次会议上及全民讨论中提出的广泛的意见、建议的基础上，再次对宪法修改草案进行了修改调整，形成了一个更为成熟的草案。1982 年 11 月 4—9 日召开的中华人民共和国宪法修改委员会第四次全体会议集中讨论了这一草案。1982 年 11 月 23 日，中华人民共和国宪法修改委员会第五次全体会议召开，会议讨论了秘书处根据第四次全体会议提出的意见形成的修改草案，最后通过了正式的宪法修改草案，并决定提请第五届全国人民代表大会第五次会议审议《中华人民共和国宪法修改草案》。

（三）全国人大常委会审议并公布宪法草案

1982 年 4 月 22—26 日，第五届全国人民代表大会常务委员会第二十三次会议召开，会上，宪法修改委员会副主任委员彭真代表中华人民共和国宪法修改委员会向全国人大常委会建议公布《中华人民共和国宪法修改草案》并将之交付全国人民讨论。彭真向大会做了《关于中华人民共和国宪法修改草案的说明》的报告。全国人大常委会委员们随后进行了分组讨论。1982 年 4 月 26 日，第五届全国人大常委会第二十三次会议举行全体会议，通过了《关于公布〈中华人民共和国宪法修改草案〉的决议》。

（四）全民讨论宪法修改草案

依照《关于公布〈中华人民共和国宪法修改草案〉的决议》，在 1982 年 5 月至 1982 年 8 月期间，全国各级国家机关、军队、政党组织、人民团体以及学校、企业事业组织和街道、农村人民公社等基层单位安排时间，组织群众讨论《中华人民共和国宪法修改草案》。对于全国各族人民在讨论中提出的修改意见，由各省、自治区、直辖市人民代表大会常务委以及人民解放军总政治部、中央国家机关各部门、各政党组织、各人民团体分别于 1982 年 8 月底以前报送宪法修改委员会。1982 年 4 月 29 日，《人民日报》发表了题为《全民动员讨论宪法草案》的社论。此次历时四个月的全民宪法讨论参与的人数规模之大、参与热情之高、影响之广泛是空前的，全国各地 80%—90% 的人参与了宪法修改草案的讨论，许多海外华侨和港澳同胞也提出了十分宝贵的意见。

（五）全国人民代表大会通过宪法

1982 年 11 月 25 日，第五届全国人民代表大会第五次会议举行预备会议，2957 名代表出席了预备会议。会议通过了第五届全国人民代表大会第五次会议的议程，选举产生了由 253 名代表组成的第五届全国人民代表大会第五次会议主席团。第五届全国人民代表大会第五次会议主席团第一次会议于 1982 年 11 月 25 日举行，会议主席团决定：在本次人大会议期间，成立一个宪法工作小组，专门负责根据代表们提出的讨论意见，对宪法修改草案再行修改。

1982 年 11 月 26 日，第五届全国人民代表大会第五次会议召开，宪法修改委员会副主任委员彭真代表宪法修改委员会向大会做了《关于中华人民共和国宪法修改草案的报告》。1982 年 11 月 27 日，来自全国各地的全国人大代表开始分组审议宪法修改草案。与此同时，第五届全国政协委员会第五次会议也开始认真研究和讨论宪法修改草案和关于宪法修改草案的报告。1982 年 12 月 3 日，第五届全国人民代表大会第五次会议主席团第二次会议召开，会议决定将宪法工作小组在全国人大代表和全国政协委员提出的补充修改意见和建议的基础上修改过的宪法修改草案提交大会通过。主席团会议还通过了宪法的投票办法，并依据各代表团推选的人选，通过了监票人、总监票人名单草案，提请本次大会通过。

1982 年 12 月 4 日，第五届全国人民代表大会第五次会议投票表决正式的宪法修改草案，大会首先宣读了《中华人民共和国宪法修改草案》，然后通过了 2 名总监票人和 62 名监票人名单。当天下午 5 时 45 分，大会执行主席习仲勋宣布：根据总监票人的报告，有效票 3040 张，其中，赞成票 3037 张，反对票 0 张，弃权票 3 张。宣布中华人民共和国宪法已经由本次会议通过。1982 年 12 月 4 日，第五届全国人民代表大会第五次会议主席团发布《中华人民共和国全国人民代表大会公告》，宣布中华人民共和国宪法已由中华人民共和国第五届全国人民代表大会第五次会议于 1982 年 12 月 4 日通过，予以公布施行。①

三　八二宪法制定程序是五四宪法的继承和发展

1981 年 7 月 18 日，彭真在向中央汇报他的修宪想法时，曾提到“1978 年宪法失之过简，不如以 1954 年宪法为基础好”。② 作为宪法修改委员会副主任委员和 1981 年 7 月之后中共中央指定的宪法修改具体工作负责人，彭真的宪法修改指导思想给 1978 年宪法的全面修改工作定了基调。从他的修宪指导思想判断，八二宪法的内容基本上是以五四宪法为基础制定的，是五四宪法的继承和发展。那么，八二宪法的制定程序是否也遵从了五四宪法之制定程序？

比较来看，八二宪法的制定过程总体上与五四宪法相似，都带有明显的法律程序色彩。宪法无论是制定还是修改，都必须由最高权力机关决定成立专门的宪法起草委员会或宪法修改起草委员会负责提出宪法草案。由宪法起草委员会或宪法修改起草委员会在充分协商的基础上草拟的宪法草案必须经过权力机构审议通过方能作为正式的宪法草案对外公布，交予全民讨论。而七八宪法的制定过程则存在明显的不遵守法律程序的瑕疵，直接由中共中央政治局代行了宪法修改起草委员会的职权。而且宪法修改的正式草案是由中共十一届二中全会讨论通过的。此外，七八宪法制定过程

① 许崇德：《中华人民共和国宪法史》，福建人民出版社 2003 年版，第 476 页。

② 参见蔡定剑《宪法精解》，法律出版社 2006 年版，第 82 页。

中，将广泛的全民参与讨论置于正式的宪法草案审议公布之前，也显得不符合法律程序。所以，基本可以判断八二宪法的制定程序是五四宪法程序的继承和发展。五四宪法的制定程序与八二宪法相比，其制定过程中多出来的“中共中央起草宪法”和“全国政协、地方单位、军事单位讨论宪法草案”两个环节实质上都包含于八二宪法的“宪法修改委员会广泛征求意见提出宪法修改草案”这一个环节之中。

四 修宪回复、发展民主模式

既然八二宪法的制定程序基本是五四宪法制定程序的继承和发展，那么，我们也有理由认为八二宪法是对于五四宪法借以产生的民主模式的大体回归。前述提及，五四宪法借以产生的民主模式是一种协商为主、选举为辅的民主模式。八二宪法在制定过程中基本回复了这一民主模式，这一点可以从八二宪法制定过程中所采用的几个具体民主形式的运用情况中得到印证。

第一，民主协商。与五四宪法一样，八二宪法制定过程中运用最多的民主形式依然是协商讨论，协商讨论贯穿了从提议修改宪法到宪法委员会提出宪法草案及人大代表讨论的各个环节。首先，修改宪法和成立宪法修改委员会是协商讨论的结果。中国共产党中央委员会向第五届全国人民代表大会第三次会议主席团提出修改宪法和成立宪法修改委员会的建议及宪法修改委员会名单（草案），经过第三次和第四次主席团会议的集中协商讨论，第五届全国人民代表大会第三次会议通过了《关于修改宪法和成立宪法修改委员会的决议》。其次，宪法修改委员会提出宪法草案的过程是体现协商讨论最集中的一个环节。宪法修改委员会的工作可以分为秘书处草拟宪法草案初稿和宪法修改委员会讨论修改宪法草案两个阶段。从1980年9月17日到1982年2月27日宪法修改委员会第二次全体会议召开前，是宪法修改委员会秘书处草拟《中华人民共和国宪法修改草案（讨论稿）》的过程，在这一阶段，各省、市、自治区人大常委会，中共中央各有关部门，国务院的各部委和其他直属机关，人民解放军总政治部、各人民团体都召开了各种形式的座谈会，广泛地讨论了1982年宪法修改问题。同时，有103名专家学者受宪法修改委员会秘书处的邀请，通过13次座谈会集中深入地讨论了宪法修改问题。从1982年2月27日宪法修改委员会第二次全体会议到1982年11月23日宪法修改委员会第五次全体会议，属于宪法修改委员会协商讨论、反复修改提出宪法草案的阶段。

第二，民主选举。八二宪法是由第五届全国人民代表大会第五次会议通过并颁布的。由于当时特殊的历史情况，第五届全国人民代表大会通过了两部宪法，1978 年 3 月 5 日召开的五届人大一次会议通过了七五宪法，1982 年 12 月 4 日召开的五届人大五次会议通过了八二宪法。在民主选举问题上，如前所述，第五届全国人民代表大会的 3497 名人大代表并非经选举而产生的。所以说，在八二宪法制定过程中，民主选举全国人大代表这一环节是缺失的。但根据新颁布的宪法选举出了最高人民法院院长和最高人民检察院检察长，并决定了国务院总理和国务院其他组成人员。

第三，民主投票。八二宪法制定过程中的民主投票环节是符合法律程序的，五届人大五次会议于 1982 年 12 月 4 日民主投票通过了八二宪法、《关于中华人民共和国国歌的决议》及《关于本届全国人民代表大会常务委员会职权的决议》。1982 年 12 月 10 日投票通过了《关于第六个五年计划的报告的决议》《关于人大常委会工作报告的决议》[①]《关于修改全国人大和地方各级人大选举法的若干规定的决议》《关于修改地方各级人大和地方各级人民政府组织法的若干规定的决议》《关于批准国务院一九八二年国家预算执行情况和一九八三年国家预算报告的决议》《关于六届人大代表名额和选举问题的决议》《关于最高人民法院和最高人民检察院工作报告的决议》。[②]

第四，民主参与。八二宪法修宪时，在全民参与讨论的问题上回归了五四宪法制宪时的轨道。五四宪法的全民参与讨论是在中央人民政府委员会审议并公布宪法草案之后；八二宪法的全民参与讨论宪法是在第五届全国人民代表大会常务委员会第二十三次会议审议并公布宪法草案之后。这两次群众参与讨论的共同特点是：参与讨论的都是国家最高权力机关审议并公布的正式的宪法草案。而七五宪法和七八宪法修宪时的群众参与讨论则相反，都是在正式的宪法草案审议公布之前组织的，从时间上看，其形式似乎有些类似于五四宪法和八二宪法草拟过程中的协商讨论，但从参与的主体看，实质上仍然属于群众讨论。

---

① 第五届全国人大五次会议：四个决议，《人民日报》1982 年 12 月 5 日。

② 第五届全国人大五次会议：五个决议，《人民日报》1982 年 12 月 11 日。

分析比对八二宪法与五四宪法制定过程中所采用的民主形式，八二宪法产生过程中的短板在于选举民主的不足。即通过八二宪法的第五届全国人大代表并非经过选举，而是通过协商讨论产生的。而八二宪法之所以能够保证质量，应该是通过三条途径实现了扬长避短。第一，在宪法草案的起草过程中尽可能做到广泛充分的协商。相比五四宪法，八二宪法制定过程中专门成立了一个宪法修改委员会秘书处，由宪法修改委员会秘书处负责草拟宪法修改草案初稿，再交给宪法修改委员会讨论，这一点不同于五四宪法制定过程中的中共中央起草宪法的做法。而且八二宪法修改委员会秘书处在草拟宪法初稿时，还召集了13次专家学者座谈会，这一做法不同于五四宪法起草过程中的仅局限于在全国政协、地方单位和军事单位的领导机关中进行的属于内部的不公开讨论。此外，从八二宪法修改委员会和五四宪法起草委员会人数看，八二宪法修改委员会成员共106人，较之于五四宪法起草委员会成员33人多了73人。应当说八二宪法修改委员会四次全体会议对于宪法草案的协商讨论更为深入广泛。第二，五届人大五次会议召开之前，第五届全国人民代表大会通过自身的工作做了一些人员的重大调整。1980年9月10日的五届人大三次会议上，通过了《关于接受华国锋辞去总理职务的请求和接受邓小平、李先念、陈云、徐向前、王震、王任重辞去副总理职务的请求的决议》，通过了《关于接受聂荣臻、刘伯承、张鼎丞、蔡畅、周建人辞去副委员长职务请求的决议》，通过了《关于接受陈永贵解除副总理职务的请求的决议》。[①] 1981年12月13日的五届人大四次会议补选朱学范为第五届全国人民代表大会常务委员会副委员长。[②]上述这些国家领导机构人员的调整为消除“文革”影响、制定八二宪法提供了思想及组织上的前提。第三，在现实生活中，八二宪法产生之前，基层直接选举的范围实际上已经大大超出了五四宪法制定时的情形。根据民政部《1981年关于全国县级直接选举工作的总结报告》，[③] 全

① 第五届全国人民代表大会第三次会议：三个决议，《人民日报》1980年9月11日。

② 第五届全国人民代表大会第三次会议：《关于接受陈永贵解除副总理职务的请求的决议》，《人民日报》1981年12月14日。

③ 根据五届全国人大常委会第十三次会议决定，全国人大常委会设立了全国县级直接选举工作办公室，办公室设在民政部，负责日常工作。而根据1983年3月5日，五届人大常委会第二十六次会议的《关于县级以下人民代表大会直接选举的若干规定》，民政部不再承担县、乡两级选举日常工作。

国县级直接选举工作经过 1979 年下半年和 1980 年上半年两次试点，于 1980 年下半年全面铺开，到 1981 年 8 月，全国 2756 个县级单位（其中县、旗 2051 个，自治县、旗 76 个，不设区的市 121 个，市辖区等 508 个）中，已有 2368 个单位完成了选举工作。而在 1954 年宪法通过之前的人大代表选举时，直接选举也仅仅局限于乡、镇、市辖区和不设区的市人民代表大会代表的选举。所以说，八二宪法的制定过程基本回归了五四宪法制定时所创制的民主模式，并有所发展。

探寻一国宪法史中的民主模式既有助于发现与民族国家开端相勾连的多元的高层次民主，对于如何发展这种高层次民主更有所助益。回溯新中国 60 余年的制宪与修宪史，考察分析中国的宪法批准过程中不同于他者的高层次民主波澜起伏的历史，验证了尊重宪法批准过程中创制的民主模式即尊重宪法，抛却这一模式即背弃宪法的逻辑。因此，如何坚守并发展宪法之下的中国民主模式，应当是最为重要的真正的中国民主问题。

本章立意从新中国宪法史中探寻制宪带来的高层次民主模式，实际上是一种理论的演绎归纳，而这一模式在现实社会生活中是怎样的情况，又存在哪些需要解决的问题，这些疑问需要借助于下一章的实证调查来回答。

第四章　当前我国管理者阶层的民主认知

2010年11月18日，中共中央《关于全面深化改革若干重大问题的决定》中提出了全面深化改革的总目标，即完善和发展中国特色社会主义制度，推进国家治理体系和治理能力现代化。治理能力现代化的关键是观念现代化。而什么是现代的？这是个前提问题。

百年复兴与崛起的历史经验和教训已经证明，迈向现代化的掣肘往往是人的观念出现了混乱，尤其是治理者的观念。两千多年前的中国道家思想家老子曾说："圣人恒无心，以百姓心为心。"[①]老子所谓的"百姓"是指那些政治上能够直接起作用的人群，他是说作为君主的"圣人"因为集中了"百官"的意见从而能够做出正确的决策。无论是"圣人"还是"百官"，实际都是我们今天所谓的"治理者"，治理者的思想模式会决定他们的行为，会影响中国的未来发展前途及命运。无数历史事实已经证明，"正是人类要把国家建成天堂的努力，使国家成了人间地狱"。[②] 估计没有人能够否认，治国者不可能将我们引向天堂，但却可能将我们引入地狱！

和谐的公民文化、追求公共善的公共精神是一个国家治理能力的持久支撑，也是现代治理和传统统治的最大区别。18世纪末期的法国平民阶级经济实力上已经达到了相当高的程度，但是法国的贵族对于社会中弥漫的无法容忍特权、腐败、不公正的气氛视而不见，结果导致了一场革命的轰然发生，所以托克维尔感慨："革命的发生并不总是因为人们的处境越

---

① 《老子·道德经》。这里需要注意的是"百姓"这个词在战国以前是指"百官"，只是随着贵族的没落才从庙堂之高降落到了"黎民"的处境。

② 德国诗人赫尔德林语。转引自［美］乔万尼·萨托利《民主新论》，冯克利、阎克文译，上海人民出版社2011年版，第72页。

来越坏。”① 法国大革命无时不在提醒着人们：一个经济上强大但在公共治理模式上落后的国家是很危险的。所以，治理能力现代化还需细致考察治理者的民主观念。

而抽象的讨论是无法确知治国理政者的思想模式的。曾经在美国杜克大学执教的政治学者史天健先生在这方面为我们提供了一种十分有价值的研究视角。自20世纪90年代以来，他开展过多次有关中国人民主价值观的实证调查，其中，2002年的规模最大，当时他分析得出的结论是：“中国人想要民主，但中国老百姓想要的民主更符合孔孟的民本思想，而不是西方意义上的民主，尽管他们用‘民主’这个字眼来形容他们的理想。”② 近十年以后的2010年，同样基于实证调查，这次他的研究结论是“全球的民主化浪潮已经大大削弱了儒家传统的影响”。③ 我们对史先生的研究结论暂且不论，但至少可以认为他的实证研究方法是可借鉴的。这里需要注意的是，史先生的研究对象是不区分阶层的。

1999年中国社会科学院社会学研究所组成了“中国社会结构变迁研究”课题组，他们以职业分类为基础，以组织资源、经济资源和文化资源的占有状况为标准，将当代中国社会阶层结构的基本形态划分为十大社会阶层。10年后的2010年，该课题组在对之前发表的成果进行回顾和反思后认为：

> 以职业分类为基础，以对组织资源、经济资源、文化资源占有状况为标准作为划分原则，总体上是符合现实的。由此划分出了当代中国社会的十大阶层，基本可以涵盖全体社会成员。研究报告中关于10个社会阶层排列的位序，现在还是成立的。④

由此，为了使调查研究的对象明确化，本书借用了社会学界已经获得

① ［法］托克维尔：《旧制度与大革命》，冯棠译，商务印书馆1992年版，第215页。

② 参见玛雅《中国人的民主价值观实证研究报告——专访美国杜克大学政治学教授史天健》，《凤凰周刊》2009年第3期。

③ 参见刘瑜《当我们谈论文化时，是在谈什么?》，《读书》2013年第9期。

④ 陆学艺：《中国社会阶级阶层结构变迁60年》，《中国人口·资源与环境》2010年第7期。

较为普遍认同的社会分层成果，用他们的“国家与社会管理者”①这一明确界定的概念指代上述提及的“治理者”群体，着力考察国家与社会管理者阶层的民主认知状况。之所以选择国家与社会管理者阶层为调查对象，专门研究他们的民主法治认知状况，是由于：

> 中国的社会政治体制决定了这一阶层在社会阶层结构中居于最高的地位等级，是整个社会阶层结构中的主导性阶层，是当前社会经济发展及市场化改革的主要推动者和组织者。这一阶层的社会态度、利益及行动取向和品质特性，对于正在发生的经济社会结构的变迁和将要形成的社会阶层结构的主要特征具有决定性的影响力。②

可以说，社会学者们描绘的“国家与社会管理者”这一群体的样貌比较切合我国“治理者”的特质。为了深入了解当前的国家与社会管理者阶层的民主法治认知现状，笔者对分布在大连、兰州、淄博、上海、武汉、广州六个城市的国家与社会管理者，发放了360份调查问卷，有效回收、统计、分析了约300份。这里需要说明的是，由于这次调查只是针对一个社会阶层进行的问卷调查，所以问卷份数少于许多不区分调查对象的实证调查。此外，还有一个客观的原因是调查对象的特殊性。下面将从12个视角呈现调查结果并逐一分析相关问题。

第一节　公民认知

“公民是构成国家化的基本粒子。”③ 了解管理者阶层的民主认知状况，应当将每一个管理者放置于“公民”这一法律主体地位上进行考察，如此得来的民主认知才是一种建构在宪法基础之上的民主认知。所以，调查管理者阶层的民主认知首先应从“公民”认知入手。

---

① 国家与社会管理者，主要指在党政、事业和社会团体机关单位中行使实际的行政管理职权的领导干部。

② 中国网：《当代中国社会划分为十大阶层》（http://www.china.com.cn/zhuanti2005/txt/2002－02/07/content_5105530.htm）。

③ 许崇德：《中华人民共和国宪法史》，福建人民出版社2003年版，第239页。

一　相关概念辨析

新中国成立以来，1953 年的选举法及五四宪法开始采用了与国家相对应的“公民”这一法律概念。之前的临时宪法《中国人民政治协商会议共同纲领》中并未采用“公民”术语，而使用了“人民”和“国民”两个概念。《共同纲领》第四条规定：“中华人民共和国人民依法有选举权和被选举权”。第五条规定：“中华人民共和国人民有思想、言论、集会、结社、通讯、人身、居住、迁徙、宗教信仰及示威游行的自由权”。而在第八条规定：“中华人民共和国国民均有保卫祖国、遵守法律、遵守劳动纪律、爱护公共财产、应征兵役和缴纳赋税的义务”。如何理解《共同纲领》采用的“人民”和“国民”两个概念？1949 年 9 月 22 日，周恩来在《共同纲领草案起草的经过和纲领的特点》报告中指出：

> 人民是指工人阶级、农民阶级、小资产阶级、民族资产阶级，以及从反动阶级中觉悟过来的某些爱国民主分子。而对官僚资产阶级在其财产被没收和地主阶级在其土地被分配以后，消极的是要严厉镇压他们中间的反动活动，积极的是要更多的强迫他们劳动，使他们改造成为新人；在改造以前，他们不属于人民范围，但仍然是中国的一个国民，暂时不给他们享受人民的权利，却需要使他们遵守国民义务。①

以此推断，1953 年之前的中国社会，普遍使用“国民”一词。当时把个体的中国人都称为“国民”，而把“国民”中的那些享有政治权利的人称作“人民”，这种“人民的权利、国民的义务”的宪法主体设定带有浓厚的政治色彩。

八二宪法首次明确界定了公民概念，宪法第 33 条规定：“凡具有中华人民共和国国籍的人都是中华人民共和国公民。”但是在现行宪法文本中，仍然保持了五四宪法以来的“人民”“公民”两个词语共融的叙事方式，其中，“人民”词汇大量集中出现在宪法的序言和总纲中，“公民”

---

① 周恩来：《共同纲领草案起草的经过和纲领的特点》。转引自许崇德《中华人民共和国宪法史》，福建人民出版社 2003 年版，第 57—58 页。

词汇主要集中出现于“公民的基本权利和义务”条款中。比较各国宪法文本，实际上，或多或少都“存在着两种不同的叙事逻辑，一种是以人民为核心的政治叙事，一种是以公民为核心的法律叙事”①。应该说这是宪法这部最高法律的内在需求使然，制定宪法的权力归属于人民，人民在宪法中显现的目的是隐喻人民通过制定宪法托付国家一切权力的程序已经走完，人民应当归隐，宪法的正当性与合法性已经取得。而宪法之下的与国家相对应的法律主体“公民”则应当现身，以个体身份行使宪法权利、履行宪法义务。所以说，在各国宪法文本中或多或少同时出现了“人民”和“公民”两个相关的概念。若要正确理解宪法中“公民”概念的含义，有必要对宪法文本中的“人民”“公民”这两个相关的概念进行辨析：

> 德莫斯（人民）的含义，一方面意味着作为整体的公民群体，如同希腊民主公民大会的正式法令的开头所言——“人民决议如下”；另一方面，它意味着普通民众、多数人、穷人，如同在柏拉图的《高尔吉亚篇》所言及的。拉丁文中的人民（populus）一词具有同样的双重含义。②

从历史来看，曾经“凡是没有特殊之处、没有差别的人，凡是不享有特权的人，凡是不因财富、社会地位或教养而出类拔萃的人，都是人民”③。但随着人类社会等级制度的消逝和民主化进程的推进，理论上说，人民都已经实现了当家做主。此时的“人民”概念无非是一个国家国民的集体指称。而“公民”概念是一个国家国民的个体指称。

长期以来，我国宪法学界曾在“人民”和“公民”两个概念的认识上更多倾向于一种政治解释。典型的如：“公民和人民是两个不同的概念，公民是与外国人相对应的法律概念；而人民是与敌人相对应的政治概念。我国公民的范围较人民的范围更加广泛。公民中除人民外，还包括人民的敌人。公民中的人民，享有宪法和法律规定的一切权利并履行全部义

---

① 翟志勇：《人民主权是一种法权结构与公民行动》，《学术月刊》2013 年第 10 期。

② ［英］芬利：《古代世界的政治》，晏绍祥、黄洋译，商务印书馆 2013 年版，第 4 页。

③ ［德］卡尔·施密特：《宪法学说》，刘锋译，上海人民出版社 2005 年版，第 260 页。

务；公民中的敌人，则不能享有全部权利，也不能履行公民的某些光荣义务。”[①] 应该说，这种将“人民”术语仅仅等同于政治概念的说法无异于将“人民”游离于宪法之外，实际上造成宪法文本中同时出现的“人民”与“公民”概念理解上的困难。从宪法学视角看，“人民”是宪法中与国家相关的一个集体概念，解决国家的权力来源问题或正当性问题。而“公民”则是宪法中与国家相对的一个个体概念，看护国家权力的合法性问题。

二　问题、调查结果及分析

（一）问题

为了调查管理者的公民概念认知情况，问卷设计了“公民是什么?”这样一个常见的问题。提供的两个相关分支选项分别为：“公民就是人民”；“公民是具有一国国籍，并据该国法律享有一定权利负有一定义务的人”。

（二）调查结果及分析

该问题回收的有效问卷有298份。而在这298份有效问卷中对于什么是公民这一问题，3人回答“公民就是人民”，295人回答“公民是具有一国国籍，并据该国法律享有一定权利负有一定义务的人”（见表4－1）。根据这一回答情况，可以得知：99%的国家与社会管理者阶层受访者对于什么是公民，什么是人民还是能够区分开来的，但仍然有1%的人认识比较模糊，还不能正确地把握公民和人民这两个属性不同的概念。

表4－1　受访人对公民内涵的认识

		频率	百分比（%）	有效百分比（%）	累计百分比（%）
有效	公民就是人民	3	1.0	1.0	1.0
	公民是具有一国国籍，并据该国法律享有一定权利、负有一定义务的人	295	99.0	99.0	100.0
	合计	298	100.0	100.0	

① 周叶中：《宪法》，高等教育出版社2011年版，第246页。

第二节 积极公民与消极公民认知

“德行与道义是人民政府的必要源泉。”① 一个国家的公民只知道自己的国籍是远远不够的，国家的繁盛或衰落往往与公民美德联结在一起，一国公民是朴素、节俭、诚信、爱国还是奢靡、腐化、欺诈、自私事关国家的软实力问题，意义重大。塑造公民角色是任何一个民族国家的长期任务。

一 相关概念辨析

亚里士多德应当是最早关注“好公民”这个问题的人，在亚氏看来，“作为团体中的一员，公民之于城邦恰恰好像水手之于船舶……各司其事的全船水手实际上齐心合力于一个共同目的，即航行的安全。与此相似，公民们的职司固然各有分别，而保证社会全体的安全恰好是大家一致的目的。现在这个社会已经组成为一个政治体系，那么，公民既各为他所属政治体系中的一员，他的品德就应该符合这个体系”②。进一步从法学理论角度提出积极公民与消极公民划分的是法国《人权与公民权利宣言》的执笔人西耶斯（Sieyes，1748—1836），在其草拟的1791年宪法中，西耶斯以财产和年龄为标准，“把人民划分为两类：‘积极公民’和‘消极公民’。前者必须满25岁且缴纳相当于三天劳动所得的税收；后者则包括妇女、家仆、乞丐、流浪汉、教士和赤贫者。当时法国有2600万人，其中，‘积极公民’只有440万，他们享有投票权。‘消极公民’则被剥夺了投票权”③。两相比较，西耶斯的“积极公民”谈论的是拥有政治参与权的公民，他强调的是什么样的公民才能够参与政治，参与政治的公民资格是什么。而亚里士多德的“好公民”则谈论的是什么样的公民是一个积极公民，他认为只有既关注自己的权利又不忽视社会责任的公民才是好公民。而那些只是依法纳税、遵守法律、遵守社会公德，也不侵害他人权

---

① Washington, *Farewell Address.* 转引自［美］迈克尔·桑德尔《民主的不满：美国在寻求一种公共哲学》，曾纪茂译，江苏人民出版社2008年版，第156页。

② ［古希腊］亚里士多德：《政治学》，吴寿鹏译，商务印书馆1965年版，第123—124页。

③ 王绍光：《民主四讲》，生活·读书·新知三联书店2008年版，第59页。

利的人只能算是消极公民。

20世纪以来，随着人类社会普遍选举权的渐进实现，绝大多数国家公民参与政治的限制仅剩年龄而别无其他。此时，是关注公共问题还是对公共问题抱守冷漠态度显得十分重要。

二　问题、调查结果及分析

（一）问题

“做一个好公民最重要的是什么?”这一问题会映射出管理者阶层对于积极公民与消极公民的认知状况。问题的选项有四个：“守法”，“遵守社会公德”，“积极行使自己的权利”，“即使自己的权利未受到威胁，也要大声强调他人的权利。”

（二）调查结果与分析

根据回收的298份有效问卷的回答：有121位国家与社会管理者阶层成员选择了“守法是一个好公民最重要的标志”，74人选择的是“遵守社会公德”，51人选择了“积极行使自己的权利”，还有52人选择的则是“即使自己的权利未受到威胁，也要大声强调他人的权利”（表4－2）。我们将选择“守法”和“遵守社会公德”者归入消极公民；将选择“积极行使自己的权利”和“即使自己的权利未受到威胁，也要大声强调他人的权利”者归入积极公民，则会看到有65.4%的管理者认为消极公民是好公民，而34.6%的管理者则认为积极公民才是好公民。尤其明显的是，超过一半的受访者认为只要守法就是一个好公民，也即是说只要履行公民义务者就是一个好公民。

表4－2　　受访人对好公民的理解

		频率	百分比（%）	有效百分比（%）	累计百分比（%）
有效	守法	121	40.6	40.6	40.6
	遵守社会公德	74	24.8	24.8	65.4
	积极行使自己的权利	51	17.1	17.1	82.6
	即使自己的权利未受到威胁，也要大声强调他人的权利	52	17.4	17.4	100.0
	合计	298	100.0	100.0	

第三节　公民气质与公民技能认知

作为积极公民，仅有参与公共事务的热情是不够的，还必须养成良好的公民气质，掌握基本的公民技能。拥有良好公民气质和公民技能的人才能在公共生活中融洽地与他人相处，才能对公共事务作出理性的判断。管理者阶层对民众的信赖程度，即对民主的认同度，可以从公民气质与公民技能认知的调查中探知一二。

一　相关概念辨析

公民气质是一国公民所固有的内在人格魅力。具体来讲，就是一国公民在其生活的客观社会环境之下所体现出来的一种内在人格魅力。良好的公民气质往往表现为“容忍、公平、尊重他人言论和坚持真理……如果公民不具备使公民文化存续下去的性情和行为，则不可能有效地行使公民权”①。故而在现代民主社会中，良好的公民气质是必不可少的，拥有公民气质被认为是好公民的重要表现之一，而好公民积极参与社会生活将极大地促进民主制度的不断完善和发展。

公民除了要具备良好的公民气质之外，同时还要具有良好的公民技能。所谓公民技能是指“为了更好地认识公民价值和运行公民原则我们每个人所需要的技能。这些技能包括解决问题的分析技能、为陈述自己观点和理解他人服务的交流技能”②。简言之，公民技能是指在一定的客观社会环境中，公民在自身的知识背景和能力的基础上所具有的解决问题和分析问题的能力和经验，同其他公民进行交流的能力和经验，参与国家事务管理的能力和经验等。在现代社会，每一位公民都必须要具备这些技能才能保证民主和公民权益的真正实现。

无疑，拥有公民气质和公民技能的公民才能够以积极的态度和行动参与到公共事务之中，变得愈来愈有公共责任感。但同时需要注意的是，公民的这种公民气质和公民技能又是在公共生活中培养、习得的。

---

①　纪念美国宪法颁布200周年委员会：《美国公民与宪法》，劳娃、许旭译，清华大学出版社2006年版，第230页。

②　同上。

二　问题、调查结果及分析

（一）问题

这里设计了两个问题，目的是了解在管理者的眼中，我国公民的整体气质与技能状况。第一个问题是“如果公民气质体现在宽容、公平、尊重他人言论和坚持真理这些方面，您认为多少中国公民具备这些气质?”第二个问题是“如果公民技能体现在广阔的知识背景、解决问题的分析技能、交流技能、参与技能这些方面，您认为多少中国公民具备这些技能?”问题的选项均采用了四个幅度范围的值，即 80%—90%；50%—70%；30%—50%；20%—30%。

（二）调查结果与分析

第一个问题的调查数据表明，9% 的社会管理者认为我国 80%—90% 的公民具有良好的公民气质，44% 的管理者认为我国 50%—70% 的公民具有良好的公民气质，31% 的管理者认为我国 30%—50% 的公民具有良好的公民气质，16% 的管理者认为我国仅 20%—30% 的公民具有良好公民气质（见图 4－1）。也就是说，近一半的管理者认为我国只有 50%—70% 的公民具有良好的公民气质。

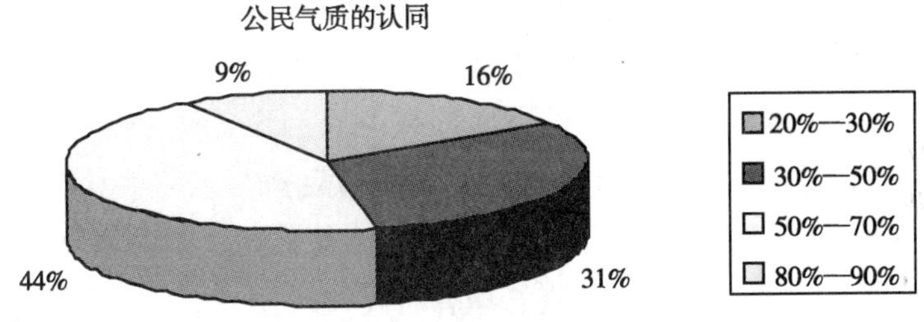

图 4－1　受访人对我国公民气质状况的看法

从第二个问题的调查结果看，在 298 份有效调查问卷中，认为 50%—70% 的公民具有良好的公民技能的管理者有 117 人。认为 30%—50% 的公民具有良好的公民技能的管理者有 104 人。认为 20%—30% 的公民具有良好公民技能的则有 60 人。而认为我国 80%—90% 的公民具有良好的公民技能的管理者只有 17 人（见图 4－2）。从这一调查数据看，管理者在公民气质与公民技能问题上的判断出现了分野：近一半的管理者认为我国 50%—70% 的公民具有良好的公民气质；而在涉及公民技能时，只有39.3%的管理者认为我国50%—70%的公民具有良好的公民技能；还有34.9%的管理者认为我国只有30%—50%的公民拥有良好的公民技能。这也印证了公民气质与公民技能是不能等同的，拥有良好公民气质的人未必拥有良好的公民技能。所以说，参与政治不仅仅要拥有热情，更重要的是要掌握必要的参与技能。对于政府而言，如何在养成良好的公民气质的同时培育公民参政议政的技能也尤为重要。

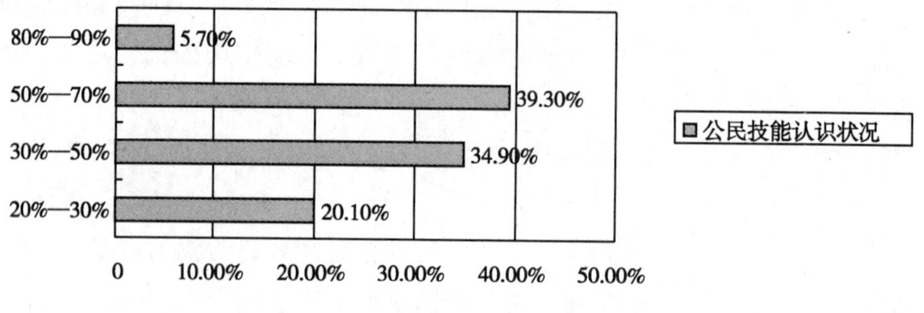

图4－2　受访人对我国公民技能状况的看法

第四节　人权与公民权利认知

自近代以来，人类文明发展到了一个新的阶段——发现了自我。人这根“会思想的芦苇”开始将自己的目光从对神的仰望渐渐转回到了人类自身，继而发现了人天然的正当性即权利。当尊重人权、反对神权的“自然权利思想的发展达到了高峰时，便成为后来写入一些具有里程碑意义的权利宣言和宪法的天赋人权观念的直接思想渊源”。[①] 民主政治的终极目的是保障人权，因而，调查管理者对人权与公民基本权利的认知状况十分必要。

一　相关概念辨析

在现代宪法文本中，有时存在将“公民基本权利”与“人权”互用的现象，但是从根本上而言，二者的属性存在显著差异。至少从人权概念本质上来看，“人权”是一种自然的非授予性的权利，即其来源于人对自

① 李步云：《论人权的本原》，《政法论坛》2004年第2期。

身的认识，仅以人性为依据，是一种道德性的应然性的抽象的个人权利主张。最早在正式文件中使用人权术语的是《人权与公民权利宣言》。“人权一词有其局限性。在抽象意义上，人权理论具有巨大的道德力量，但在现实生活中，无论人权的主体——人，还是人权的内容——权，都具有相当的限定性。无论是在思想观念上还是在社会现实层面，人权都受到不同程度的局限，几乎所有国家都只谨慎地选择人权的一部分规定在宪法中，这部分获得法治国家认可的权利成为实定法上的基本权利，是神圣不可侵犯的，国家必须无条件予以维护。”①

所以说，人权是宪法中实然的公民基本权利的来源。公民的基本权利来自一国宪法对以上所论人权的确认。公民的基本权利是宪法化了的人权，而一些未经宪法化的人权就不能称作公民基本权利。理解宪法之下的“公民基本权利”中的“基本”二字的内涵，需要回到一个国家的历史与现实的语境之中。

> 当然，这里需要注意的是，“中国没有西方那种与生俱来的、超自然的和绝对的权利观念，在中国传统中存在相对的、源于具体的社会场合和社会条件的权利。”②

依照宪法学的通说，一国制宪者往往是将那些本国公民必不可少的权利作为基本权利写进宪法，这些权利应当受到国家的切实保障和真正意义上的实现。

二　问题、调查结果与分析

（一）问题

在调查我国管理者的人权与公民基本权利认知时，仅选择了一个代表性的问题——“平等权是不是我国宪法规定的公民基本权利?”选项有三个：“是”，“不是”，“不清楚”。之所以选择平等权进行调查，是因为从权利位序上看，平等权是我国宪法规定的第一项公民基本权利，它本身具

---

① 韩大元：《比较宪法学》，高等教育出版社2008年版，第152页。

② ［美］金勇义：《中国与西方的法律观念》，陈国平等译，辽宁人民出版社1989年版，第114页。

有非常重要的意义。平等权实质即在法律面前人人平等，是人基于自己的公民身份实际享有的平等，而非一种基于自然人身份的道德性的抽象意义上的平等。

（二）调查结果与分析

表 4－3　受访人对于宪法平等权的看法

		频率	百分比（%）	有效百分比（%）	累计百分比（%）
有效	是	253	84.9	84.9	84.9
	不是	36	12.1	12.1	97.0
	不清楚	9	3.0	3.0	100.0
	合计	298	100.0	100.0	

表 4－3 显示，84.9% 的管理者认为平等权是我国宪法规定的公民基本权利。认为不是的占 12.1%，而回答“不清楚”的人占 3.0%，两者加起来达到 15.1%。也就是说仍然有 15.1% 的管理者不明确我国现行宪法中是否有公民的平等权这一基本权利规定。作为公权力的行使者，如果对于本国公民所享有的基本权利都缺乏认知，谈何保障公民的基本权利？估计于无意识中侵犯了公民的基本权利都不自知。管理者应当对于公权力的边界及私权利的范围始终保持清晰的认识，这是规范行使公权、避免侵犯私权的基本前提。

第五节　宪法与宪法政治认知

当前的中国社会，正在形成“依法治国，首先要依宪治国”的普遍共识。实现现行宪法之下的政治常态，应当首先成为管理者阶层的一致追求。只有管理者敬畏宪法，坚守自己的宪法权限，才有可能营造全社会的宪法秩序。

一　相关概念辨析

追溯宪法概念的词源，不难发现我国采用了一种严格的更高法意义上的宪法概念。即八二宪法序言所表述的“宪法是国家的根本法，具有最高的法律效力”。与宪法概念高度相关的一个概念是宪法政治。应当说宪法政治是一种与宪法相关的思想或政治现实。从思想维度看，“宪法政治是这样一种思想，正如它希望通过法治来约束个人并向个人授予权利一样，它也希望通过法治约束政府并向政府授权”。[①] 从政治现实维度看，宪法政治无非是指宪法实施之后的一种政治状态。总之，宪法政治彰显的是一种法律化的政治思想或政治秩序。

二　问题、调查结果及分析

（一）问题

在宪法与宪法政治的概念认知上，我们设计的问题是“宪法与宪法政治是一种什么关系?”选项有三个：“有宪法必然有宪法政治”，“有宪法未必有宪法政治”，“不清楚”。

（二）调查结果及分析

根据图 4－3 显示，在 292 份有效回答问卷中，49.30% 的管理者回答“有宪法未必有宪法政治”；41.80% 的管理者回答“有宪法必然有宪法政治”；而 8.90% 的管理者则回答“不清楚”。实际上，虽然宪法与宪法政治之间关系密切，但不是任何有宪法的国家都必然呈现出宪法政治状态。良性宪法往往是生成宪法政治的前提，但纵使有良性宪法也不能保证宪法政治秩序的自动实现。一国宪法对于国家机关的权力限制只是一种纸面上的限权，如何将纸面上的限权措施转化成政治现实却需要一个过程，所以说，有宪法未必有宪法政治。但从统计数据看，我国仍然有一半的管理人员对于宪法与宪法政治之间的关系认知不清。

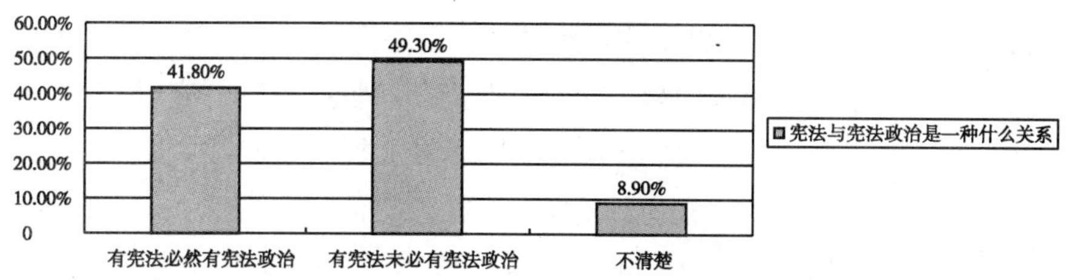

图 4－3　受访人对于宪法与宪法政治关系的理解

---

① ［美］斯蒂芬·M. 格里芬：《美国宪政：从理论到政治生活》，转引自周叶中《宪法》，高等教育出版社 2011 年版，第 172 页。

第六节 民主与法治认知

2012年11月，中国共产党第十八次全国代表大会报告中提出的“三个倡导”是对社会主义核心价值观的最新概括——“倡导富强、民主、文明、和谐；倡导自由、平等、公正、法治；倡导爱国、敬业、诚信、友善。”二十四字核心价值观中，“民主”与“法治”赫然在列。那么，什么是“民主”，什么又是“法治”，两相比较，何者是一种更为根本的监督政府的他律方式，作为中国的国家与社会管理者，理应对这些问题比其他阶层人士有更为清晰的认知。

一 相关概念辨析

民主与法治在本质上属于不同的理论范畴，其所要解决的问题也有所不同，与民主对应的是“主权在君”“君主主权”，可以说民主国家、民主社会是人类消除或削弱特权的永恒追求。而与法治对应的是“人治”，这里的“人”，可能是一个人，可能是少数人，也可能是多数人。因而，所谓法治是指无论是一个人的治理、少数人的治理还是多数人的治理，都应当是一种法律之下的治理秩序、治理状态。

我们已经阐述了“民主”概念的基本内涵，从早期古希腊的“人民的统治”到现代意义上的“人民主权”“国民主权”，民主理论的提出及发展都带有对抗特权统治的意味，正是民主精神将类似法国国王路易十四“朕即国家”的集权统治思想消解殆尽，并最终将国家的主权归为全体人民所有，实现了人类理想中最好的政府形式：“理想上最好的政府形式就是主权或作为最后手段的最高支配权力属于社会整个集体的那种政府；每个公民不仅对该最终的主权的行使有发言权，而且至少是有时，被要求实际上参加政府，亲自担任某种地方的或一般的公共职务。”① 这种理想中最好的政府形式从理论上也解决了国家权力的正当性问题——既然一个国家绝对的、至高无上的权力属于人民，那么政府的权力就来源于人民，政府只是人民权力的受托人而不能凌驾于人民之上；人民享有广泛的权利及

---

① ［英］密尔：《代议制政府》，汪瑄译，商务印书馆1982年版，第43页。

自由，政府必须要保障这些权利与自由。作为政府如何创制更多人民参与政治的法律化的机会与渠道，当属民主的应有之义。

法治，也称作法的统治或者法律至上，法治确认的是法的统治而不是人的统治。古希腊的亚里士多德在《政治学》中指出了法治的基本要义："法律是有道德的文明生活的一个必不可少的条件，是导致城邦'善'的一个条件。法治包含两层意义：已成立的法律得到普遍的服从，而大家所服从的法律应该本身是制定得良好的法律。谁说应该由法律来逐行其统治，这就犹如说，唯独神祇和理智可以行使统治；至于谁说应该让一个个人来统治，这就是在政治中混入了兽性的因素。"① 显然，在亚里士多德看来，所谓法治即良法之治。它彰显出的是约束政府权力和尊重个人权利的理念。与之形成鲜明对比的是，在"人治"社会中，虽然也有法律的存在，但人的权威普遍高于法的权威，常常朝令夕改，整个社会和个人的自由都处于一种随意和不稳定的状态，实现个人诉求的手段基本上于法无据，人们往往被迫采取暴力抗争，因而，人治社会更易于催生暴力革命。实际上，人的治理和法的治理模式中都有人的作用和法的作用，关键看在具体事件的处理过程中，当人的权威和法律的权威出现冲突时，谁在最后占据了上风，谁是终极意义上的权威。如果法律最终支配了人的权力，是谓"法治"；如果人的权力最终支配了法律，是谓"人治"。正如托马斯·潘恩所言："在专制政府中国王便是法律，而在自由国家中，法律便应该成为国王。"②

总之，在法治国家中，宪法和法律在管理国家事务中处于最高的地位，所有国家机关的职权分配、权力边界以及行使权力的程序都来源于法律的授权或设定。同时，公民诉求的实现具有合法的途径，而且公民都愿意尊重、遵守该种法定途径来表达意愿。显然，在这里，民主与法治出现了交集。民主是一种多数人参与政治治理的决策机制，但是，这种多数人治理也应当是一种法律之下的治理。所以说，民主只是一种人民参与政治、选举政府、监督政府的手段，法治是一种人民选举产生的政府治国理政的方式。政府是否在依法治国，以及在未履行依法治国职责时对其采取何种制裁措施，应当最终由法律作出裁断和评判。即使人民参与国家事务、选举政府、监督政府时，也同样要遵循法律、敬畏法律。

---

① ［古希腊］亚里士多德：《政治学》，吴寿鹏译，商务印书馆1965年版，第170—172页。

② ［美］潘恩：《潘恩选集》，吴运楠、武友任等译，商务印书馆1981年版，第35—36页。

二 问题、调查结果及分析

（一）问题

"民主与法治相比，何者是一种更为根本的他律方式?"这一问题是为了考察管理者对于政府监督方式的认知。设计的选项有三个："民主"，"法治"，"不清楚。"

（二）调查结果及分析

根据图 4－4 显示，回答"民主是根本的他律方式"的受访者占 25.20%，回答"法治是根本的他律方式"的受访者占 72.80%。应当说，这一调查结果是令人鼓舞的，72.8%的管理者意识到了我国治国理政的手段选择上更应当依赖法治。

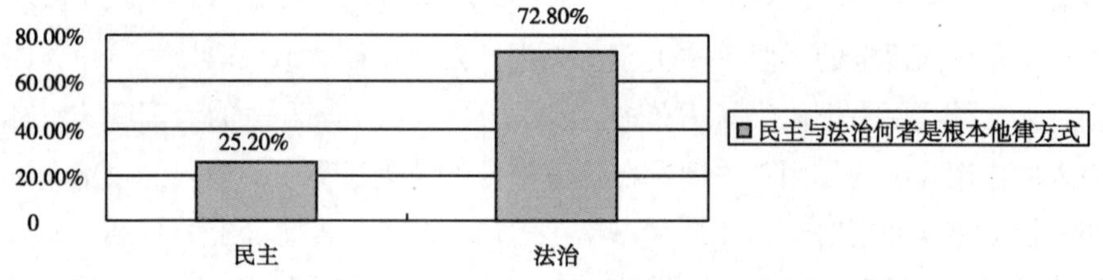

图 4－4 受访人对于民主与法治的理解

第七节 党内法规与党内民主认知

现行宪法确立了中国共产党的领导地位，依法治国、建设社会主义法治国家仍然要坚持党的领导。在中国，党的领导和社会主义法治并行不悖，而党要切实做到依法执政，不但要依据宪法法律治国理政，而且要不断完善党内法规，从严治党，同时使党内法规与宪法法律相互衔接与协调。党内法规是关乎党的生死存亡的关键。国家与社会事务的管理阶层绝大多数是党员，他们对于党内法规的认知程度是实现党内民主及人民民主的关键。

一 相关概念辨析

首先需要厘清的一个问题是，什么是"党内法规"：

党内法规是党的中央组织以及中央纪律检查委员会、中央各部门和省、自治区、直辖市党委制定的规范党组织的工作、活动和党员行为的党内规章制度的总称。①

我们经常听到的党章即是所有党内法规的制定基础和依据，是最高的党内法规。作为一个有着 8000 多万名党员、430 多万个基层党组织的大党，如何从严管好队伍是执政党首先面临的问题，其次是领导全国各族人民治国理政。党的十八大以来，执政党将党内法规制度建设提高到了事关党长期执政和国家长治久安的战略高度，将完善党内法规体系纳入走中国特色社会主义法治道路、建设中国特色社会主义法治体系不可或缺的构成部分。中共中央从 2012 年 10 月至 2014 年 10 月两年间，分两个阶段，完成了全部中央党内法规和规范性文件的集中清理工作。这一做法是党的历史上第一次大规模集中清理党内法规，充分体现了执政党从严治党的决心，也为下一步完善党内法规体系奠定了基础。

党内法规的健全、完善无疑有利于党的建设工作的进一步制度化、规范化、程序化。而当党内法规被提上依法治国体系高度时，还需要厘清党内法规与宪法法律的关系。《中共中央关于全面推进依法治国若干重大问题的决定》已明确提出："注重党内法规同国家法律的衔接和协调。"应当说，党内法规与国家法律有不同的制定机关、制定程序、适用范围。党内法规是党组织管党治党的重要依据，各级党组织在制定党内法规时必须遵守党在宪法法律范围内活动的规定。国家法律是治理国家、规范社会的重要依据，两者缺一不可，都是执政党领导人民建设社会主义法治国家的制度依赖，但两者不可相互替代。

二　问题、调查结果及分析

（一）问题

为了考察国家与社会管理者对于党内法规的认知情况，选择设计了三个相关的问题：第一个问题，"党员的民主权利是否包含选举权?"选项为"是"，"不是"，"不清楚"，这一问题是为了考察管理者是否了解党章中党员的权利规定。第二个问题，"地方党委讨论决定重大问题和任用

① 《中国共产党党内法规制定条例》第二条。

重要干部的票决制度是否完善?”选项为“很完善”,“比较完善”,“不完善”,“很不完善”,这一问题是为了考察相关党内法规的实施情况。第三个问题,“党的各级组织和全体共产党员是否应当接受各级人大的监督?”选项为“是”,“不是”,“不清楚”。这一问题是为了考察国家与社会管理者对于党内监督之外的人大监督的认识。

(二)调查结果及分析

依据《中国共产党章程》第四条,党员有选举权。从图4-5中调查数据看,有89%的管理者认为“党员的民主权利包含选举权”,10%认为“党员的民主权利不包含选举权”,1%回答“不清楚”。由此判断,绝大多数管理者清楚党员享有选举权,但仍有一部分管理者对于党员的权利认识不清。

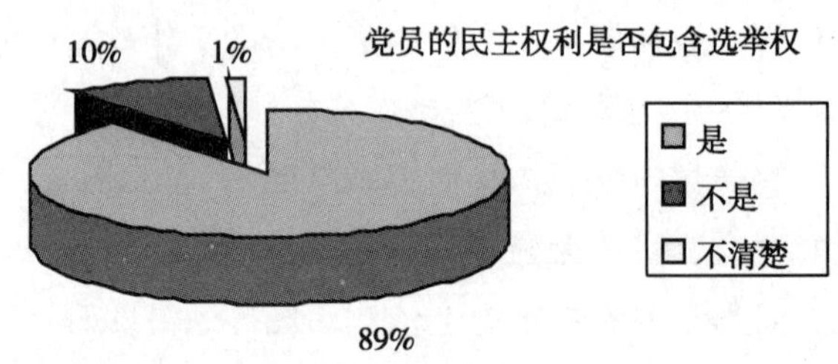

图4-5 受访人对于党员选举权的认识

依据《中国共产党地方委员会工作条例》第十条,“党的地方各级委员会实行集体领导和个人负责相结合的制度。凡属全委会或常委会职责范围内决定的问题,必须由集体讨论决定。任何个人或少数人无权决定重大问题”。第十一条“党的地方各级委员会决定重要问题,应充分酝酿讨论,然后进行表决”。这样的规定应当说非常明确,但是从实际调查结果看,只有10.70%的管理者认为“地方党委讨论决定重大问题和任用重要干部的票决制度很完善”;有45.30%的管理者认为“比较完善”;高达35.60%的管理者认为“不完善”;有8.10%的认为“很不完善”(见图4-6)。这说明类似的党内法规还需要制定更为明确的实施细则或者说应加大实施力度。

依据《中国共产党党内监督条例》第三条,对于党的各级领导机关和领导干部,特别是各级领导班子的主要负责人,执政党将之列为了党内监督的重点对象。加强党内监督是必需的,但是仅仅依靠党内监督显然是不够的。近年来,来自于民主党派的党外监督,来自于人大、司法机关的法律监督、媒体监督、群众监督都是党十分倡导的监督形式。

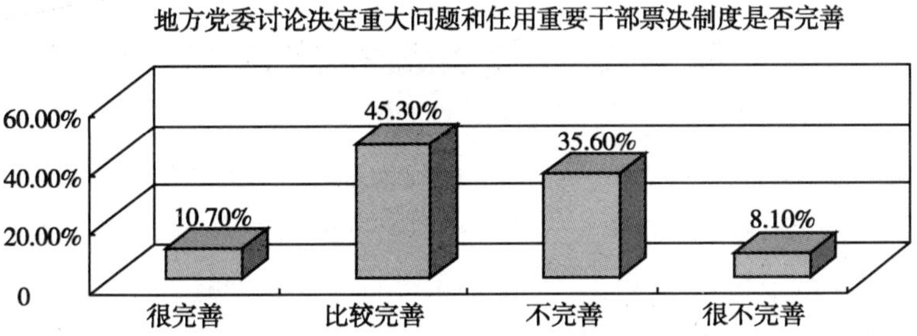

地方党委讨论决定重大问题和任用重要干部票决制度是否完善
60.00%
40.00%
20.00%
0
10.70%
45.30%
35.60%
8.10%
很完善
比较完善
不完善
很不完善

图4-6　受访人对于讨论重大问题及任用重要干部的票决制度的看法

党的各级领导组织及领导干部的行为是否遵守宪法法律？我们这里设计的问题主要针对各级人大的法律监督。现行宪法第五条规定："一切国家机关和武装力量、各政党和各社会团体、各企业事业组织都必须遵守宪法和法律。一切违反宪法和法律的行为，必须予以追究。任何组织和个人都不得有超越宪法和法律的特权。"这些组织和个人应当包括各级党组织和全体共产党员。《中国共产党章程》也规定："党必须在宪法和法律的范围内活动。"同时，从各级人大职权看，作为各级权力机关的人民代表大会负有监督宪法法律实施的职责。党领导人大也只是在政治、思想、组织上的领导，而非权力高于人大。因而，党的各级组织和全体共产党员应当接受各级人大的监督。

从调查结果看，当问及"党的各级组织和全体共产党员是否应当接受各级人大的监督"时，我们发现有64.2%的管理者回答"应该"；32.4%的回答"不应该"；还有3.4%的回答"不清楚"（见图4-7）。这一调查结果反映出我国的一些管理者对于党组织与人大的关系从本质上尚缺乏正确的认知。

党的各级组织和全体共产党员是否应该接受各级人大监督
80.00%
60.00%
40.00%
20.00%
0
64.20%
32.40%
3.40%
是
不是
不清楚

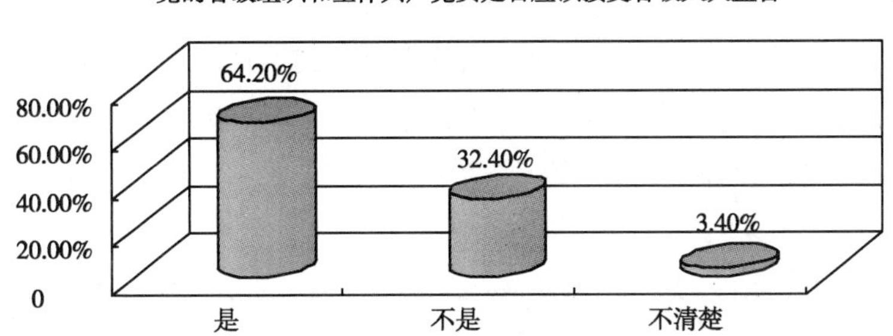

图4-7　受访人对于各级党组织及全体共产党员受人大监督的看法

第八节　权力与权威认知

权力与权威关乎服从与合法性的问题。权力与权威之间关系密切，但是权力不等于权威，重要的是一个国家的管理者能够深知权力绝不是权威。管理者对于权力与权威的清晰认识会直接影响到其职权行使的规范性及民众对于权威的认同感。权力与权威边界的剖析可能会为我们探寻官民冲突问题提供一个新的窗口。

一　相关概念辨析

权力与权威看似相同，很多时候人们将权力与权威等同起来，认为权威离不开权力、权威就是广泛的权力或权威就是权力与威望的有机结合，实际上这些看法都是不正确的。正确行使权力的前提是明确区分什么是权力，什么又是权威：

> 权力是统治者支配和控制被统治者的能力，它可能是暴力的，也可能是柔性的。而权威则是一种被统治者所认同的、自愿服从的统治，权威的表现形式可以是权力、制度、宗教或道德的价值符号，也可以是一种人格化的象征。①

表象地看，权力与权威似乎都达到了一种统治者对被统治者控制的结果。但是这种控制效果相异，人们对于权力更多是一种因强制而服从，而对于权威则是一种自愿服从。之所以会造成两种不同的服从效果，一是缘于权力与权威的存在前提不同，“权威与人的内在智慧相关，而权力则与外在的力量有关。一个学问高深的作家虽然没有权力，但可能有权威。一个愚笨的地方长官虽然有权力，但除此之外却不一定有权威或尊严”。②二是缘于权力与权威的行使方式不同。权力的行使方式是单向度的，总是

① 许纪霖：《为何权力代替了权威——辛亥革命百年反思》，《天津社会科学》2011 年第 5 期。

② ［英］哈林顿：《大洋国》，转引自李龙编《西方法学名著提要》，江西人民出版社 1999 年版，第 126 页。

一方发布命令，另一方接受命令，拥有权力的一方强迫权力接受方服从自己，而不会考虑接受方的意愿。与此不同的是，权威的行使方式以尊重服从者的意愿为基础，只有接受者认同并同意时才会服从，对权威的服从不是基于强制性，而是建立在自愿服从的基础上。正是在此意义上，达伦多夫认为权力与权威之间的重要区别在于权威具有合法性。从合法性视角来说，权威是除了有使人服从命令的这种权力外，更重要的是伴随这种权力的权利，而这个权利来自于服从者的自愿认同。

这里显然还要顺便提及权力与权利的关系。权力并不是自人类诞生那一刻起就随之产生的，它是从权利中分化而来的。代表国家意志的统治者或领导者们所拥有的权力是从该国民众所享有的权利中分化出来的，权力来源于权利。为了实现广大民众最普遍的利益，民众将自己所享有的权利让渡出来，转让于能代表他们意志并能够维护他们利益的组织或机构，这种让渡并不是在外界力量威胁之下进行的，而是出于一种自愿，正是出于这样的一种自愿，人们才赋予权力威严性，权力才得以成为权威。人们甘愿舍弃自己的利益而服从权力，并不是毫无节制的，也不是说权力的位阶就比权利要高，更不是说权力就可以任意抹杀权利，权力的存在是为了更好地实现权利，权力和权利二者之间是一种制衡关系。

区分权力与权威的异同具有十分重要的意义。正因为权力天然的单方面性，权力拥有方在行使权力时不太会顾及接受者的主观意愿，行使权力时极可能过于恣意，从而容易使权力拥有方与接受方产生矛盾，接受方可能会逐渐产生对权力拥有者的不信任，甚至对命令的强烈抵抗。而权威则更注重权威拥有者与接受者之间的互动，除了权威拥有者的意志以外还重视权威接受者的认同与信服，当接受者不认为权威者的命令是一种负担、强迫时，出自权威拥有者的命令推行起来阻力会相对减小。所以，权力行使者在行使权力的同时，应当认真思考如何彰显自身的权威。

二 问题、调查结果及分析

（一）问题

在权力与权威关系方面，设计了三个相关的问题：第一个问题，“什么是权威?”选项有四个，依次为“权威就是权力”，“权威就是权利”，“权威是一种权力，并伴随着可以行使该权力的权利”，“不清楚”。第二个问题，“您认为政府的权威直接源于?”选项有四个，依次为“人民的同意”，“宪法和法律”，“为人民服务的政绩”，“不清楚”。第三个问题，“您认为中央政府在农村的威信与10年前相比有什么变化?”选项有四个，依次为“提高了”，“降低了”，“没变化”，“不清楚”。

（二）调查结果及分析

第一个问题“什么是权威”是为了考察管理者对于权威的认知情况。从调查结果看，298位管理者中有248人回答“权威是一种权力，并伴随着可以行使该权力的权利”，占83.20%；有23人回答“权威就是权力”，占7.70%；有9人回答“权威就是权利”，占3.00%；还有17人回答“不清楚”，占5.80%（见图4－8）。这一调查结果应当说是令人鼓舞的，绝大多数管理者还是能够认识到权威与权力是不同的。

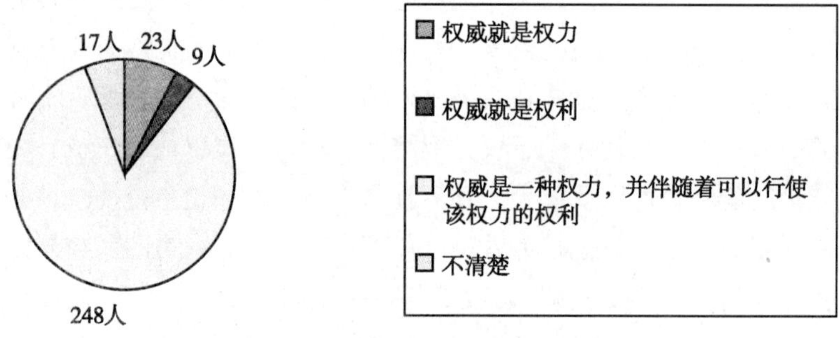

图4－8 受访人对于政治权威内涵的认识

第二个问题是为了考察管理者对于政府权威来源的看法。我们的问题是“政府的权威直接源于哪里?”从调查结果看，44.10%的管理者认为“政府的权威来源于宪法和法律”；20.50%的管理者认为“政府的权威来源于人民的同意”；33.70%的管理者认为“政府的权威来源于为人民服务的政绩”；还有1.70%的管理者不清楚政府的权威源自于何处（见图4－9）。这些回答很有趣，实际上从法律意义上而言，政府的权威直接源于宪法和法律。一个遵循宪法和法律的政府自然隐含着“人民的同意”之前置要素和“为人民服务的政绩”之结果要素。权力行使者经过法定程序进入政府，严格遵守履职承诺，克己奉公，这些都是宪法赋予政府权威时的限权职责。

有关权力与权威的第三个问题是“中央政府在农村的威信与10年前相比有什么变化?”有38.90%的管理者认为“提高了”；有45.30%的管理者则认为“降低了”；11.10%的管理者认为“没变化”；另有4.70%的

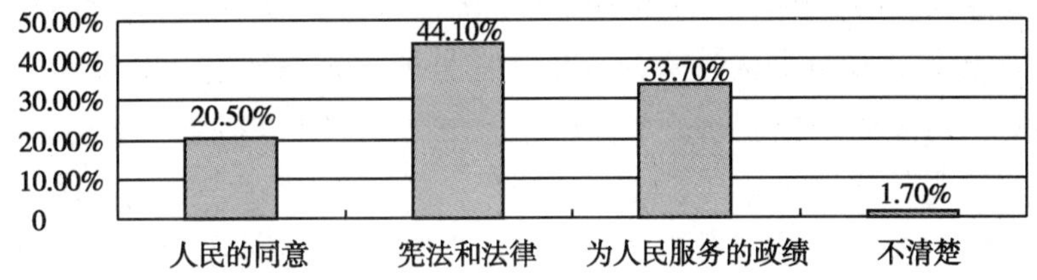

图 4－9　受访人对于政府权威来源的看法

管理者回答“不清楚”（见图 4－10）。这些数据中，45.30% 的管理者认为“中央政府在农村的威信与 10 年前相比降低了”尤其值得我们思考。是群众对于政府的期望值越来越高了，还是中央政府的政策在被执行的过程中打折扣了，还是有些政策调查研究不足，显得鸵鸟呢？

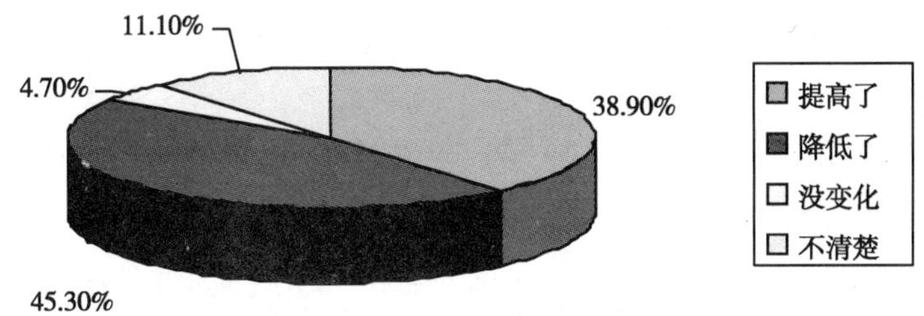

图 4－10　受访人对于中央政府在农村的威信的看法

第九节　公众参与认知

公众参与不同于政治参与，但也是衡量一国民主进程的一个变量，是公民实现民主权利的另一个有效途径。通常公众参与的活跃程度除了与公民行使自身所享有的权利的积极态度有关，还与政府的包容度有关，与除开政治参与之外的参与空间大小以及途径多寡有关。管理者对公众政治参与的认知度，某种程度上影响着公众的参与度。管理者对待公众政治参与的态度微观而言会直接影响公众的参与热情，宏观而言则会影响国家与社会的和谐安定。因而，调查管理阶层对于公众政治参与问题的认知显得十分必要。

一　相关概念辨析

专门探讨公众参与问题，是因为“没有一个政治概念像‘公众参与’

这样在近几年的中国政治话语和学术中那样流行，而使用又是那样模糊混乱”。[①] 比如，俞可平认为“公众参与就是公民试图影响公共政策和公民生活的一切活动，它包括投票、竞选、公决、结社、请愿、集会、抗议、游行、示威、反抗、宣传、动员、串联、检举、对话、辩论、协商、游说、听证、上访等等”。[②] 而王锡锌则认为：“公众参与是在行政立法和决策过程中，政府相关主体通过允许、鼓励利害关系人和一般社会公众，就立法和决策所涉及的与利益相关或涉及公共利益的重大问题，提供信息、表达意见、发表评论、阐述利益诉求等方式参与立法和决策过程，进而提升行政立法和决策公正性、正当性和合理性的一系列制度和机制。”[③] 两相比较，俞可平的界定似乎陷入宽泛，而王锡锌的界定似乎略显狭窄。前者将政治选举、公民的街头行动都纳入了公众参与；而后者将公众参与主要界定在政府决策时鼓励公众能够提供信息、表达意见。

> 实际上，公众参与是一种日常民主（Everyday Democracy），既不同于正式的政治选举，也不同于非正式的街头行动。凡是公共事务决策过程中的参与，小到社区决策的微观参与，大到政府决策的宏观参与，都属于公众参与。[④]

公众参与是西方在20世纪60年代以来发展起来的一种弥补选举制缺陷的新兴民主形式。在20世纪90年代，公众参与的概念、理论开始传入中国，并逐步兴起。公众参与通常涉及三个领域：一是立法层面的公众参与，比如立法听证；二是公共决策层面的公众参与，比如城市规划；三是公共治理层面的公众参与，比如村民自治。实际上，探讨公众参与话题时，公众参与的有效性是一个最值得研究的问题。管理者积极主动地将公共信息公开化是公众有效参与的前提条件；相关的利害关系人的广泛参与是公众有效参与的主体性要件；管理者在对参与活动中提出的意见建议及时反馈是公众有效参与的评估性要件。整个公众参与的有效性取决于管理

---

① 蔡定剑：《民主是一种现代生活》，社会科学文献出版社2010年版，第177页。

② 参见贾西津《中国公民参与：案例与模式》，社会科学文献出版社2008年版，第4页。

③ 王锡锌：《行政过程中公众参与的制度实践》，中国法制出版社2008年版，第2页。

④ 蔡定剑：《民主是一种现代生活》，社会科学文献出版社2010年版，第183页。

者与参与者在透明程序下的积极互动、互相包容。作为一名管理者，应当认识到，公众参与就其本质上来讲就是公民在公共利益、公共事务管理中的普遍参与，民众作为一国公共事务的参与主体，能够推动国家与社会的有效治理和民主程度。给予社会公众广泛的参与空间并提供相应的信息和制度保证，对于各种社会危机的化解有十分重要的意义。

二　问题、调查结果及分析

（一）问题

在调查我国的管理者对于公众参与的认知态度方面主要设计了三个相关的问题。第一个问题，“您认为普通群众对国家的方针政策有发言权吗?”选项有四个，依次为“有发言权”，“有发言权，但发言渠道不畅”，“说是可以说，但说了也是白说”，“那是领导干部的事情，普通百姓不必管”。第二个问题，“您对村民自治怎么看?”选项有四个，依次为“是实现基层民主的好办法”，“只是一种形式”，“村民选举能选出大家信得过的人”，“只会选出有钱有势的人”。第三个问题，“您仍然认同信访是一种有效的公众参与和权利救济途径吗?”选项有三个，依次为“认同”，“不认同”，“不清楚”。

（二）调查结果及分析

第一个问题是为了考察管理者对于普通群众参与公共决策的看法，调查结果是，四个选项中前三个选项都有选择，第四个选项“那是领导的事情，普通百姓不必管”的选择者为零。前三个选项中，25.30%的管理者选择了普通群众对国家的方针政策是有发言权的；55.90%的管理者选择了普通群众虽然对于国家的方针政策有发言权，但是发言的渠道不够畅通；18.90%的管理者选择了对于国家的方针政策，民众可以说，但是并不会对决策者们起到什么作用（见图4－11）。这一结果说明，管理者基本认可公众参与的必要性，但是我国公众参与的有效性尚待提升。

村民自治属于我国基层治理中的公众参与问题。村民自治萌芽于20世纪80年代初期，随着人民公社的消逝，作为农村集体事务管理者的村民委员会这种村民自发形成的新型组织形式问世了。村民自治这种民主形式很快在宪法法律中被规定了下来。1982年宪法第111条规定“村民委员会是基层群众性自治组织”。1988年的《村民委员会组织法（试行）》将村民自治界定为“村民的自我管理、自我教育、自我服务”。1994年民

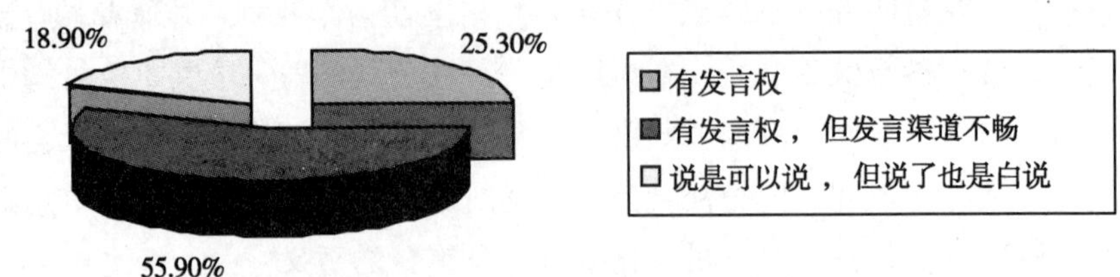

图4-11 受访人对于政府决策中公众参与的看法

政部下发的《关于开展村民自治示范活动的通知》中开始将村民自治的基本内容界定为“民主选举、民主决策、民主管理、民主监督”。由于村民委员会的宪法定位是村民自治组织，而非政府机构。所以村民自治中的民主选举还是与经过代议机构选举产生政府不能相提并论。故而我们仍然将村民自治中的“四个民主”都纳入公众参与方式对待。

为了考察管理者对于村民自治的看法，专门设计了“您对村民自治怎么看”这一问题。298份有效问卷分析结果显示，有172位管理者认为村民自治是实现基层民主的好办法；有15位认为村民自治只会选出有钱有势的人；有63位认为村民自治只不过是一种形式。有21位认为村民选举能够选出大家信得过的人（见图4-12）。可见298位受访管理者中有193人对村民自治持肯定的态度，有78人则不太看好村民自治。

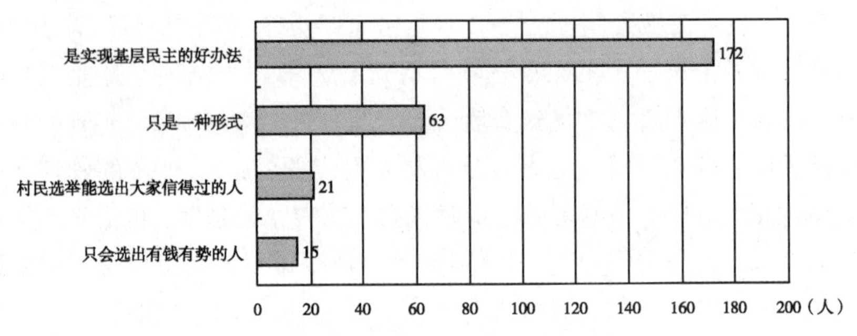

图4-12 受访人对于村民自治的看法

信访是独具中国特色的公众参与公共治理的形式（这里不包括涉法涉诉信访）。新中国成立以来，信访作为一种民主形式仍然受到政府的高度重视。1951年6月7日，政务院颁布的《关于处理人民来信和接见人民工作的决定》使信访制度正式确立。依据国务院《信访条例》第2条，信访“是指公民、法人或者其他组织采用书信、电子邮件、传真、电话、走访等形式，向各级人民政府、县级以上人民政府工作部门反映情况，提出建议、意见或者投诉请求，依法由有关行政机关处理的活动”。通常被简单解释为来信来访。“2014 年，国家信访局受理的信访中，来信（件次）占比 25.8%，来访量（批次）占比 35.1%，网上信访占比 39.1%，网上信访量分别超过了来信、来访量。而且自 2014 年 5 月 1 日《国家信访局关于进一步规范信访事项受理办理程序引导来访人依法逐级走访的办法》正式实施至 2014 年 12 月 31 日，7 个月内，群众走访下降、进京正常上访下降、非正常上访下降近四成。其中，群众到国家信访局来访批次、人次分别下降 24.9% 和 36%。2014 年全年登记疏导接待来访群众 14.8 万批次、25 万人次，与 2013 年相比，批次、人次分别下降 19.9% 和 27%。”[①] 从信访的这些新变化看，在我国，信访作为一种公众参与、公共治理的有效方式不但会长期存在，而且有着极强的生命力，所以，在研究我国的公众参与问题时，无法忽视信访现象。

那么，我国的管理者对于信访是什么样的认知态度呢？我们设计了问题“您仍然认同信访是一种有效的公众参与和权利救济途径吗？”从这一问题的调查结果看，65% 的管理者回答“不认同”；30% 的管理者回答“认同”；还有 5% 的管理者回答“不清楚”（见图 4 – 13）。出现这样的调查结果，应该是与人们长期以来对于信访的偏见与缺乏认真研究有关。未来信访依然可以作为一种有效的公众参与方式保留，出于公民责任的对于公共治理的来信来访会成为一种可贵的公众参与资源。所以，将我国的信访部门的职能转化为接受建言献策并给政府提供政策理论的研究机构应当是可行的。将那些涉法涉诉的信访问题纳入法律渠道来解决，随着全社会的法治化程度的增强及司法救济制度的完善，传统信访中的戾气、抱怨、不信任应当会减少。

第十节　社会正义认知

什么是正义？这是个类似于中国的“什么是天道”一样的古老而恒久的问题。正义或许关乎道德，或许关乎法律，抑或关乎主体的幸福。所

① 邹春霞、曹文欣：《国家信访局首次公开信访流程》（http://www.chinacourt.org/article/detail/2015/01/id/1544312.shtml）。

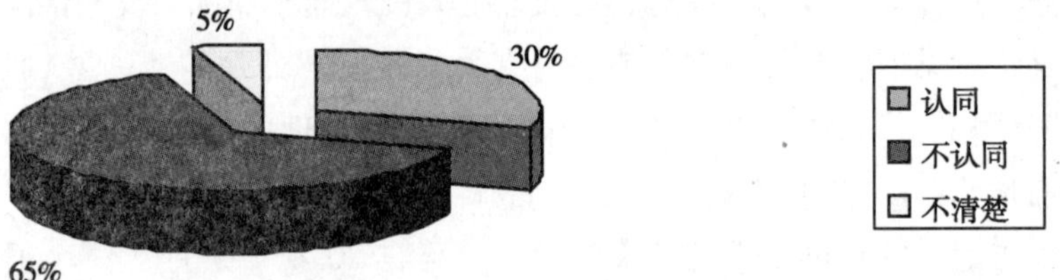

图 4－13　受访人对于信访的态度

以，至今它仍然是个需要继续追问的话题。尤其是掌握着社会重要资源的管理者，需要认真对待这一问题。只有在深知正义的属性的前提下，才能正确安排社会的正义。

一　相关概念辨析

若要给“正义”下个定义，是一件十分艰难的事情。因为“正义有着一张普洛透斯似的脸（a Protean face），变幻无常、随时可呈不同形状并具有极不相同的面貌。当我们仔细查看这张脸并试图解开隐藏其背后的秘密时，我们往往会深感迷惑”。[①] 人们对正义的认识千差万别，站立的角度不同得出的结论就不同。

正义究竟是什么？古埃及象形文字中代表正义的是一根鸵鸟毛。据考证，在生物学意义上，鸵鸟的毛确实几乎是一般长，埃及人大概是想通过这种朴素的正义观告知人们正义应当是平等的符号。亚里士多德也说：“正义对人身有关系；正义的分配是以应该付出恰当价值的事物授予相应收受的人。”[②] 亚氏还把正义区分为普遍的正义和特殊的正义两类。他的普遍的正义是一种原始的正义、绝对的正义、广义的正义或抽象的正义；他的特殊的正义是一种法律正义或政治正义，这种特殊正义又被区分为分配正义与矫正正义两种。普遍的正义应当是一种更高层次的终极意义上的正义，特殊的正义是一种规范意义上的具象的正义。

在 19 世纪之前，西方学者对于正义的研究大多循着亚里士多德的足迹，给予自然正义、分配正义及矫正正义许多的关注。亦即学者们的视角

① ［美］博登海默：《法理学：法律哲学与法律方法》，邓正来译，中国政法大学出版社 2004 年版，第 261 页。

② ［古希腊］亚里士多德：《政治学》，吴寿鹏译，商务印书馆 1965 年版，第 139 页。

大多集中在社会活动之结果的正当性分析上，尚未展开对于形成这些结果的过程和步骤正当与否的研究。前者是所谓实体正义，后者乃是所谓程序正义。虽说程序正义的理念及实践早在13世纪的英国已经出现，但直到19世纪初期，英国学者边沁才开启了对于法律程序价值的研究。此后，20世纪六七十年代在西方出现了研究程序正义的高潮。在现代各国的宪法法律中基本都吸收了程序正义的理念，规定了有关程序正义的条款。至此，我们发现了解析抽象正义的三个知识工具，或者说三个明确概念，即分配正义、矫正正义、程序正义。

> 分配正义问题关注的是，在某些个人或某些团体中分配某些事物的公平性。被分配到的可能是某种福利，也可能是某种负担，例如：工作的报酬、缴税等。矫正正义问题关注的是，对某些个人或团体造成的某种错误或伤害做出的回应的公平性，例如：偿还偷窃的某些物品或赔偿损失等。程序正义问题关注的是，获取信息的方式和做出决策的方式的公平性。例如：涉嫌犯罪的某个人可能会在认真、公正的调查中提供案件信息，也可能是在酷刑之下招供。①

在社会实践中，正义理论为民主实践起着指导性作用。从严格意义上来说，民主制度应该属于社会实践的范畴，它是国家在进行各项事务管理过程中对正义的有效实践。正义与民主，一个是理论指导，另一个是具体实践，二者是理论与实践的关系。民主实践需要正义理论作为指导，在没有正义理论的指导下，民主不可能得到实现，严重的话，民主实践会走向人民利益的对立面。在这种知与行的关系中，只有民主与正义有机地结合起来，民主制度才会充分地体现社会公众所认可的公平、自由，人类民主社会才会有序地开展和进行，个体自由才会得到全面的实现。

二　问题、调查结果及分析

（一）问题

关于正确认识社会正义，此处设计的问题是“如果你被控犯有某种

① ［美］公民教育中心：《民主的基础》，刘小小、赵文彤译，金城出版社2011年版，第276页。

罪行，政府有责任提供一名律师协助你。如果你无法负担律师费用，则由政府使用公费支付。这样的法律规定体现了何种社会正义?”选项有三个：“分配正义”，“矫正正义”，“程序正义”。

（二）调查结果及分析

图4－14显示了298份有效的调查数据。159位管理者认为，这样的法律规定体现了程序正义；58位管理者认为体现的是矫正正义；还有81位管理者认为体现的是分配正义。调查结果表明，只有159位管理者能够准确分辨出什么是程序正义；还有139位管理者不清楚什么是程序正义。也许他们中的一些人更关注实体正义，也许还有一些人对什么样的正义都不在乎。

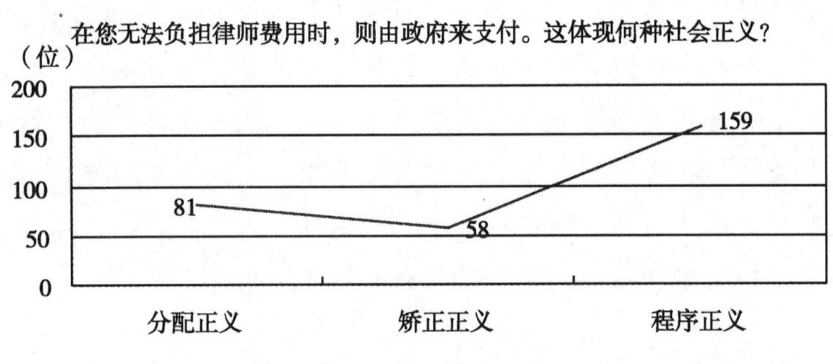

图4－14　受访人对于社会正义的认识

第十一节　群众心理认知

都说时势造英雄，英雄的光芒总是覆盖了人类历史的显耀位置，但是在一步步争取民主化的进程中，谁又能忽略普通群众的身影？中国人自古就有“得民心者得天下”的诤言。现代社会，随着利益的多元化，人们的价值观念、行为方式也呈现新的变化，这给社会治理带来了前所未有的挑战。管理者对现代社会中的群众心理有一定的认知，才能在日常管理工作中尽量避免或减少与群众产生摩擦或冲突。

一　相关概念辨析

首先需要明确的一个概念是“群众”。在我国的政治生活中，常将群体称为群众或人民群众。《辞海》对“群众”的定义是：“泛指人民大众。”与“人民”一词同义；另外还被用来指称“未加入党团和不担任领导职务的人”。

“群众在社会生活的变迁中唱起了主角，这种现象给近代政治制度的变迁带来的结果，并不全都令人欢欣鼓舞。正如近代中外历史告诉我们的，群众的民主权利就像一切个人权利一样，当它没有受到恰当的宪法约束时，也很容易转变为它的反面，成为一种暴虐的权力。”① 学术界对于群众民主除了给予较多政治学意义上的关注之外，还有些学者从社会心理学角度展开专门的研究。历经法国大革命之后走马灯般的政府更迭与血雨腥风的古斯塔夫·勒庞（Gustave Le Bon，1841—1931）大概是最早关注群众心理的学者了。从1894年开始，勒庞有关群众心理的著述十分丰富。其中，出版于1895年的《群众心理》②最为成功和经典。“在1895年出版后，以平均不到一年再版一次的速度，至1921年已印到第29版。”③ 在这本书中，勒庞对于群众运动的完全贬低是有失公允的，但他对于群众心理的探索是有价值的。

在勒庞看来，群体具有暂时性、非个人性、环境塑造性、传染性。群体的心理是基于一定的客观需求而逐渐形成，每一个个体的需求并不是一样的，在某个历史时间点上，大家的需求达成共识，这样便形成了一个集合体，但是随着社会的不断发展，每个人的需求也会随之发生改变，群体的心理也就会发生变化。群体的心理表现出冲动、易变和急躁，易受暗示和轻视，偏执、专横和保守的特点。

在集体中，个人的才智被削弱了，从而他们的个性也被削弱了。异质性被同质性所吞没，无意识的品质占了上风。群体根本不会做出

① 冯克利：《民主直通独裁的心理机制》，转引自［法］古斯塔夫·勒庞《乌合之众：大众心理研究》，冯克利译，中央编译出版社2004年版，序言。

② 古斯塔夫·勒庞1895年法文原版书名是：Psychologie des Foules。1960年纽约维京出版社（Viking Press）出品的英文版则将其名称改为了“Crowd：A Study Of the Popular Mind”。中央编译出版社出版的《乌合之众：大众心理研究》是根据维京出版社出品的英文版本翻译出品的中文版本。1927年，商务印书馆曾经出版的中文版本书名为《群众心理》。笔者认为，书名译为《群众心理》似乎更尊重作者原意。

③ 冯克利：《民主直通独裁的心理机制》，转引自［法］古斯塔夫·勒庞《乌合之众：大众心理研究》，冯克利译，中央编译出版社2004年版，序言。

任何预先策划。他们可以先后被最矛盾的情感所激发，但是他们又总是受当前刺激因素的影响。他们就像被风暴卷起的树叶，向着每个方向飞舞，然后又落在地上。①

群众心理的这些属性应当让我们去注意“凡是有群众的地方，可能产生极权主义运动”。② 一个偏执的领袖可能会利用群体心理的弱点，给世界带来灾难性的记忆，比如阿道夫·希特勒。一个心怀天道的公正的领袖则会尊重民意，引导民主迈向法治下的理性行动。唯有自由、平等的法治秩序才能防止民粹主义与无政府主义。“在自由社会，一个领袖只有在相信人民的智慧与善良的情况下，才可期望维持人民对他的支持。一个领袖与其说是领导人民，不如说是追随人民。他必须找出人民的意向，以便领导他们。”③ 任何稳定的现实秩序只有满足群众心理中对自由和平等的渴求，才能切实防止群众心理中的劣势喷涌出来。

二 问题、调查结果及分析

（一）问题

为了了解我国管理者是否认识到了群众心理认知的重要性，我们设计的问题是“您是否了解群众心理的特点?”选项有三个：分别为“了解”“有一点了解”“不了解”。

（二）调查结果及分析

图4－15中的数据显示，17.80%的管理者认为其“了解群众心理的特点”；69.70%的管理者认为其对“群众心理的特点有一点了解”；12.50%的管理者认为其“不了解群众心理的特点”。由此可见，我国管理者还需要认真研究群众心理问题。

---

① ［法］古斯塔夫·勒庞：《乌合之众：大众心理研究》，冯克利译，中央编译出版社2004年版，第22页。

② ［美］阿伦特：《极权主义》，转引自［法］古斯塔夫·勒庞《乌合之众：大众心理研究》，冯克利译，中央编译出版社2004年版，序言。

③ ［美］埃里克·霍弗：《狂热分子：群众运动圣经》，梁永安译，广西师范大学出版社2011年版，第150页。

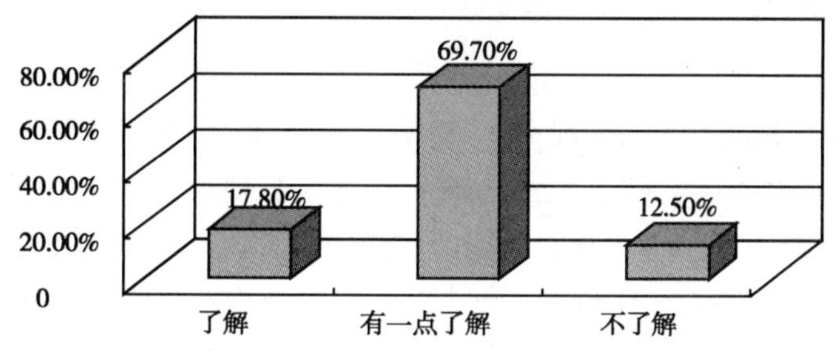

图4－15　受访人对于群众心理的认识

第十二节　发展道路认知

发展道路是一个关系国家之前途、民族之命运以及人民之幸福感的大课题。无人敢妄言，世界上有放之四海而皆准的发展道路和发展模式，或者说有一个一成不变的发展道路和发展模式。“回首近代以来中国波澜壮阔的历史，展望中华民族充满希望的未来，我们得出一个坚定的结论：全面建成小康社会，加快推进社会主义现代化，实现中华民族伟大复兴，必须坚定不移走中国特色社会主义道路。”① 作为国家与社会中坚力量的管理者阶层，他们对国家发展道路的信念于国家的发展走向起着非常关键的作用。如果他们有道路自信，就会带头引领普通群众走中国特色的社会主义道路。反之，如果他们缺乏这种道路自信，就会缺乏继续创新中国特色社会主义理论的热情及完善中国特色社会主义制度的积极性。所以，了解管理者阶层的发展道路认知并积极引导对于未来国家发展具有十分重大的意义。

一　相关概念辨析

发展道路认知实际涉及公民的国家认同。国家认同会直接影响到一个国家的凝聚力及发展动力。

国家认同就是指一个人确认自己属于哪一个国家以及这个国家究

① 胡锦涛：《坚定不移沿着中国特色社会主义道路前进　为全面建成小康社会而奋斗》（http：//www.gmw.cn/sixiang/2012－11/18/content_5725672.htm）。

竟是怎样一个国家的心理活动。[①]

1982年宪法序言明确规定："中华人民共和国是全国各族人民共同缔造的统一的多民族国家。"近代以来，从清末被动接受西方话语体系中的"民族国家"概念到主动探寻中国的民族国家身份认同，无疑经历了一个艰难而漫长的过程。"1907年，62名中国留学生在日本早稻田大学填写《鸿迹帖》中的国籍时，18人填写了'支那'；12人填写了'清国'；7人填写了'中华'或'中国'；其余25人未填写。"[②] 在初次面临以民族国家为交往主体的国际规则时，传统中国的"华夷尊卑"观显得有些手足无措了，而对于建立一个怎样的民族国家的统一认识是逐渐获取的。这从孙中山最初的"排满"，建立单一的汉民族国家的主张，到1912年元旦《临时大总统宣言书》宣称"国家之本，在于人民。合汉、满、蒙、回、藏诸地一国，则合汉、满、蒙、回、藏诸族为一人，是曰民族之统一"。[③] 至此，中国人走出了包裹自己数千年的"华夷"历史观。有学者甚至说"中国从传统走向近代的标志是'从天下到万国'"。[④] 而当我们真正开始用万国作为映照自己的一面镜子的时候，我们该为自己选择怎样的国家身份？

"如果将20世纪比作一首交响乐的话，社会主义与资本主义之间的关系可以视为它的主旋律，跌宕起伏的各个乐章都是围绕这个主旋律展开的。"[⑤] 中国也不例外，1949年之前的中国就面临着走社会主义道路还是资本主义道路的现实抉择。"骑墙是不行的，第三条道路是没有的。"[⑥] 于是，中国最终选择了社会主义道路。尽管1978年开始改革开放，学习借鉴了许多西方的民族国家建构经验，但是，中国政府依然坚持："我国将

① 吴鲁平、刘涵慧、王静：《公民国家认同的特点及其与对外接纳度的关系研究——来自ISSP（2003）的证据》，《国际社会科学杂志》2010年第1期。

② 林来梵：《宪法学讲义》，法律出版社2015年版，第172页。

③ 孙中山：《临时大总统宣言书》，载《孙中山全集》第2卷，中华书局1982年版，第1页。

④ 参见复旦大学文史研究院《从周边看中国》，中华书局2009年版，序言。

⑤ 黄宗良、孔寒冰：《社会主义与资本主义的关系：理论、历史和评价》，北京大学出版社2002年版，前言。

⑥ 《毛泽东选集》第4卷，人民出版社1966年版，第1410页。

长期处在社会主义初级阶段。国家的根本任务是，沿着中国特色社会主义道路，集中力量进行社会主义现代化建设。”① 中国共产党第十八次全国代表大会报告全面阐释了中国特色社会主义道路的科学内涵。“中国特色社会主义道路，就是在中国共产党领导下，立足基本国情，以经济建设为中心，坚持四项基本原则，坚持改革开放，解放和发展社会生产力，建设社会主义市场经济、社会主义民主政治、社会主义先进文化、社会主义和谐社会、社会主义生态文明，促进人的全面发展，逐步实现全体人民共同富裕，建设富强民主文明和谐的社会主义现代化国家。”②

二　问题、调查结果及分析

（一）问题

为了了解管理者对于我国发展道路的认知，我们设计了三个问题。第一，“您认为中国共产党领导的中国特色社会主义道路将会怎样?”选项有四个，分别为“坚定不移”“逐渐调整”“根本调整”“不清楚”。第二个问题，“您认为一个国家民主道路的选择与其传统文化之间是什么关系?”选项有四个，分别为“高度相关”“有点关系”“没关系”“不清楚”。第三个问题，“您认为要实现中华民族的伟大复兴，最重要的因素是?”选项有四个，分别为“独立自主，自力更生”“对外开放，多引进外国资本”“有一个和平的国际环境”“国内政治清明，安定团结”。

（二）调查结果及分析

第一个问题“您认为中国共产党领导的中国特色社会主义道路将会怎样”的调查结果显示。在297份有效的调查问卷中，202位受访管理者认为“中国共产党领导的中国特色社会主义道路将会坚定不移”地走下去；90位认为会有所调整；4位认为会进行根本调整。还有1位回答“不清楚”（见图4－16）。由此可见，大多数管理者对中国特色社会主义道路充满着信心。有68%的人对于在中国共产党领导下开展的我国民主道路还是认同的，并相信这条道路会坚定不移地走下去。

第二个问题是为了考察管理者对于本国发展道路，尤其是政治制度与

① 《中华人民共和国宪法》序言。

② 胡锦涛：《坚定不移沿着中国特色社会主义道路前进　为全面建成小康社会而奋斗》（http：//www. gmw. cn/sixiang/2012－11/18/content_ 5725672. htm）。

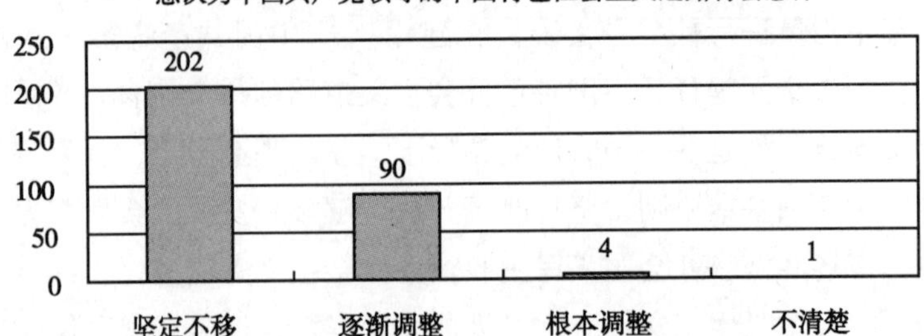

图 4－16　受访人对于中国共产党领导的社会主义道路的认识

本国传统文化之间关系的看法。调查结果显示：有 73% 的管理者认为二者之间高度相关；22.90% 的管理者认为二者有点关系；1% 的管理者认为二者没有关系；另有 3.10% 的管理者不太清楚二者之间的关系（见图 4－17）。综合所有数据来看，我国绝大多数的管理者认为民主政治道路同传统文化之间高度相关。

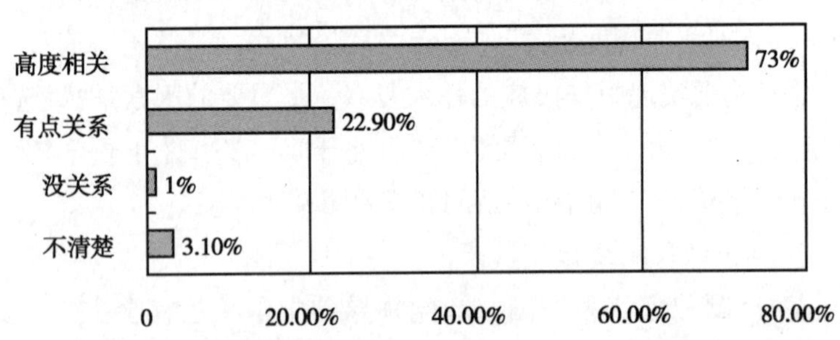

图 4－17　受访人对于国家道路与传统文化之关系的认识

第三个问题“您认为中华民族的伟大复兴，最重要的因素是什么？”的调查结果显示：在 298 份有效调查问卷中，选择“独立自主、自力更生”的管理者占 25.80%；选择“国内政治清明、安定团结”的管理者占 57.70%；选择“对外开放、多引进外国资本”的管理者占 7.70%；选择“有一个和平的国际环境”的管理者占 8.8%（见表 4－4）。综合以上调查数据，管理者中有 249 人认为要实现中华民族的伟大复兴最重要的因素是国内因素，占 83.6%。而认为是外部因素的仅有 49 人，占 16.4%。可见，绝大部分的管理者认可我国发展的主要依赖要素在国内。

表 4－4　　受访人对于中华民族伟大复兴之影响因素的看法

		频率	百分比（%）	有效百分比（%）	累计百分比（%）
有效	独立自主，自力更生	77	25.8	25.8	25.8
	对外开放，多引进外国资本	23	7.7	7.7	33.6
	有一个和平的国际环境	26	8.8	8.8	42.3
	国内政治清明，安定团结	172	57.7	57.7	100.0
	合计	298	100.0	100.0	

最后，需要说明的是，以上内容主要限于对民主相关问题的描述，下一章将会对调查数据展开进一步的分析反思。

第五章　中国民主模式是独特的吗

第一节　比较意义上的反思

一　民族国家：多国体系下的主权国家选择

从民族主义理念孕育出的民族国家（nation-state）概念起源于16—17世纪的欧洲。随着基督教世界理念余晖的散去，以及作为现实政治存在的神圣罗马帝国的事实性瓦解，欧洲开始出现了近代意义上的国家形态。也就是说，“民族国家是相对现代化的现象。它的出现可以追溯到1648年的《威斯特伐利亚和约》（*the Peace Treaty of Westghalia*）之后，当时西方世界明确地划分了管辖权的范围，现代欧洲的版图便肇始于此”①。在研究民族国家现象时，需要注意的是：

> 绝对专制主义的崛起是欧洲近现代国家发生的第一步。……无论是最先产生近代国家的西方，还是受西方影响的世界的其余部分，国家建设和民主政治从来不是同一件事。从绝对专制国家到民主政治的转型是一个漫长的历史时期。②

欧洲国家形成之初，都伴随着拉丁方言转变为民族语言、基督教共同体认同转变为民族认同、封建义务转变为中央集权、地方族群一体化为单

---

① M. Creveld, *The Rise and Decline of the State.* 转引自［英］马丁·洛克林《剑与天平：法律与政治关系的省察》，高秦伟译，北京大学出版社2011年版，第156页。

② 郑永年：《中国模式：经验与困局》，浙江人民出版社2010年版，第39页。

一民族的过程。[①] 随着近代国际法体系的出笼，民族国家之间的边界、主权范围变得逐渐明晰，相互认可的交往规则也得以逐渐确立，经过几个世纪的轮番争雄与发展，民族国家已经无可争辩地成为国际交往的基本单位。并且“民族国家成功地证明了它组织世界的能力，将社会团体限制在其疆域内，屏蔽了所有可能质疑事物当前状态的观念”。[②] 但就本质而言，民族国家是一种“想象中的共同体——并且，它是被想象为本质上有限的，同时也享有主权的共同体”。[③]

在世界的另一端，当一向视自我为世界的古老中国在懵懂中遭遇坚船利炮带来的多国体系时，“三千年未有之大变局”无疑是在毫无准备时踉踉跄跄地拉开了大幕。

> 在传统中国，人们强调的是基于共同的历史传统、共同的信仰之上的文化主义，它与基于现代民族国家概念之上的民族主义是两个根本不同的概念。中国人的文化自秦汉以来就包含着一种政治上的民族优越感，但中国人的基本认同感是针对中国文化的，中国人没有独立的国家认同感和忠诚感，不能把文化和民族区分开来，中国人把最高的忠诚感给予了文化而非国家。[④]

所以，当一种完全不同的国家认同方式袭来时，处在21世纪的我们似乎也能够想象与感知彼时的国人所经受的那种切肤的“文化震惊”。整个中国旋即被抛入了“如何在世界秩序中理解自己所身处的这个地域国家”的谜题之中。

直到国门被打开的60年之后，1900年2月10日，27岁的梁启超在《清议报》第35册上发表了他的才华和激情之作《少年中国说》，呼唤一

---

① 范勇鹏、李彩艳：《中国崛起的关键是加强民族国家建构：阎学通教授专访》，《国际社会科学杂志》2009年第1期。

② ［加拿大］卜正民、施恩德：《民族的建构：亚洲精英及其民族身份认同》，转引自袁剑《民族国家观念的中国式阐释与中国主体性建构》，《国际社会科学杂志》2010年第1期。

③ ［美］本尼迪克特·安德森：《想象的共同体：民族主义的起源与散布》，吴叡人译，上海人民出版社2011年版，第6页。

④ J. Harrison, *Modern Chinese Nationalism*. 转引自郑永年《中国模式：经验与困局》，浙江人民出版社2010年版，第17页。

个气象一新的“少年中国”的诞生。他说：“且我中国畴昔，岂尝有国家哉？不过有朝廷耳！我皇帝子孙，聚族而居，立于此地球上者既数千年，而问其国之为何名，则无有也。……朝也者，一家之私产也。国也者，人民之公产也。”1901年，梁启超在《中国史叙论》中首次提出了“中国民族”的概念。1902年，在《中国学术思想之变迁大势》中第一次使用了“中华民族”一词，但是他这时的“民族”仅指称的是由古代华夏族一路不断成长的汉族。1905年，在《历史上中国民族之观察》一文中，他提出“凭古籍，搜遗迹，举其大者，中华民族自始本非一族，实由多民族混合而成”。[①] 至此，他的“中华民族”包括中国版图内的所有民族。作为政治实践者的孙中山在民族认同问题上同样也经历了从“排满”到“国家之本，在于人民。合汉、满、蒙、回、藏诸地为一国，则合汉、满、蒙、回、藏诸族为一人，是曰民族之统一”[②] 的认识转变过程。当时对于民族认同困境的思考首先无疑是由社会精英们开启的，而时贤们对于中国是何种意义上的“民族”国家的探索无疑是艰辛的。国际社会也是从1912年元旦孙中山“中华民国”成立开始，将我们这个国家正式称为“中国”。然而，皇帝被赶下台的中国却陷入了长期的内乱和抵抗侵略的革命惯性之中，直到1949年中华人民共和国成立，中国才完全成为了一个统一的、拥有独立主权的政治共同体。长达百年的中国近代史，让我们看到了在多国世界体系之下，那个只有“华夷之辨”观念的古老中国是如何刮骨疗伤，使自己在民族主义情感激发下，破茧成为了一个“民族国家”意义上的“新”中国。

当我们从宪法学视角重新轻叩这段波澜壮阔的历史时，低头俯身探寻的首先一定是“世界多国体系”“民族国家”“主权独立”这样的根底。只有深入思考这些基本问题，才会豁然发现，中国宪法的两个部分需要认真对待，一个部分是“序言”，另一个部分是“国歌”。有趣的是，这两部分也正是中国宪法自产生以来针对宪法文本引起争议最多的两个部分。关于国歌的争议随着2004年修宪将《义勇军进行曲》正式写入宪法第

① 《庆祝中华人民共和国成立60周年特刊：百年中国从屈辱到崛起的25个文本》，《三联生活周刊》2009年第36期。

② 孙中山：《临时大总统宣言书》，载《孙中山全集》第2卷，中华书局1982年版，第1页。

126条终于尘埃落定。但是，有关宪法序言的争论依然在继续。如今，当我们回顾中国的民族国家从观念到现实的漫长历史时，仍然有必要回放一下中国国歌的争议问题。1935年5月24日，电影《风云儿女》在上海金城大戏院首映，《申报》为其刊载了这样的电影广告语："这儿有雄伟的歌——是铁蹄下的反抗歌！"广告语中这"铁蹄下的反抗歌"就是电影的主题歌——由田汉作词、聂耳作曲的《义勇军进行曲》。《义勇军进行曲》是在日军不义侵华、中华民族危机日益加剧的情况下，不愿成为"亡国奴"的中国人"被迫发出的最后的吼声"，这吼声自从第一次发出，便成为了中国人民救亡图存的最强音，由于被广泛传唱从而成了识别正在崛起的中国民族国家的新符号。美国国务院在第二次世界大战即将结束时，曾批准将《义勇军进行曲》列入《盟军胜利凯旋之歌》的曲目。1945年，联合国成立时，用来代表中国的歌曲也是这首《义勇军进行曲》。1949年，当一个独立完整的民族国家呼之欲出之时，国家名称、国徽、国旗、国歌这些国家表征的确定实属当务之急。第一届政协筹备会最终顺利确定了国家名称、国徽、国旗，而国歌的确定从一开始就出现了争议。首先，从全国征集到的数以千计的歌曲都未获得一致认可，之后，《义勇军进行曲》被提议作为国歌。但是，由于"中华民族到了最危险的时候"这一句歌词，《义勇军进行曲》能否作为正式国歌就此成为一个悬而未决的问题。1949年9月27日，中国人民政治协商会议第一届全体会议通过决议，在中华人民共和国国歌未正式制定前，以田汉作词、聂耳作曲的《义勇军进行曲》为代国歌。1978年3月5日，第五届全国人民代表大会第一次会议通过《义勇军进行曲》新词。1982年12月4日，第五届全国人民代表大会第五次会议通过《关于中华人民共和国国歌的决议》，撤销1978年3月5日全国人大会议通过的新词，恢复田汉作词、聂耳作曲的《义勇军进行曲》作为中华人民共和国国歌。2004年3月14日，十届全国人大二次会议通过的宪法修正案，正式规定"中华人民共和国国歌是《义勇军进行曲》"，从此结束了《义勇军进行曲》长达54年的代国歌历史。我们曾经以为列强被赶跑了，一个新的国家诞生了，从此再无必要高唱"中华民族到了最危险的时候"了。但是，当人们因这个新兴的民族国家自身的幼稚、不成熟而饱受痛楚之后，方意识到居安思危对于一个民族是多么的可贵！更为重要的是，我们终于发现我们的民族国家建构远未完成。

实际上，当我们将民族国家主权问题看作一个宪法问题时，我们其实是在宪法学意义上考察法律主权而并不仅仅是政治主权。法律主权“作为规范体系中的前提性假设，它的有效性并非来源于统治者的命令”。[①] 法律主权是“授权给一个人（或一群人）使法律产生法律效力的权力”。[②] 所以，我们有理由对中国宪法的序言部分同样抱持宽容的态度。从内容上看，现行宪法的序言主要描述了两个事实，一是中国民族国家建构的历史及其身份认同；二是这个新兴的民族国家的宪法在国家制度建构中的地位。从两个部分的文字比重看，序言13个自然段中的12个自然段都是关于民族国家建构的历史及其身份认同的，只有最后一个自然段叙述的是民族国家宪法在国家制度建构中的地位。比起西方国家的宪法序言，我国宪法序言的确是比较长（13个自然段，1800多字），但是，如果忽视了一个曾经只有“天下观念”的古老民族走向多国体系下的民族国家的那段荡气回肠的漫漫历史，将无法准确定位当代以来的中国民族国家身份。1988年，费孝通先生曾在香港中文大学“泰纳演讲”（Tanner Lecture）上说：

> 我把中华民族这个词用来指现在中国疆域里具有民族认同的十亿人民。它所包括的五十多个民族单位是多元，中华民族是一体。中华民族作为一个自觉的民族实体，是近百年来中国在与西方列强的对抗中出现的，但作为一个自在的民族实体，则是在几千年的历史过程中形成的。[③]

费先生无疑是在提醒我们两个常识，第一，对于我们这个民族国家的“民族”认同与“国家”认同问题的认识几乎无法与自己悠久而特殊的历史割裂。第二，由新兴的民族国家实现中华民族的伟大复兴是有历史依据的。故而，现行宪法序言的前12个自然段内容应当主要看作对于世界多

---

① H. Kelsen, *Sovereignty and International Law*. 转引自［英］马丁·洛克林《剑与天平：法律与政治关系的省察》，高秦伟译，北京大学出版社2011年版，第139页。

② J. Brace. S. , Studies in History and Jurisprudence. 转引自［英］马丁·洛克林《剑与天平：法律与政治关系的省察》，高秦伟译，北京大学出版社2011年版，第139页。

③ 费孝通：《中华民族的多元一体格局》，《北京大学学报》1989年第4期。

国体系之下，原本没有民族国家观念的一个王朝国家，其民族国家身份认同之艰辛过程的一种叙事，轻视这部分内容并不利于中国公民的民族国家意义上的国家认同理念的形成，尤其在当前这样一个分裂思想暗流开始涌动的国际环境下，保证主权完整的国家秩序是首要选择。

二 民族国家宪法：政治通过法律发挥作用的规范依赖路径

政治活动是人类社会中最为基本的图像，它始于人类管理集体生活中利益冲突的反思和审慎的考量。然而，政治与权力得失的叙事总是纠葛在一起，导致政治可能不那么理性。在理性或不理性的政治行动中，法律究竟扮演了怎样的角色，这需要回溯"法律是什么"这一古老问题。首先，法律究竟是被发现的，还是被理性建构的？随着人类社会的复杂化，成文法的数量相对于习惯法倍增，对此，我们可能会说，法律是理性的建构之物。其次，这种理性是一种纯粹意志，还是要依赖于某种逻辑推理？由此，法律可能是霍布斯的"主权者的命令"，也可能是格劳修斯的"理性或权利"。当法律仅仅被当作"主权者的命令"时，法律完全被工具化了，它可能成为不理性政治行为的帮凶。所以，最终格劳修斯的法律作为权利的观念在历史的长河中被当作能够发光的金子认真淘了出来，这一法律观念的出现及被接受给政治与法律关系带来了重大的变化。

> 整个现代时期，在政治行为中呈现出不断接受权利重要性的特征来。……权利是政治性的，对一项权利主张的限制或者对权利之间冲突的解决方案，只能由法律来规定。但是一旦权利以任何显著的规模渗透到法律之中，制度特征会迅速地发生改变：法典从义务型转变成了权利型。以概括式的原则方式建立权利宪章并予以法典化，公民会视法律为他们自由的来源。①

建立在这些观念基础上的人民与主权者之间的政治委托关系随之转化成为载有基本权利的宪章规制下的公民与国家间的法律关系。这意味着政治开始寻求通过立法确认权利，以及由法院实施这些权利。与此同时，公

① ［英］马丁·洛克林：《剑与天平：法律与政治关系的省察》，高秦伟译，北京大学出版社2011年版，第221—225页。

民开始依据明确的法律，诉诸司法渠道而不仅仅是政治路径来寻求权利的保障与救济。“法律结束时，专制开始时。”① 将法律看作权利是政治与法律的应有景象，宪法作为法律之法律，构建了国家权力与公民权利的基本框架，也提供了政治通过法律发挥作用的基本规范路径。宪法作为最高法的基本内涵是人民及其代表的政治行为（立法行为、行政行为）始终要接受宪法的合宪性衡量。

爱尔兰公投欧盟条约的个案极好地演绎了在全球化的经济与政治网络中，来自国内外的政治力量如何影响了一个民族国家的法律。从 1987 年至 2012 年，爱尔兰共八次公投了六个欧盟条约（其中《尼斯条约》《里斯本条约》公投了两次）。公投过程次次充满了不确定性，次次都演绎着针对欧盟的欧洲整体主义和反欧主义思潮的角力，以及针对爱尔兰的继续留在欧盟还是脱离欧盟的拉锯战。然而，正是 1987 年的“克罗蒂判例”以判例法的形式敲响了凡是欧盟条约须经公投批准的法槌，这给爱尔兰的宪法也带来了重大的影响。自爱尔兰加入欧盟 40 年以来，爱尔兰宪法第 29 条第 4 款在不断地吸收着有关欧盟条约的相关内容。这一现象似乎可以说明，在爱尔兰与欧盟的关系问题上，各种政治力量最终都需要将自己的政治主张通过法律形式展现出来，政治需要通过法律途径发挥作用。

中国用一个世纪的时间仅仅确立了统一、独立、完整的民族国家的组织建构。但是，66 年过去了，我们依然走在民族国家制度建构的漫漫长路上。以至于到了 20 世纪，有西方学者还说：“中国充其量是一个文明，或是一个文化国家，而非现代民族国家。”② 换句话说，“中国无疑是一个国家，但国家还没有高度的制度化。国家看似强大，但制度很脆弱”③。新中国成立以来，前 30 年无休止的阶级斗争，后 30 年随着改革开放而来的环境问题、腐败问题、收入差距问题的愈演愈烈应当都是制度脆弱的表现。虽说 1954 年我们就制定了第一部宪法，毛泽东也强调说：

① 据洛克考证，这句话为威廉·皮特所言。参见［英］马丁·洛克林《剑与天平：法律与政治关系的省察》，高秦伟译，北京大学出版社 2011 年版，第 15 页。

② L. Pye，*The Dynamics of Chinese Politics.* 转引自郑永年《中国模式：经验与困局》，浙江人民出版社 2010 年版，第 50 页。

③ 郑永年：《中国模式：经验与困局》，浙江人民出版社 2010 年版，第 51 页。

这个宪法草案是完全可以实行的。过几个月，由全国人民代表大会通过就是正式的宪法了。通过以后，全国人民每一个人都要实行，特别是国家机关工作人员要带头实行，不实行就是违反宪法。①

但是，仅仅4年之后的1958年8月，毛泽东却说："不能靠法律治多数人。民法、刑法那么多条谁记得了。宪法是我参加制定的，我也不记得。我们的各种规章制度，大多数，百分之九十是司局搞的，我们基本上不靠那些，主要靠决议，开会，一年搞四次，不靠民法、刑法来维持秩序。人民代表大会、国务院开会有他们那一套，我们还是要靠我们那一套。刘少奇同志提出，到底是法治还是人治？看来实际靠人，法律只能作为办事的参考。"② 最高领导人亲自参与了宪法的制定，却又嫌弃它束手束脚，最终全社会走到了无法无天地藐视个人权利到极致的地步！1967年，当身为国家主席的刘少奇遭遇万般人格侮辱，他手持宪法，严正抗议说："我是中华人民共和国主席，你们怎么对我个人，这无关紧要，但我要捍卫国家主席的尊严。谁罢免了我的国家主席？要审判，也要通过人民代表大会。你们这样做，是在侮辱我们的国家。我个人也是一个公民，为什么不让我讲话？宪法保障每一个公民的人身权利不受侵犯，破坏宪法的人是要受到法律制裁的。"③ 可想而知，那个年代的国人还有什么人格尊严可谈！宪法连自己国家主席的公民权利都保护不了，还能奢谈保护普通人的基本权利？人们连起码的人伦、良知几乎都要丧失了，还能奢谈什么尊重规定了国家根本制度及人格尊严的宪法！

实践证明，"文化大革命"不是也不可能是任何意义上的革命或社会进步。它根本不是"乱了敌人"，而只是乱了自己，因而始终没有也不可能由"天下大乱"达到"天下大治"。……我们没有能把党内民主和国家政治社会生活的民主加以制度化、法律化，或者虽然制

① 毛泽东：《在中央人民政府委员会第三十次会议上的讲话》，转引自许崇德《中华人民共和国宪法史》，福建人民出版社2005年版，第264页。

② 毛泽东：《在北戴河协作区主任会议上的讲话》，转引自许崇德《中华人民共和国宪法史》，福建人民出版社2005年版，第264页。

③ 参见王汉斌《王汉斌访谈录：亲历新时期社会主义民主法制建设》，中国民主法制出版社2012年版，第122页。

定了法律，却没有应有的权威。这就提供了一种条件，使党的权力过分集中于个人，党内个人专断和个人崇拜现象滋长起来，也就使党和国家难于防止和制止“文化大革命”的发动和发展。①

那场惊世骇俗的“文化大革命”给整个中国带来了难以估量的损失，但也以非同寻常的方式警醒人们民族国家制度建设的重要性，以及政治必须通过法律发挥作用，才能摆脱它潜在的恣意。当然，本书强调政治通过法律发挥作用，是指政治家要敬畏宪法，即使革故鼎新也不例外。为了深刻吸取历史经验教训，1982 年宪法序言的最后一段即第 13 自然段首次作出了有关宪法地位及保障宪法实施的原则性规定：

本宪法规定了国家的根本制度和根本任务，是国家的根本法，具有最高的法律效力。全国各族人民、一切国家机关和武装力量、各政党和各社会团体、各企业事业组织，都必须以宪法为根本的活动准则，并且负有维护宪法尊严、保护宪法实施的职责。②

宪法第五条：“国家维护社会主义法制的统一和尊严。一切法律、行政法规和地方性法规都不得同宪法相抵触。”可以看作以上宪法序言的具体化。然而，宪法的实施问题至今依然是中国宪法最大的软肋。我们总是抱怨我们的宪法没有牙齿，也许我们需要换个视角看待这一问题，宪法问题的解决有时是在宪法之外，法律终归是政治的产物，最重要的是让我们的政治家们都能够认识到：

有关自由、平等、民主等诸如此类概念含义的争议由来已久，如今则发生于更为确定性的法律——宪法的框架之内。③

---

① 中国共产党中央委员会：《关于建国以来党的若干历史问题的决议》，中共党史出版社 2010 年版，第 82—91 页。

② 八二宪法序言最后一段。

③ ［英］马丁·洛克林：《剑与天平：法律与政治关系的省察》，高秦伟译，北京大学出版社 2011 年版，第 253 页。

也许到那时，我们共同期待的那种整个社会都尊崇宪法、接受宪法的指引，而非单纯由政治家评断价值是非的社会氛围就会出现。那时候，估计宪法从纸面上的法走向现实中的法的距离将会大大缩短。

三　民主模式：人民达成宪法共识的程序选择

人民制宪或修宪的过程首先是一个政治通过法律发挥作用的过程，是人民集体性地实现自我管理并达成基本共识的过程。更重要的是，这一过程通过宪法确立了公共决策的正式程序，我们将这一公共决策的正式程序称为民族国家的民主模式。

前已述及，亚里士多德区分了分配正义和矫正正义。在他看来，分配正义“与社会成员的荣誉、金钱或者其他财产的分配有关”，矫正正义“是获得与失去之间的平均值。法官审判使非正义产生的不平等得到补偿”。[①] 显然，分配正义关涉政治问题，矫正正义则是纯粹的法律问题，而后来兴起的程序正义则跨越了政治与法律两界，政治分配及法律对于不义行为的矫正都无法忽视程序正义。尊重程序正义的分配正义及矫正正义才是完整的。

人民通过制宪配置国家权力及公民权利彰显了政治意义上的分配，宪法作为国家的根本法，理应用来衡量普通法律合宪与否，这是所谓矫正正义。无论是前者还是后者，都应当有理性的、严格的程序可循。没有正当的程序，多数人参与国家管理的激情就会外溢为无理性。这种无理性的意志表达如果成为正式的法律，其后果必然是非法之法带来的人治而非法治，专制而非民主。可以说，正当的程序本身隐含着正义，它会起到过滤、整合民意的作用。人民在制宪过程中创制的民主模式实质表征了一种跨越政治与法律的程序正义。但民主模式这一公共决策的程序与纯粹的正当法律程序不同，它不具有普适性，而是与每个民族国家的政治文化及政治实践高度相关。

如果将前述爱尔兰与我国的民主模式进行比较观察，抛开共同的选举成分，我们可以将爱尔兰的民主模式称为“公投式民主”，将我国的民主模式称为“协商式民主”。爱尔兰历史上共有两部宪法（1922 年宪法和 1937 年宪法），1922 年刚刚赢得独立的爱尔兰，就在自己的宪法中规定

---

① Aristotle, *The Nicomachean Ethics*. 转引自［英］马丁·洛克林《剑与天平：法律与政治关系的省察》，高秦伟译，北京大学出版社 2011 年版，第 72—73 页。

“由爱尔兰两院提议的宪法修改案必须经过全民公投批准通过”。由此奠基了爱尔兰“公投式民主”的宪法依据。现行的1937年宪法就是以全民公投的方式代替了1922年宪法。1937年爱尔兰宪法第46条第2款规定：“任何修改宪法的提议应当由爱尔兰众议院以法案的形式提出，在国会两院无异议之后，再交由人民依照有效的公投法律公投批准。”尽管每次公投耗资巨大，但是爱尔兰这个欧洲小国家依然热闹而有序地坚守着自己的民主理念。虽然与美国和英国都有着极其深厚的历史渊源，但是，爱尔兰的民主模式既不是美国式的，也非英国式的。

回溯新中国的宪法史，我们发现中国的民主模式主要是一种“协商式民主”，新中国成立以来的四部宪法中，五四宪法基本确立了政治力量以广泛而深入的协商方式达成共识的法定程序。坚守了这一程序的八二宪法就是一部经得起历史考验的宪法，而漠视了这一程序的七五宪法和七八宪法只能是昙花一现。所以说，宪法这件并非无缝的“天衣”不是不能修改，根本在于种种恣意的修改想法都要受到严格的修宪程序的过滤和抑制。爱尔兰宪法的修改频率事实上也很高，而且次次修改、次次公投，但自1937年以来，若干次修宪似乎都未影响到这个国家政治秩序的稳定运行，从这个意义上而言，只要是严格依循修宪程序的宪法修改并不会损伤宪法的权威性。如果我们认为我们的宪法权威性不足，而讥讽它频繁地被修改，说它不及某些国家宪法那么稳定，这似乎是陷入了倒果为因的陷阱。也许，我们可能忽略了制宪与修宪的程序正义。

第二节　实证调查的整体性分析

2014年12月，中国社会科学院社会学研究所社会发展研究室编写的《社会蓝皮书：2015年中国社会形势分析与预测》出版，这是社会发展研究室第一次针对公民的主流意识形态接受度进行的定量研究。从他们的数据分析看：“民众的价值观既有共识和交集，也有不一样的声音，尤其出现了精英和底层两个很大的分野。党员和官员对民主和宪法的认可程度，均比普通群众高出10个以上百分点。”① 这一研究结论是令人欣慰的，领

① 李炜：《社会主义核心价值观的公众认可度分析》，《经济日报》2014年12月2日。

导干部的民主、宪法认同度普遍高于普通群众，这为他们率先尊崇宪法、带头厉行法治无疑奠定了一定的基础。但是需要注意的是，中国社会科学院社会学研究所社会发展研究室的这次调查仅局限于对社会主义核心价值观中的12个词（富强、民主、文明、和谐、自由、平等、公正、法治、爱国、敬业、诚信、友善）外加“团结”“尊重人权”“尊崇宪法”“创新”“崇尚科学”“包容”“集体主义”共计19个概念的一种普遍意义上的价值观调查，这一调查既不是专门针对政治精英，更非专门针对政治精英的民主、宪法认知展开调查。所以很难进一步分辨政治精英们的民主、宪法认知程度以及他们认知中存在的不足。

2013年10—12月，我们专门组织了社会学意义上的中国“国家与社会管理者阶层的民主认知”实证调查，目的是详细考证当前我国政治精英们的民主、宪法具体认知状况。总体而言，从受教育程度及政治面貌两个要素看，我国的国家与社会管理者基本符合政治精英的本质含义。调查数据显示：298份有效调查样本中，76.8%的管理者是中共党员；81.2%的管理者有本科及以上学历，其中，本科学历者占46.6%，研究生学历者占34.6%。由于拥有良好的教育背景，管理者对民主、宪法价值观的认同度高于普通群众可以说是理所应当的，这一点能够佐证社科院社会发展研究室得出的党员和官员民主、宪法认可度高于普通群众的结论。但是，我国政治精英们的民主、宪法认知程度究竟如何，这样的认知又显现出什么样的问题，还需要做进一步的研究。以下将结合前述第四章“管理者阶层的民主认知”实证调查结果，从公民维度和管理者维度展开综合分析。

一　公民维度之管理者阶层的民主认知

随着权利时代的到来及民族国家法典由义务本位向权利本位的转向，现代公民观念应运而生。“一方面，公民权利体系完全超出了绝对主义理路中的生命、健康和财产权范畴，已上升到政治选举和社会保障层面；另一方面，公民义务与臣属的对象不是君主，而是国家主权和宪法。”[①] 由此，现代宪法的含义随之发生了质的变迁，宪法不再单纯地只被认为是用

① 郭台辉：《公民概念如何通向现代？——一段学术史的考察》，《武汉大学学报》2012年第1期。

以架构国家的权利框架，更被赋予了限制国家权力、保障公民权利的基本功能。宪法由此成为现代公民对抗国家公权恣意妄为的有力武器。但新的问题又产生了，当现代公民运用宪法权利无休止地满足自己的自由主义主张的同时，可能对传统公民负有的公共道德精神，或者说对于公共善的追求表现冷淡。

我们在探寻民主起源问题时已经看到，西方最早对于公民问题的理解和阐释出自古希腊，公民问题重要到可以作为开启古希腊“城邦国家”与“政体”的一把钥匙。古希腊城邦国家的正常运转离不开公民这一基本要素，当时的公民群体可以说是希腊最有发言权的政治集团，只要是自由的成年男性，都可能是公民的一员，除非他丧失公民资格。作为系统全面论及公民问题的学者，亚里士多德在《政治学》一书中一方面提出，“全称的公民是‘凡得参加司法事务和治权机构的人们’”①；另一方面同时提出：“一个城邦的目的是在促进善德。……政治团体的存在并不由于社会生活，而是为了美善的行为。所以，谁对这种团体所贡献的美善的行为最多，按正义即公平的精神，他既比和他同等为自由人血统或门第更为尊贵的人们，或比饶财富的人们，具有较为优越的政治品德，就应该在这个城邦中享受到较大的一份。”② 故此，在古希腊，公民身份不但意味着受人尊敬的社会地位，更重要的是拥有了参与政治的权利和为城邦的至善至美积极谋划的无上荣光。古希腊人也许只是在描述他们朴素的政治事实，但无意中却描绘了一幅人类为争取公民身份长达数千年的、飞蛾扑火般的悲壮场景。这一漫长的抗争过程恰好就是一个由非公民到公民、由一人统治到多人统治、由专制到民主的过程，也正是经由这一历史过程，

> 公民概念完成了从传统意义上的有产公民、战士公民、阶层公民、特权公民、政治公民向现代意义上的属地公民、个体公民、法律公民的彻底转向。③

---

① ［古希腊］亚里士多德：《政治学》，吴寿鹏译，商务印书馆1965年版，第143页。

② 同上书，第143页。

③ 郭台辉：《公民概念如何通向现代？——一段学术史的考察》，《武汉大学学报》2012年第1期。

最终，人人都获得了某个民族国家的公民身份。但当我们都不费吹灰之力就能拥有这一身份的时候，公民身份原初的历史含义似乎也极易被忘却。传统的公民影像是自由与公共精神的融合体，现代西方国家的公民问题是过度追求自由与权利，而淡漠了公共精神。当迈克尔·桑德尔（Michael Sandel，1953—　）书写《公正——该如何做是好?》（*Justice: What's the Right thing to do*?）、《民主的不满》（*Democracy's Discontent*）的时候，当布鲁斯·阿克曼（Bruce Ackerman，1943—　）书写"我们人民"（We the People）如此恢宏的"美国公民三部曲"的时候，他们都是希望唤醒自由国家内的公民灵魂。在他们看来，"民主的关键不是迎合人民的欲求，而是提升他们的品质、拓宽他们的同情心，以及扩展他们的公民精神"。①

如果说缺失了公民精神是成熟的民族国家的问题，那么，我们的问题则是伴随着民族国家制度建构之路的积极公民自由与权利之主张以及附带的公民技能、公民气质培养的不足。

1982年宪法第33条规定："凡具有中华人民共和国国籍的人都是中华人民共和国公民。"这是公民概念首次在我国宪法中被明确界定。公民是政治国家的基本要素，每个人不只是属于自己，他还属于他的国家。因此，关注公民的基本素质应属民族国家建构的必要课题。

如果暂且将国家与社会管理者阶层作为公民的代表样本，首先可以从公民维度对他们的民主、宪法认知进行考察。我们选择"公民与人民""积极公民与消极公民""公民气质与公民技能""平等权""表达自由""政府权力与权威""社会正义""宪法与宪法政治"这样几个基本问题的调查结果作为分析的基础。数据显示，99%的管理者能够区分清楚宪法中的公民概念；84.9%的管理者知晓平等权是我国公民的基本权利；83.2%的管理者能够界分出政府权威的概念；55.7%的管理者能够认识到普通群众对国家的方针政策有发言权；52.3%的管理者能够区分清楚分配正义、矫正正义和程序正义之间的界限；48.3%的管理者认为有宪法未必

① ［美］迈克尔·桑德尔：《民主的不满：美国在寻求一种公共哲学》，曾纪茂译，江苏人民出版社2008年版，第257页。

有宪法政治；44%的管理者认为我国50%—70%的公民具有良好的公民气质；34.9%的管理者认为我国只有30%—50%的公民拥有良好的公民技能；34.5%的管理者认为积极行使权利，或者即使自己的权利未受到威胁，也要大声强调他人的权利，这样才是好公民。以上统计数据呈现出一个非常有趣的现象，即认可度达到50%以上的五个问题都是涉及宪法文本性的问题，而认可度在50%以下的四个问题本质上都是有关宪法实施方面的问题，如果只是一味地守法、守德，从不积极行使权利或者关心社会公共利益，怎能习得公民技能从而表现出公民气质？国家的政治运行又如何保证是一种宪法之下的政治常态？在我国，国家与社会管理者阶层属于公民中的精英，他们的民主、宪法认知基本映射出我国宪法当前的问题——纸面上的宪法已为大多数社会精英认可，但是行动中的宪法还需要奋力走向现实。只有更好地激发社会中精英人士的宪法实施热情，从而带动整个社会的民主、宪法认知水准，方能达至期待中的法治社会。

二 管理者维度之管理者阶层的民主认知

公民普遍的民主素质对于一个国家的民主法治化进程的影响固然无可厚非，但能否就此说它是一种民主质量的决定性力量？这要区分地域。“在西方，正是社会力量的壮大才驯服了国家力量。”① 但是在中国不是，因为中国历来是一个国家主导型的社会，“只要是国家主导社会，民主就主要是政治精英的事情。在国家主导社会的地方，政治精英有能力给予社会民众权利，或者撤回这样的权利。社会大众只有在政治精英动员他们时才有机会进入政治过程。社会动员与否是政治人物决定的，而非社会力量本身决定的”。②

> 所以说，我们在讨论中国的民主法治化问题时，首先需要注意的一个前提是：中国民主法治化的社会基础与西方是根本不同的。无论是学者还是政治家，在试图推进中国的民主法治化进程时应当注意到这一根本性不同，否则，最终的结果可能是南辕北辙。

---

① 郑永年：《中国模式：经验与困局》，浙江人民出版社2010年版，第42页。

② 同上书，第43页。

2015年2月2日，习近平总书记在省部级主要领导干部学习贯彻十八届四中全会精神全面推进依法治国专题研讨班上强调：

> 各级领导干部在推进依法治国方面肩负着重要责任，全面依法治国必须抓住领导干部这个关键少数。领导干部要牢记法律红线不可逾越、法律底线不可触碰，带头遵守法律、执行法律，带头营造办事依法、遇事找法、解决问题用法、化解矛盾靠法的法治环境。谋划工作要运用法治思维，处理问题要运用法治方式，说话做事要先考虑一下是不是合法。领导干部要把对法治的尊崇、对法律的敬畏转化成思维方式和行为方式，做到在法治之下，而不是法治之外，更不是法治之上想问题、作决策、办事情。①

应当说中国的政治领导人准确把握了中国社会的特质。但是，这些作为“关键少数人”的领导干部，他们自身对于民主、宪法的认知程度又如何呢？

在我们2013年的调查问卷中有这样几个问题，第一，“民主是什么？”第二，“民主和法治相比，何者是一种更为根本的他律方式？”第三，“您认为信访是一种有效的民主参与和权利救济途径吗？”第四，“您认为政府的权威直接源于什么？”第五，“中央政府在农村的威信与10年前相比有什么变化？”数据显示，这五个问题中前三个问题的选择项呈现出一个共同特点，即有一个选择项认可度明显较高。82.2%的管理者认为“民主就是公民能够真正参与那些影响他们生活的决策”。72.8%的管理者认为“较之民主，法治是一种更为根本的他律”。65.1%的管理者不认为“信访是一种有效的权利救济途径”。而第四和第五个问题的选择项则比较分散。关于政府权威的直接来源的调查结果是，44%的管理者认为政府权威直接源于“宪法和法律”；33.6%的管理者认为政府权威直接源于“为人民服务的政绩”；还有20.5%的管理者认为政府权威直接源于“人民的同意”。关于中央政府在农村威信的认知情况是，45.3%的管理者认为中央政府的威信较之10年前降低了；38.9%的管理者认为中央政府的

① 习近平：《在省部级主要领导干部学习贯彻十八届四中全会精神 全面推进依法治国专题研讨班上的讲话》（http：//military. people. com. cn/n/2015/0203/c172467－26495348. html）。

威信较之10年前提高了；还有4.7%的管理者认为没变化。综合以上数据，我们看到，大部分管理者认为，执政党在治理国家时最终会迈向民主，但必须依托法治，法治是民主的基础。一个权力授权自宪法和法律、严格执法的负责任的政府才有可能是一个民主的政府，一个公民严格依循宪法和法律主张和救济自己的权利方能彰显一种有序的民主。对于管理者就中央政府在农村威信的莫衷一是，我们以为可能是基于这几种情况，或许是我们的管理者身处城市，对于农村根本就缺乏了解；或许是管理者认为农村居民生活水平提高了，享有了政府福利而对中央政府真的比较认同；或许是管理者认为地方政府使村民利益受损，在权利救济无门的情形下，村民会连带滋生对中央政府的不满。总之，从中央到基层的治理必须强调一种法治基础上的民主治理。

此外，我们选择“党员的民主权利”“党员与人大监督”“干部选拔与票决制度”“党内民主与人民民主”“村民自治”“群体心理”“政治家的责任”这样几个问题作为进一步考察的依据。如果我们将这几个问题的调查数据依照降序排列，88.9%的领导干部能明确说出选举权是党员的民主权利；86.3%的管理者认为自己对于群体心理了解或有一点了解；66.8%的管理者赞成或比较赞成当前的干部选拔升迁机制；66.4%的管理者认同以党内民主推动人民民主；63.8%的管理者认同党的各级组织和全体共产党员应当接受各级人大的监督。这些数据似乎说明各级领导干部比较了解党内法规中的党员权利及义务规定，也比较了解群体心理。但是，另一组数据却明显折射出我们的领导干部在实际服务人民方面或者说贯彻党内民主方面仍然存在一些问题。比如，对于党内法规中规定的票决制度，43.7%的管理者认为地方党委讨论决定重大问题和任用重要干部的票决制度不完善或很不完善。对于宪法中规定的基层群众自治制度，有26.1%的管理者认为村民自治不能选出村民信得过的人或者流于了形式。

总之，通过以上这些数据分析，足以发现我国的管理者对于宪法及党内法规的文本基本比较认可，但是，宪法及党内法规实现的民主程度却远非那么理想。故而，如何使各级党员和领导干部的行为符合党内法规、尊崇宪法，这应当是当前我国政治精英们在民主、宪法认知方面存在的最大问题。当然，不能忽视的是，多数政治精英们在宪法认知上已经有了“纸上得来终觉浅，绝知此事要躬行”的认识，他们都在期待一种根本意义上的宪法实施机制的出现，因为良好的法治环境和氛围更有利于民主政治的形成。

第三节　中国民主模式的事实勾连

“1986—1988 年北京市有关部门在北京高校连续进行抽样调查，结果显示，1986 年有 17% 的被访者回答认为‘资本主义将使中国发展更快’，23% 的被访者对改革不抱希望；1987 年这组数据上升为 29% 和 52%。而到 1988 年，这组数据进一步上升到34% 和60%。即34% 的大学生认为资本主义将使中国发展更快，60% 的大学生对改革不抱希望。”① 如今，曾经的大学生绝大部分已经成为当前国家与社会的中流砥柱了，此时，他们的民主法治认知应当说比 20 世纪 80 年代身为大学生时的认知更为客观、理性。在我们 2013 年的调查问卷中有这样几个问题，第一，中国共产党领导的中国特色社会主义道路将会如何？第二，一个国家民主道路的选择与其固有文化之间是什么关系？第三，中国要和平崛起，最重要的因素是什么？对这三个问题认可度最多的回答依次是：67.8% 的管理者认为“中国共产党领导的中国特色社会主义道路将会坚定不移”；71.8% 的管理者认为“一个国家民主道路的选择与其固有文化之间高度相关”；57.7% 的管理者认为“中国要和平崛起最重要的因素是国内政治清明，安定团结”。以上这些说法映射出的就是中国的基本政治事实——中国共产党领导的中国特色社会主义道路。这一道路的选择是依循中国的政治传统经过长期发展而来，未来中国要和平崛起，必须始终坚守这一道路并同时保持政治清明、民主团结。

无疑，这里首先要追溯一下社会主义思潮在中国的传播进程及中国特色社会主义道路的形成过程。

> 近代社会主义思潮不是中国社会的自发产物，也不是传统儒家思想的直接延伸，而是从工人运动高涨的西欧诸国传导至中国的。在近代初期，尽管社会主义运动在西欧呈风靡之势，但是林则徐、洪秀全都不知道马克思，也不知道西方的社会主义运动。这些是在六十年代

① 房宁：《民主的中国经验》，中国社会科学出版社 2013 年版，第 11 页。

开始的洋务运动中才进入少数中国人的视野的。[①]

洋务运动时期的少数中国人主要是通过两种途径了解源于西方的社会主义思潮的，第一是走出去感知，比如，法语翻译张德彝因眼见了法国1871年的巴黎革命，随后在《随使法国记》中描述了这一事件。第二是西方传教士及洋务派的译介，“当时在中国出版西学书刊的机构主要有三家，江南制造局、北京同文馆和广学会。江南制造局和北京同文馆虽是清政府开办的，但却分别由英国传教士傅兰雅和美国传教士丁韪良主持。广学会是基督教在中国设立的最大的出版机构。《西学近事汇编》《佐治刍言》《万国史记》《时事新论》《泰西新史揽要》等书刊都是由他们负责编译或直接撰述的”[②]。

到了19世纪末20世纪初期，社会主义思潮开始大规模传入中国。但是，有两个现象需要引起注意，一是，五四运动之前传入我国的社会主义思想主要来自日本和欧美。二是，来自欧美和日本的主要是一种解决西方国家问题的社会民主主义思潮。那么，如何理解这个社会民主主义？据考证，马克思、恩格斯也曾自称社会民主主义者或社会民主党人，“从19世纪80年代到第一次世界大战前的第二国际时期，社会民主主义这一概念的内涵和马克思、恩格斯的科学社会主义基本一致。或者说，这一时期社会民主主义是科学社会主义的同义语。第一次世界大战爆发，第二国际瓦解，国际社会主义运动发生分裂，特别是各党左派成立第三国际以后，社会民主主义作为各国社会党（包括原第二国际各党的右派和中派）共同的思想理论体系与布尔什维主义对立”[③]。也就是说，社会民主主义这个概念起初曾被作为科学社会主义的同义语广泛使用过，只是在一战以后国际社会主义运动公开走向分裂，社会民主主义与科学社会主义才有了不同的含义。

作为维新变法代表的梁启超曾预言：“富者愈富，贫者愈贫，于是近世所谓社会主义者出而代之。社会主义者，……于不等中求平等。社会主

---

① 皮明庥：《近代中国社会主义思潮觅踪》，吉林文史出版社1991年版，第5页。

② 社会主义思想在中国的传播编写组：《社会主义思想在中国的传播资料选辑》第一辑（上册），中共中央党校科研办公室1985年印发，第3页。

③ 殷叙彝：《社会民主主义与民主社会主义：概念的起源和历史演变》，《当代世界社会主义问题》2001年第3期。

义必将磅礴于20世纪。”[①] 在《驳孙文演说中关于社会革命论者》一文中他也曾表达了对社会主义的认识。他说：“要其大别，可以二派该之，一曰社会改良主义派，即承认现在之社会组织而加以矫正者也。二曰社会革命主义派，即不承认现在之社会组织而欲破坏之以在谋建设者也。社会主义学说，其属于改良主义者，吾固绝对表同情，其关于革命主义者，则吾亦未始不赞美之，而谓其必不可行，即行亦在千数百年之后。”[②] 无疑，梁启超是积极肯定社会主义的，但是，他赞成的是社会改良主义而非社会革命主义，并认为社会革命主义在中国不可行。

马克思的“无产阶级是资产阶级掘墓人”的社会主义理念本质上是一种社会革命主义，社会革命主义式的社会主义思潮是在俄国十月革命后引入了中国，并在知识界引起了广泛的关注。列宁将那种本质上改良的社会主义斥为“冒牌马克思主义”[③]，并创造性地将马恩曾自称为社会民主党人的党名改为了共产党，因为在他看来，“社会民主党的正式领袖在世界各地都背叛社会主义，投奔资产阶级了”[④]。正是在列宁的俄国共产党的领导下，世界上第一个社会主义国家诞生了。

英国马克思主义史学家艾瑞克·霍布斯鲍姆（Eric Hobsbawm，1917—2012）对于十月革命评价极高，将之与1789年法国大革命相媲美。

> 旧世界的命运显然已经注定要衰亡了。人类在等待另一个选择，另一条路径。……1917年的布尔什维克党革命，正好为举世吹响了起义的号声。十月革命对20世纪的中心意义，可与1789年法国大革命之于19世纪媲美。[⑤]

---

① 梁启超：《驳孙文演说中关于社会革命论者》，转引自李华兴、吴嘉勋《梁启超选集》，上海人民出版1984年版，第524—525页。

② 梁启超：《干涉与放任》，转引自李华兴、吴嘉勋《梁启超选集》，上海人民出版1984年版，第203页。

③ ［俄］列宁：《五一节和战争》，转引自殷叙彝《社会民主主义与民主社会主义：概念的起源和历史演变》，《当代世界社会主义问题》2001年第3期。

④ ［俄］列宁：《四月提纲》，转引自殷叙彝《社会民主主义与民主社会主义：概念的起源和历史演变》，《当代世界社会主义问题》2001年第3期。

⑤ ［英］艾瑞克·霍布斯鲍姆：《极端的年代》，郑明萱译，江苏人民出版社1998年版，第77—78页。

因为“社会主义一出场，就覆盖了全球陆地面积的1/6以上；第二次世界大战以后，又席卷了全球人口1/3以上的广大地区。这样一来，19世纪后期，即帝国年代所建立起来的资本主义殖民体系，也在两股革命潮流中被一扫而光，使殖民体系不过维持了一代人的时间。最矛盾的是，以推翻资本主义为目的的十月革命所造成的悠久的成效却反而救下它的死敌一命。无论是在战争时期还是在和平年代，都是社会主义救了资本主义的命。正是由于社会主义的存在对20世纪资本主义国家的重组产生了强迫和刺激作用”。①

艾瑞克·霍布斯鲍姆在论及苏联的失败及社会主义命运时，还特别提到：“到目前为止，还不能说社会主义已经彻底失败了，因为只要占世界人口1/5的中国人依然由共产党领导，为其奏起挽歌还为时尚早。”② 也许霍布斯鲍姆的预判是正确的，从他发表以上看法至今22年过去了，中国共产党领导下的中国未改初衷，依然走的是一条社会主义道路。“五四运动时期，中国盛行的主义很多，无政府主义、自由主义、民主主义和民族主义等等，为什么只有社会主义和民族主义生存下来，而其他主义都被历史淘汰了呢？因为很多主义根本不适合中国。社会主义是非常适合中国的主义，中国几千年传统文化本身就有很多社会主义的因素，只有共产党使它凸显了出来。”③

当然，中国的社会主义道路，尤其是改革开放以来，实际上是一条符合中国实际的独特的社会主义道路。经历了极“左”危害后的中国在沉痛反思中发现“过去搞民主革命，要适合中国情况，走毛泽东同志开辟的农村包围城市的道路。现在搞建设，也要适合中国情况，走出一条中国式的现代化道路”。④ 到了1988年，邓小平更明确提出：“我们坚持马列主义、毛泽东思想，坚持社会主义道路，不过什么是社会主义的问题，我们现在才解决。坦率地说，我们过去照搬苏联搞社会主义的模式，带来了很多问题。我们很早就发现了，但没有解决好。我们现在要解决好这个问

① 姜芃：《20世纪的世界体系：读霍姆斯鲍姆的〈极端的年代〉》.(上)，《历史教学问题》2003年第3期。

② ［英］艾瑞克·霍布斯鲍姆：《极端的年代》，郑明萱译，江苏人民出版社1998年版，第120页。

③ 郑永年：《中国模式：经验与困局》，浙江人民出版社2010年版，第39页。

④ 《邓小平文选》第2卷，人民出版社1994年版，第163页。

题，我们现在要建设的是具有中国特色的社会主义。”① 事实证明，这一探索是成功的，根据国家统计局最新数据，“十二五期间中国经济总量稳居世界第二位。继2009年超过日本成为世界第二大经济体后，中国经济总量稳步攀升，2014年达到636139亿元，折合10.4万亿美元，占世界份额达到13.3%，比2010年提高4.1个百分点。中国经济对世界经济复苏作出了重要贡献。2011—2014年对世界经济增长的贡献率超过四分之一”②。应当说，中国从最初接受社会主义理念，到蹒跚摸索有中国特色的社会主义道路，无疑是顺应了中国本国的历史、文化、社会的根基与需求。

艾瑞克·霍布斯鲍姆认为，1929年横扫世界的经济危机时期，是苏联的1929—1940年的工业高速增长经验给了资本主义政府干预经济的灵感，这也正是他所谓的“在和平时期社会主义救了资本主义的命”。早在1978年，当饱受苏联僵化的计划经济体制之苦后的中国，已经意识到了“为什么一谈市场就说是资本主义，只有计划才是社会主义呢？计划和市场都是方法嘛。只要对发展生产力有好处，就可以利用。它为社会主义服务，就是社会主义的；为资本主义服务，就是资本主义的”。③ 我们不得不叹服邓小平的智慧和勇气，既然资本主义可以从社会主义那里汲取计划经济的灵感，为什么社会主义不可以借鉴资本主义市场经济的做法呢？当年罗斯福厉行政府干预经济的措施及时拯救了陷入危机的美国，但是至今美国的经济模式依然是自由主义经济，美国的民主模式依然是自由主义民主。所以，虽然中国在经济发展上借鉴了资本主义市场经济的做法，但是中国走的依然是社会主义道路，中国的经济发展模式依然是有中国特色的社会主义市场经济，中国的民主模式依然是中国式民主。

---

① 《邓小平文选》第3卷，人民出版社1993年版，第261页。

② 国家统计局：《新常态　新战略　新发展：“十二五”时期我国经济社会发展成绩斐然》（http：//www.stats.gov.cn/tjsj/zxfb/201510/t20151013_ 1255154.html）。

③ 《邓小平文选》第3卷，人民出版社1993年版，第203页。

第六章　寻求中国式民主的类型学意义

大英帝国最具野心的南非殖民地开拓者塞西尔·罗得斯（Cecil Rhodes，1853—1902）曾经赤裸裸地狂言："世界几乎已经被瓜分完毕，余下的部分正在被瓜分、征服和殖民化之中。可惜我们不能到达夜间在我们头顶上闪烁的星星那里！如果可能，我就要吞并那些星星。"[①] 罗得斯穷尽终生都梦想着从好望角的开普敦至开罗的非洲广袤土地都能够成为英国的属地。然而，非洲并未像他期待的那样成为英国一家的殖民地，而且在20世纪争取民族独立的风起云涌的浪潮驱使下，英国这个称霸世界两个世纪的"日不落帝国"最终又缩回了自己的本土。这一史实反证了两个颠扑不破的真理：第一，民族国家独立自治是第一位的，尊重民族国家主权和领土完整应属国际社会的共识。第二，没有哪个民族国家的治理模式能一劳永逸地正确，治理模式都是地方性的。治理模式的地方性、多元性为民主模式的类型化研究提供了可能性，中国的政治模式同样可以作为一支独特的民主模式并具有其类型学意义。罗得斯侵略梦想的政治不道德性在于超越英国原有的地域实施强权统治。如今，民族国家想要扩张领土几乎是不可能的，但要求裂变的事件倒是此起彼伏。在这样的国际情势下，如何既保持民族国家的秩序，又恰当地开展民族国家的制度建构，是包括中国在内的后发展国家亟待解决的难题。

一　在程序意义上比较中西民主模式

当我们研究民主模式时，实际上我们是在研究作为制度安排机制的程序民主。程序民主是人类追求作为政治价值的实质民主的手段。实质民主是一个永恒的目标，它没有最好，只有更好，对于处于不同现实发展时

---

① J. Lockhark、C. Woodhouse，*Rhodes*. 转引自张红《论罗得斯的扩张帝国主义》，《学海》2015年第2期。

空、历史又千差万别的民族国家而言，硬性地横向比较它们的实质民主是没有意义的。而在程序意义上比较各国作为制度安排与手段的民主即民主模式则是可行的，而且能够在这种比较中发现一种互益性。所以，我们谈论各国民主的差异最好还是选择民主模式或者是程序意义上的比较视角。

也只有在这一比较视角下，我们看到了雅典的民主模式是一种抽签式的直接民主，近代西方国家的选举民主源于古罗马的精英民主。爱尔兰的民主模式是一种代议制民主体制下的公投式直接民主。在前述宪法史比较与实证调查的基础上，我们看到了一种不同于他者的中国民主模式，即协商为主、选举为辅的民主模式。为什么我们的民主模式是“协商为主、选举为辅”？我们再来对中国现实政治生活中的两类主要选举展开分析，这两类主要选举分别是人大代表选举和政府行政首长选举。

第一，人大代表选举。根据现行宪法第五十七条、第九十六条，中华人民共和国全国人民代表大会是最高国家权力机关。地方各级人民代表大会是地方国家权力机关。地方各级人民代表大会包括省、自治区、直辖市人大；设区的市、自治州人大；县级人大；乡级人大。可见，在中国，从全国人民代表大会至乡镇人民代表大会共有五级权力机关。这五级权力机关是如何产生的呢？根据宪法第九十七条，全国人民代表大会由省、自治区、直辖市、特别行政区和军队选出的代表组成。省、直辖市、设区的市的人民代表大会由下一级的人民代表大会选举。县、不设区的市、市辖区、乡、民族乡、镇的人民代表大会由选民直接选举。

可见，我国人大代表有两种产生方式，即县及县以下人大代表直接选举产生；县级以上人大代表间接选举产生，所谓直接选举与间接选举并重。直接选举产生的人大代表和间接选举产生的人大代表比例又如何呢？从2015年3月4日第十二届全国人大三次会议新闻发布会介绍看，我国现有五级人大代表共267万，其中90%以上的人大代表在县、乡两个级别。[①]县、乡两级直接选举的历史可以追溯至1953年，但是1953—1963年的四次直接选举仅限于乡镇一级。1979年五届人大二次会议通过的第二部选举法将直接选举人大代表的范围扩大到了县级。总之，人大代表选举在中国已经有62年的历史了。

---

① 傅莹：《五级人大共有267万人，基层代表也要严格守法》（http://npc.people.com.cn/n/2015/0304/c14576－26635910.html）。

西方国家的选举问题在历史上曾经长期表现为选举权的非普遍性，但是自20世纪以来，西方国家的选举问题主要表现为投票率低，政治冷漠。相比西方国家，中国的人大代表选举从一开始就不存在选举权的非普遍性及参选率低的问题，这一点可以从1980年全国第一届县级直接选举情况得到印证。“根据1925个县级单位的统计，总人口数为743780 575人，共选出人民代表59.5345万人，平均1249人选1名代表。代表中的工人占10.56%，农民占47.61%，干部占25.53%，知识分子占8.44%，军人、爱国人士、归侨等占7.86%。代表中的妇女占21.89%。不是共产党员的代表占33.15%。”[①]在这届县级人大代表直选中，凡是截至选举日年满18周岁又具有表达能力的中国公民都被登记为选民，这可谓选举的普遍性。“根据1925个县级单位的统计，共登记选民415161210人。参加投票的选民400888810人，占选民总数的96.56%。”[②]可谓是高投票率。那么，中国的选举问题是什么呢?

> 最招人诟病的是，选民的意志在选举中得不到充分的体现。妨碍选民意愿实现的障碍主要出现在提名和确定候选人阶段。这个阶段是将众多分散的选民意愿逐渐集中起来的过程，在很大程度上决定着选举的结果。如果这个过程受到操纵，整个选举的公正性是没有保障的。[③]

依照《中华人民共和国全国人民代表大会和地方各级人民代表大会选举法》第29条，全国和地方各级人民代表大会的代表候选人，按选区或者选举单位提名产生。各政党、各人民团体，可以联合或者单独推荐代表候选人（各政党即中国共产党和八个民主党派，各人民团体指工会、共青团、妇联、工商联等人民团体）。选民或者代表十人以上联名，也可以推荐代表候选人。简单讲，我国的人大代表候选人由两种提名方式产生，要么通过各政党和各人民团体提名推荐，要么通过十人以上的选民联

---

① 程子华：《关于全国县级直接选举工作的总结报告》（http://www.npc.gov.cn/wxzl/gongbao/2000-12/26/content_5328256.htm）。

② 同上。

③ 王绍光：《中国·治道》，中国人民大学出版社2014年版，第23—24页。

名提名推荐。实践中，前者产生的候选人被称为由组织提名的候选人，后者被称为由选民或代表联名提名的候选人。

那么，正式候选人又是如何被确定的呢？根据选举法第31条，直接选举人大代表的，由选举委员会汇总推荐候选人名单后，交各该选区的选民小组讨论、协商，最终确定正式代表候选人名单。间接选举人大代表的，即县级以上的地方各级人民代表大会选举上一级人民代表大会代表时，由各级人大全体代表酝酿、讨论正式候选人名单。只有对正式代表候选人不能形成较为一致意见时，直接选举人大代表允许采取预选方式确定正式候选人。也只有在代表候选人人数超过法定最高差额比例时，间接选举人大代表允许采取预选方式确定正式候选人，也就是说，预选并不是产生正式候选人的必经程序。但是，随着民主参与意识的提升，人们对于选举过程中出现的许多不透明甚至违法犯罪的现象深恶痛绝，一度要求以预选方式确定代表候选人的呼声很高。“在2001—2002年乡级人大代表选举过程中，中国社会科学院‘基层民主政治建设’课题组在河北、安徽、江西、江苏、浙江等省选择了一些乡镇进行大规模的预选试点。”[①] 10年之后，预选确定人大代表候选人的情况又如何呢？

我们选择一个最发达地区，将其最近的一次人大代表选举作为分析的范本。以2011年上海区县、乡镇人大代表选举为例，1081万登记选民中，有1036万人参与了投票，投票率为95.84%。2401个区县选区和4272个乡镇选区中只有3个乡镇选区采用预选方式确定正式代表候选人，仅仅占0.07%。[②] 从以上数据看，上海2011年县乡两级人大代表选举呈现出两个特点，第一，参选率很高。第二，99.93%的选区采用了协商讨论的方式确定正式代表候选人。可见，在县乡人大代表选举中，代表候选人的提名推荐和正式代表候选人名单的确定过程中，协商讨论发挥了十分关键的作用，协商讨论的质量几乎决定着最终选举的质量。作为占全国五级人大代表90%以上的县乡两级人大代表，其选举候选人名单确定过程中所呈现出的民主问题值得关注，协商讨论候选人的过程的确存在一些弊病，比如，组织提名候选人比选民联名提名候选人在人数上、程序上处处

① 王绍光：《中国·治道》，中国人民大学出版社2014年版，第28页。

② 王海燕：《上海区县乡镇人大代表选举结束，选民参选率95.84%》（http://jfdaily.eastday.com/j/20111220/u1a947862.html）。

占尽优势，党政领导干部代表占的比例过多，甚至有时未经过协商讨论就确定人选，等等。但是我们在泼出洗澡水的时候，还是不要把澡盆中的孩子一起给泼出去。协商民主在中国具有十分深厚的历史渊源和现实社会基础，我们能够做的是尽可能在程序上完善它而不是用票决方式完全取代它。

第二，政府行政首长选举。根据现行宪法第62条，各级人民政府的行政首长由本级人民代表大会间接选举产生。根据《地方各级人民代表大会和地方各级人民政府组织法》第21条，各级行政首长由同级人民代表大会主席团或者代表依法联合提名选举产生，也就是说，行政首长候选人名单的确定有两种提名方式，一是本级人大主席团提名，二是人大代表联合提名。并且组织法也规定了代表联名提名时的代表人数要求，即省级人大代表必须30人以上书面联名，设区的市和自治州需要20人以上书面联名，县级人大代表需要10人以上书面联名，乡镇级人大代表需要10人以上书面联名，才能提出政府领导人员候选人。

关于正式候选人的确定，组织法也做出了规定，人民政府正职领导人员的候选人应多出一人，进行差额选举；如果提名的候选人只有一人，也可以等额选举。人民政府副职领导人员的候选人数应比应选人数多一人至三人，进行差额选举。提名的候选人数符合选举办法规定的差额数，则由主席团提交代表酝酿、讨论后，进行选举。提名的候选人数超过选举办法规定的差额数，由主席团提交代表酝酿、讨论后，进行预选，再根据预选中得票多少的顺序，按照选举办法规定的差额数，确定正式候选人名单，进行选举。从以上规定看，无论是正职领导人员候选人的确定还是副职领导人员候选人的确定，核心的环节是最终都由各级人大主席团酝酿、讨论，即协商讨论。

在行政首长选举问题上，提名及正式候选人的确定同样直接关乎选举的质量。但是，在现实选举中，也出现了一些地方党政领导劝阻代表提名候选人或动员他们撤回提名，或不把代表联合提名的候选人交人代会讨论的情形。也有一些党政领导在政府正职人员提名时，将候选人只有一个时采用等额选举当成了常态，而把候选人应该多出一人，原则上实行差额选举当成了例外。这些问题一度激发了一种乡镇直选现象，从20世纪80年代中后期开始，我国的一些乡镇出现了公开竞聘乡镇党委书记、乡镇长和副乡镇长的现象。比如1998年，四川省巴中地区一些乡镇开始推行公推公选乡村干部，候选人的产生方式大多不符合地方组织法，他们主要采取选民提名确定候选人，甚至个别乡镇连人大选举这一程序也免除了（眉山市青神县南城乡和遂宁市中区步云乡），仅仅为了表示对地方组织法的尊重，这两个乡只是将选举结果报乡人大备案了事。显然，这些做法违背了现行宪法第101条和地方组织法的相关规定。2001年7月27日，中共中央发出《关于转发〈中共全国人大常委会党组关于全国乡级人民代表大会换届选举工作有关问题的意见〉的通知》强调：

> 依照宪法和地方组织法规定，乡长和副乡长、镇长和副镇长由乡、民族乡、镇的人民代表大会选举产生。过去有的地方曾提出进行直选乡镇长试点的要求，个别地方出现了选民直接投票选举产生乡镇长的情况。这与宪法和地方组织法的有关规定不符。在这次乡级人大换届选举工作中，各地乡镇长的选举要严格依照宪法和有关法律的规定进行。

此后，一些乡镇在不触及法律底线的情况下仍然热衷于“公推直选”，似乎这种方式是最为民主的。相比西方国家，“从实证角度看，在世界上很多老牌‘民主国家’里，一直存在着两种基层政府首长的产生方式，一种类似总统制，即市长由市民直接选举产生；一种类似议会制，即行政领导人由市政参议会间接选举产生，前者流行于美国、欧洲大陆某些国家。后者流行于英国和北欧国家。……英国对直选的优劣已经进行了一二十年的辩论，到2000年才产生了第一位直选市长——伦敦市长，到目前为止也一共只有十来个地方用美国方式直选市长”①。从西方国家情形看，在政府行政首长的选择方式上，直选并不是唯一的民主选择。所以，认真反思我国的政府人员选举问题，根源应当不在于选民要不要直接选举各级政府的行政长官，而在于很多地方的人民代表选举不能切实贯彻民主原则，使选举流于了形式。而影响人民代表选举民主与否的关键在于代表候选人的提名和正式候选人的协商确定环节。

---

① O. Borraz, P. John, *The Transformation of Urban Political Leadership in Westerrn Europe*; S. Greasley, *The Intruduction of mayors in English urban goverment*: *Institutionalising leadership*? 转引自王绍光《中国·治道》，中国人民大学出版社2014年版，第46页。

所以，如何从程序上设定并完善我国的协商民主才是中国民主的真问题。我们在前面已经提及，不要把西方的民主问题等同于自己的问题。民主有作为政治价值的民主和作为制度安排与手段的民主两种面相。西方国家走过了一条从精英民主到大众民主的民主化道路，当西方国家将作为政治价值的民主向外传播的时候，他们实际上已经完成了自己的程序意义上的民主制度安排。那么，我们现在需要做的正是在程序意义上建构、完善自己的民主模式。2012 年 11 月 8 日，中国共产党第十八次全国代表大会报告中明确提出“健全社会主义协商民主”。虽说这一提法在历届党代会报告中尚属首次，但也不能将之简单解读为是对西方“协商民主”概念的接受。从本质而言，西方的“协商民主”概念及其理论是 20 世纪 80 年代为了解决选举民主的弊病而提出的，而中国的实质意义上的协商民主在我们的民族国家开端的制宪时刻即作为一种高层次民主而存在。应当说，十八大报告提出“健全社会主义协商民主”的目的是强调中国民主模式的独特性并坚持要将中国的协商民主进一步制度化、规范化。至今，我们有很多学者要么在抽象地讨论“协商民主是选举民主的补充吗”，要么一味地强调“协商民主”概念从西方传入中国有多么的意义重大。可惜的是，前者似乎找错了问题，“协商民主是选举民主的补充吗”这类问题根本就是西方的主要民主问题而不是中国的。后者，则过多纠缠于概念，虽然“协商民主”这一概念是西方学者提出的，但经验地看，中国的主要高层次民主就是协商民主，只不过它需要进一步理论化、制度化。故此，我们需要破除实质民主与程序民主二分的迷信，重申自己的程序性民主模式并展开制度建构。我们早已经历了“姓资还是姓社”“姓马还是姓修”“多党竞争制还是中国共产党领导下的多党合作制”等问题的焦灼与痛苦，中国基本的政治法律制度已经型构出来了，下一步要做的是继续完善自己的民主模式。

二　在宪法意义上规范中国民主模式

集中反映卢梭思想的《社会契约论》一书于 1898 年首次在中国出现，当时的版本是上海同文书局刻印的日本人中江兆民的《民约译解》第一卷。1900—1901 年，中国人杨廷栋翻译的《民约论》应当是最早的由中国人自己翻译的版本。在马克思主义传入中国之前，《民约论》被认为是 20 世纪对中国影响最大的两部著作之一。[①]无独有偶，2006 年，《环球时报》组织专家评选出了“对中国近现代影响最大的 50 名外国人”，其中，排名第一的就是卢梭。[②] 所以，在谈及民主模式及其宪法性这一问题时，无论如何不能忽略了卢梭的民主思想。

宪法本质上是一种“公法上的契约”。依照学者徐国栋的考证，由古希腊一路走来的“公法上的契约理念”包含以下几个完整要素：

> 1. 它是解释政治社会起源的理论。所以它假定存在一种前政治社会的状态，这种状态通常被称为自然状态。2. 社会契约通常被认为由两个契约构成，其一是一个人与所有其他社会成员订立的契约，其内容是互不伤害，此被称为严格意义上的社会契约。其二是人民作为一个整体与其首领订立的契约，其内容是前者承担服从的义务，后者被赋予发号施令的权力，此被称为统治契约。3. 它是一种限制政府权力范围的理论，换言之，超出社会契约授权的政府行为是不可接受的。4. 它是解释个人服从政府的理由的理论，社会契约论把这种理由确定为同意，换言之，如果我们在一个政治社会因为做某事受到惩罚，那是因为我们做某事受到惩罚，那是因为我们事前同意如此。[③]

下面我们将依照以上四个要素分析比对卢梭与洛克民主思想的差异。洛克也假定自然状态的存在，但是他的自然状态是，“人人自由平等，大家都服从自然法，这种自然状态的缺陷在于没有成文法和公正的裁判者，甚至没有执法机关，人们实行自力救济。对于自然状态之缺陷的补救办法是建立一种协议或契约，以此创建一个独立的政治社会，其次，形成一个‘公民组织’或政府”[④]。此处，洛克所说的前一个契约应当是“公法上的契约”中的社会契约，后一个契约则是“公法上的契约”之统治契约。

---

① 另一部是严复翻译的《天演论》。

② 徐国栋：《论卢梭在社会契约论思想上的地位》，《法治研究》2011 年第 4 期。

③ 同上。

④ ［英］洛克：《政府论》。转引自［英］戴维·赫尔德《民主的模式》，燕继荣等译，中央编译出版社 2008 年版，第 76 页。

因为在洛克看来，“个人的同意只对于合法的公民政府的最初建立具有关键作用。在那之后，‘同意’就来自于人民的代表以多数原则作出的决定，只要这些被治者的代理人，遵守起初的社会契约和契约义务来保障‘生命、自由和财产’。如果他们做到了这一点，人民就有义务服从法律”①。显然，在洛克这里，公法上的社会契约的四种要素都是具备的。然而，在卢梭那里，则是另外一种情形。卢梭认为：“一个国家中只能有一个契约，那就是结合的契约；而这个契约本身就排斥了其他一切契约。”② 也就是说，卢梭只认可“公法上的契约”之社会契约，不认可“公法上的契约”之统治契约，因为“只是在一瞬间，这一结合行为就产生了一个道德的与集团的共同体。这一由全体个人的结合所形成的公共人格，以前称为城邦，现在则称为共和国或政治体；当它是被动时，它的成员就称它为国家；当它是主动时，就称它为主权者”。③

与洛克相比，卢梭的人民主权永远由人民自己亲自行使，不能转让，不能分割，因为它代表的是“公意”（general will）。而“公意永远是公正的，而且永远以公共利益为依归。公意只着眼于公共的利益”④。而在洛克那里，人民相互结合形成政治社会之后，又通过一个统治契约将集中起来的权利委托给其代理者，约定只要代理者服从约定的义务，人民就有义务服从政府。显而易见，这些人民的代表行使权力的紧箍咒就是那个他们亲自参与制定的根本法律即“统治契约”。而卢梭却认为“并没有而且也不可能有任何一种根本法律是可以约束人民共同体的，哪怕是社会契约本身”⑤。在洛克那里，国家的权力不但属于人民，而且这些权力是受法律限制的。而在卢梭那里，国家的权力也属于人民，但是这些权力是不受法律限制的。

法国是欧洲大陆最早产生成文宪法的国家，也是大陆法系国家中颁布宪法最多的国家。吉伦特派制定的1791年宪法是大革命制定的第一部宪法，但该宪法被雅各宾派制定的1793年宪法取代了。“并非因为雅各宾派

① ［英］洛克：《政府论》。转引自［英］戴维·赫尔德《民主的模式》，燕继荣等译，中央编译出版社2008年版，第77页。

② ［法］卢梭：《社会契约论》，何兆武译，商务印书馆2003年版，第125页。

③ 同上书，第21页。

④ 同上书，第35页。

⑤ 同上书，第22页。

更激进，而是因为他们对吉伦特派那样关注政府形式，显得不屑一顾，他们宁愿信任人民而不是共和国。将信任寄托于一个阶级天然的善良，而不是寄托于制度和宪法。”① 1973 年宪法在为法国设计政治模式时，基本采用了卢梭“权力不可分割”的原则，赋予代表“公意”的国民议会为最高权力机关，正是这个最高权力机关导演了法国大革命的悲喜剧，国民议会于1792 年9 月20 日成立，国民议会第一次会议即宣布废除温和的1791 年宪法，废除国王。1793 年1 月21 日，路易十六的人头落地，围观者集体欢呼：“共和万岁！自由万岁！平等万岁！”极具讽刺意味的是，当年那个曾经在国民议会中高喊“路易必须死，因为祖国必须生”的人也在路易被处死一年多之后的1794 年8 月被推上了同一个断头台，这个人就是国民议会左派雅各宾派的领袖罗伯斯庇尔（Robespierre，1758—1794），“罗伯斯庇尔体验了……卢梭主义启示的道成肉身。他听到……人民的声音，以为那就是上帝的声音。他的使命便始于这一刻”。② 在其领导的激进革命时期，“母亲带着孩子去看刽子手行刑，就像今天她们带孩子去看木偶戏一样轻松。……大恐慌时期，受到惩罚的不仅仅是特权阶级，有大约4000 名农民和3000 名工人也成为了铡刀下的冤魂”。③ 这个激进的罗伯斯庇尔正是卢梭的忠实追随者。罗伯斯庇尔似乎为我们勾勒出了一个群情激奋的人民处死了国王，但自己又成了新国王的怪诞场景，这个新国王完全依靠道德建构了一个理想国，在罗伯斯庇尔看来，不道德的东西都是反政治的，使人堕落的东西都是反革命的，对那些反政治、反革命之徒采取恐怖手段是一种正义。无怪乎托克维尔说大革命建立的是一种“民主专制制度”④。

英国人埃德蒙·柏克是最早批判法国大革命的学者，法国大革命的次年即1790 年11 月，柏克《法国大革命论》一书出版，《法国大革命论》也是柏克最享盛名的一部作品。他犀利地洞察到，法国大革命从根本上冲击、动摇了社会秩序，并预言这种毁灭性的破坏终将导致一种新的专制主

① ［美］汉娜·阿伦特：《论革命》，陈周旺译，译林出版社 2011 年版，第 75 页。

② J. Thompson，*Robespierre.* 转引自［美］汉娜·阿伦特《论革命》，陈周旺译，译林出版社 2011 年版，第 104 页。

③ L G. Bon，*The Psychology of Revolution.* 转引自李燕《民主的失败以及道德理想国的覆灭——评法国 1793 年宪法》（http：//article. chinalawinfo. com/ArticleHtml/Article_ 48345. shtml）。

④ ［法］托克维尔：《旧制度与大革命》，冯棠译，商务印书馆 1998 年版，第 164 页。

义强权的出现。柏克是何等的敏锐！他在1797年停止观察这个世界之前已经看到了雅各宾派的“集体暴政”。[①] 在他仙逝两年之后的1799年，拿破仑发动雾月政变，成为法兰西第一共和国执政官。1804年11月，拿破仑称帝，法兰西第一共和国变身为法兰西第一帝国。由1789年法国大革命开启的共和制和君主制轮替登场的历史战车直到1958年第五共和国成立才仿佛失去了它的惯性。有学者由衷地感喟：“从一定意义上来说，革命替我们阐明了《社会契约论》。”[②] 难道不是吗？人民以“公意”正当取代了国王的权威，但是“公意”又重新凌驾于法律之上，不受宪法限制的“人民主权”终究给法国套上了持续革命的魔咒。

虽说受卢梭思想影响的1793年宪法是一个共和制的宪法，但是“这部内容完备，结构合理的宪法却一天也未实施，颁布后的第二天，就被装进了一只豪华精致的木盒子”。[③] 缺失宪法限制的民主像一个醉汉，跌跌撞撞，走到哪里算哪里，最终导致了1793年宪法及与其一同产生的道德理想国的覆灭。或许，“为了避免法国大革命悲剧的重演，宪法限制、分权与制衡和限制权力是可能的道路”。[④]

当然，卢梭的初衷是值得理解的，他原本是为了批判代议制下个人的自私冷漠和民主的不普遍，但是他开出的药方却过于激进。他说：“正如主权是不能转让的，同理，主权也是不能被代表的；主权在本质上是由公意构成的，而意志又是绝不可以代表的；它只能是同一个意志，后者是另一个意志，而绝不可能有什么中间的东西。因此人民的议员就不是也不可能是人民的代表，他们只不过是人民的办事员罢了；他们并不能作出任何肯定的决定。凡是不曾为人民所亲自批准的法律，都是无效的；那根本就不是法律。英国人民自以为是自由的；他们大错特错了。他们只有在选举国会议员期间，才是自由的；议员一旦选出之后，他们就是奴隶，他们就

---

① ［法］古斯塔夫·勒庞：《乌合之众：大众心理研究》，冯克利译，中央编译出版社2005年版，第121页。

② ［苏］沃尔金：《十八世纪法国社会思想的发展》，杨穆、金颖译，商务印书馆1983年版，第246页。

③ 钟群：《比较宪政史研究》，贵州人民出版社2003年版，第64页。

④ ［法］邦雅曼·贡斯当：《古代人的自由与现代人的自由》，阎克文、刘满贵译，商务印书馆1999年版，第11页。

等于零了。”[①] 显然，卢梭对代议制持批评立场，认为那是一种荒谬的政府体制。他主张个人应当直接参与制定法律，人民只有积极参与表达“公意”，他们才是主权者，即被统治者就是统治者。虽然他特别强调自己的合理政府设想与罗马共和国遗产之间的关联，并把自己偏好的制度称为“共和制”而非“民主制”，并明确批评古代雅典本身不能被确认为一种政治理想，因为它没有将立法与行政功能组合起来。但是从其理论的本质看，卢梭的民主模式依然属于从古希腊城邦发端而来的发展型共和主义[②]谱系。“发展型共和主义理论的基础是古典民主遗产的要素，是古希腊城邦哲学家们的命题，尤其突出的，他们把政治参与和城邦的内在价值用作自我实现的手段。依照这种看法，政治参与是美好生活的必要组成内容。”[③] 看得出，给卢梭提供了理论基础的古典民主遗产本身是令人着迷的，有其称道之处的，否则为什么总能“死灰复燃”呢？

卢梭提供的民主模式实质上是缺乏宪法限制的。依照罗尔斯的二元民主理论，批准宪法体现的是一种高层次民主，人民代表依照宪法进行决策、管理，并使更多人参与其中的活动则属一种日常民主。我们可以将这种高层次民主与日常民主作这样的理解，无论是理论还是现实地来看，批准宪法都提供了一种高于且决定日常民主的民主样式。日常民主是经常性的，而高层次民主不仅需要恰当的宪法时刻条件，而且要求参与决策的人数远远多于普通的法律、法规。彰显高层次民主的宪法批准过程基于其立国的重大意义无疑具有了奠基民族国家民主模式的功能，民主模式也由此获得了规范意义上的宪法性。当然，民主模式的宪法性最终要通过实施宪法的方式得以落实，徒有宪法之名而无宪法之实的民主模式只能走向专制民主，给国家秩序和人民的政治命运带来诸多不确定性。

既然作为制度安排与手段的民主模式需要从程序意义上审视，那么，从新中国制宪与修宪历史中发现中国民主模式应当是可行的。民主模式既是动态的形成制度的程序，更是经由这一程序凝固成的政治法律制度。宪

---

① ［法］卢梭：《社会契约论》，何兆武译，商务印书馆 2003 年版，第 120—121 页。

② 戴维·赫尔德将共和主义区分为发展型共和主义和保护型共和主义两个流派。他认为发展型共和主义是古典民主的遗产，而保护型共和主义理论可以追溯到古罗马。

③ ［英］戴维·赫尔德：《民主的模式》，燕继荣等译，中央编译出版社 2008 年版，第 43 页。

法法律规范的形成不是隔空喊话，都是人民在特定时空看顾事实、依照恰当的民主模式完成的。梳理新中国宪法史，我们发现了以协商为主、选举为辅的中国民主模式，60余年来，坚守这一民主模式则中国政治秩序正常，不坚守这一民主模式则中国政治秩序失范；尊重这一民主模式则中国宪法权威俱在，藐视这一民主模式则中国宪法权威尽失。中国民主模式几乎构成了关涉中国生死存亡的“阿喀琉斯之踵”。所以，我们有理由认为：

> 中国必须发展和建设自己的模式，而不是简单地像很多发展中国家那样，去照抄照搬西方民主模式。中国模式不是反民主模式，而应当是一个民主改善模式。实际上中国不学西方模式并不表明中国是反西方的，而只是意味着中国要确立自己的民主模式。再者，中国模式也并非要取代西方模式，而只是意味着中国模式可以成为西方模式之外的另外一种选择。①

需要注意的是，坚守中国民主模式要唤起的是所有中国人的宪法爱国主义，而非浪漫民族主义情感。荷兰学者伊恩·布鲁玛（Ian Buruma，1951— ）在其新著《罪孽的报应：德国和日本的战争记忆》中详细比较了走出浪漫民族主义选择宪法爱国主义的德国，与依然沉浸在浪漫民族主义，对宪法爱国主义不置可否的日本这两个曾经的战争国家，如今是多么的不同。德国战后摒弃了那种曾经在战前和战时都甚嚣尘上的浪漫民族主义，毅然选择了宪法爱国主义。战后德国学术界集体反思德国的罪过，在他们看来，“共和国发展出了一种爱国主义的形式，其重点在于权利和民主的程序而非历史认同。……宪法爱国主义是唯一能让我们不与西方疏离的爱国主义。令人悲哀的是，基于信仰而生的对宪制原则的忠诚，只有在奥斯维辛之后——也端赖奥斯维辛——才在德意志这支文化民族中树立起来”②。这一重要历史选择不但让德国自身经受住了各种考验，凝聚了社会共识，而且重新赢得了世界的尊重。相形之下，“依然坚持浪漫民族主义的日本却抱持另外一种战争记忆，日本选择了‘战争受害者’的记

---

① 郑永年：《民主，中国如何选择》，浙江人民出版社2015年版，第87页。

② 参见徐贲《为什么德国与日本在战后悔罪上差异这么大?》，《南方周末》2015年9月4日。

忆，在许多日本人看来，广岛的和平博物馆是‘世界和平的麦加’，这种‘无辜受害者’的战争记忆显然抵消了日本是一个侵略者的记忆。实际上‘和平广岛’是一个神话，广岛根本谈不上无辜。1894 年，日本同中国打响‘甲午战争’时，部队正是从广岛出发开赴前线的，明治天皇也把指挥部搬到了广岛。这座城市因此变得富有，十一年后的日俄战争则让它更加富庶。广岛一度还成为军事行动的中枢。广岛市民的确是受害者，但凶手基本上是他们自己的军事领导人”①。如今，日本对于自己的侵略行径依然毫无悔意，应该说与他们固执地坚持他们的浪漫民族主义、政治上不成熟有很大的关系。

三　在治理者意义上完善中国民主模式

中国民主模式的独特性直接源于中国的独特性。20 世纪 70 年代，邓小平曾说：“什么是大国？如从经济上看，我们是小国，排在世界上一百个国家以下。中国就是块头大，所以有点用处。”② 邓小平这里所谓的“块头”显然是指中国的地域面积。那么，对于中国独特性的认识让我们不妨从中国的地域面积入手：

> 我们拿清朝完成统一以后，帝国主义侵略中国以前的清朝版图，具体说，就是从 18 世纪 50 年代到 19 世纪 40 年代鸦片战争的这个时期的中国版图作为我们历史时期的中国范围。所谓历史的中国，就以此为范围。不管是几百年也好，几千年也好，在这个范围之内活动的民族，我们都认为是中国历史上的民族，在这个范围之内所建立的政权，我们都认为是中国史上的政权。③

谭其骧作为中国历史地理学科的主要奠基人之一，其对于中国地域面积的研究分析应当是具有说服力的，查阅 18 世纪 50 年代到 19 世纪 40 年

① 参见徐贲《为什么德国与日本在战后悔罪上差异这么大?》，《南方周末》2015 年 9 月 4 日。

② 中共中央文献研究室：《邓小平年谱（1975—1997）》，中央文献出版社 2004 年版，第 447 页。

③ 谭其骧：《历史上的中国与中国历代疆域》，《中国边疆史地研究导报》1988 年第 3 期。

代鸦片战争以前的中国版图，可以说中国是一个不容小觑的名副其实的大块头。这个大块头的社会结构的经济基础是长期以小农经济为主体的农耕经济。“据统计，清朝灭亡前的2117年的中国历史中，共发生了1621起洪水，1392起旱灾。大规模的游牧族入侵数百起，这就要求与支持建立完善的大一统国家管理体制。分散的小农经济需要集中而统一的行政权力对于社会的全面支配，解决无法分别处理的兴修水利、防灾防荒、利益冲突等一系列共同问题。”① 这与前述我们在分析雅典民主政制及其城邦国家规模之间的复杂关系是何其相似！中国独特的地域环境、不同于西方的政府主导型的社会结构造就了中国独特的治理模式。

然而，自19世纪40年代起，这个大块头却屡屡遭到无数小块头国家的凌辱，尤其是在遭遇与中国一衣带水的蕞尔小国日本的欺凌时，中国这个大块头才似乎痛彻地意识到在一个万国时代，需要重新审视自我，古老的天下王朝观念需要重新调适于现实世界。从鸦片战争开始直到1949年新中国成立，我们付出了100年的艰辛努力似乎才找到了一种较为稳定的方向感。毛泽东在评价这一过程时曾说：“帝国主义的侵略打破了中国人学习西方的迷梦。……西方资产阶级的文明，资产阶级的民主主义，资产阶级共和国方案，在中国人民的心目中一齐破了产。资产阶级的民主主义让位给工人阶级领导的人民民主主义，资产阶级共和国让位给人民共和国。”② 从1919年新文化运动引进西方的民主概念到1949年期间，我们曾经追求过西方式的精英民主模式，但是这一模式并未拯救中国于水深火热之中，直到1949年开启了一种新的民主模式，这一民主模式即是我们在关乎立国使命的制宪过程中发现的中国共产党领导的以协商为主、选举为辅的民主模式，它显然完全不同于现代西方多党竞争的以选举为主、协商为辅的民主模式。

关于中国共产党的领导地位，1982年宪法序言有三处规定，第一处规定是在第5自然段：

> 一九四九年，以毛泽东主席为领袖的中国共产党领导中国各族人民，在经历了长期的艰难曲折的武装斗争和其他形式的斗争以后，终

---

① 姜义华：《中华文明多样性十论》，《学术前沿》2013年第1期。

② 《毛泽东选集》第4卷，人民出版社1991年版，第1470—1471页。

于推翻了帝国主义、封建主义和官僚资本主义的统治，取得了新民主主义革命的伟大胜利，建立了中华人民共和国。

第二处规定在宪法序言第 7 自然段：

中国新民主主义的胜利和社会主义事业的成就，是中国共产党领导中国各族人民，在马克思列宁主义、毛泽东思想的指引下，坚持真理，修正错误，战胜许多艰难险阻而取得的。

第三处规定在宪法序言第 10 自然段：

中国共产党领导的多党合作和政治协商制度将长期存在和发展。

解读以上宪法文字，不难发现中国政党组织的出现和发展与民族国家建构几乎是同步的。虽说现代政党组织最早发端于西方，随后传播至世界其他国家。但是，西方普遍意义上的政党组织是立国之后代议制和普选制的产物，随着西方政党从贵族团体到精英阶层再发展到大众政党，西方国家和社会也一步步地从君主专制走向了大众民主。所以，西方的政党概念以一个推动民主化的符号被世界各国普遍接受。西方的政党概念舶入中国的时候，不期而遇的使命却是建立民族国家。但要用怎样的政党组织来建立中国的统一国家？这个问题在革命先行者孙中山那里也经历了一个试错的探索过程。最初孙中山坚持以欧美的多党竞争制来治理国家，但当他看到革命后的共和政体在应对现实时的无力和窘迫时，看到列宁式的政党对于苏联建国显示出强大的有效性时，他意识到："我们现在并无国可治，只可以说以党建国，待国建好，再去治它。"[①] 孙中山的党与国家的理论由此开创了中国的政党内涵不同于西方意义上的政党的先河，这也构成了正确理解中国共产党的基础。

政党在西方社会国家建设中所扮演的角色显然不同于其在后发展

① 《孙中山全集》第 9 卷，中华书局 1986 年版，第 103—104 页。

> 国家尤其是第三世界国家中所扮演的角色。在先发展国家，特别是在西欧，政党并非国家的创始者，只是促进了国家从非民主形态向民主形态的转型。而在后发展中国家，政党往往是国家的缔造者。[①]

1949年，中国共产党领导全国人民最终完成了立国的伟大任务，践行了孙中山先生提出的以党建国的思想。这既为中国共产党提供了执政的合法性，也为执政党提出了如何从一个革命党转型为执政党的命题。如何既保证一个完整国家的存续又让它一步步地民主化？中国共产党在这个问题上同样经历了一个长期的摸索过程。

根据1981年6月27日中国共产党第十一届中央委员会第六次全体会议通过的《关于建国以来党的若干历史问题的决议》，新中国成立32年以来，中国共产党带领全国人民取得了十大成就，依次是建立了国家政权；实现了国家统一；维护了国家安全和独立；建立和发展了社会主义经济；建立了独立的工业体系和国民经济体系；农业生产条件显著改变，农业生产水平有了很大提高；城乡商业和对外贸易有了很大增长；教育、科学、文化、卫生、体育事业有了很大发展；人民解放军得到壮大和提高；同全世界124个国家建立了外交关系；同更多的国家和地区发展了经济、贸易和文化往来。但是，必须提及的是：

> 由于我们党领导社会主义事业的经验不多，党的领导对形势的分析和对国情的认识有主观主义的偏差，“文化大革命”前就有过把阶级斗争扩大化和在经济建设上急躁冒进的错误。后来，又发生了“文化大革命”这样全局性的、长时间的严重错误。这就使我们没有取得本来应该取得的更大成就。[②]

历史的经验和教训也让执政党清醒地认识到，党内的民主化、法治化对于整个国家的民主化、法治化进程影响至深。由此，1982年宪法序言规定，“全国各族人民、一切国家机关和武装力量、各政党和各社会团

---

① 郑永年：《中国模式：经验与困局》，浙江人民出版社2010年版，第59页。

② 中国共产党中央委员会：《关于建国以来党的若干历史问题的决议》，中央党史出版社2010年版，第67页。

体、各企业事业组织，都必须以宪法为根本的活动准则，并且负有维护宪法尊严、保证宪法实施的职责”。这构成了党必须在宪法和法律范围内活动的根本依据。

> 研究中国模式，核心就是要研究中国共产党。中国共产党是唯一的执政党，是中国社会经济整体转型的媒介，是中国模式的塑造者。中国社会经济的转型和党本身的转型是中国模式紧密相关的两个方面。①

中国共产党对于中国政治的领导地位来自中国的政治实践，这是我们在解读中国共产党的时候需要特别注意的一个前提。对于中国共产党的解读，既要看到它与西方政党组织的不同，又要看到它作为一个特殊的社会组织同样无法超越于宪法法律之外的一面。这是两个问题，如果看不到第一个方面，就永远无法理解这一组织，甚至会怀疑它的存在。中国共产党的领导地位是符合中国历史文化传统的政治现象，所谓“橘生淮南则为橘”。无论是在出现的时空、解决的具体问题，还是在承担的重要使命上，都与西方的政党组织存在差异，因而不可与西方的政党生硬地比较高低。同时，也要看到中国共产党与苏联、东欧国家共产党相较，越来越显示出其对于社会各利益阶层的包容性与开放性。无论如何，66 年以来，中国共产党对于整个国家的统合作用是毋庸置疑的。

当然，作为一个执政党，中国共产党必须将自己的行为限定在宪法法律的范围之内，才能赢得尊重。因为“法律是时代的集体理性。类似于宪法，在过去和现在之间形成了良好的伙伴关系。解除了人们的这些纽带就会遭受迷失方向之苦，不会比夏天的苍蝇好多少”②。

瑞典学者博·罗斯坦（Bo Rothstein，1954— ）在其著作《政府质量：执政能力与腐败、社会信任和不平等》一书中考察了“民主的牙买加与高政府质量的新加坡”。这两个国家都曾经是英国的殖民地，先后于 1956 年（新加坡）和 1962 年（牙买加）宣布独立。2010 年的新加坡人

---

① 郑永年：《中国模式：经验与困局》，浙江人民出版社 2010 年版，第 58 页。

② E. Burke, *Reflection on the Revolution in France.* 转引自马丁·洛克林《剑与天平：法律与政治关系的省察》，高秦伟译，北京大学出版社 2011 年版，第 241 页。

均 GDP 已经超过了绝大多数欧盟国家水平，而牙买加的经济增长只有微弱的 25%。从政治制度比较，“自由之家”（Freedom House）一开始就将牙买加划入了民主国家行列，而新加坡始终被排除在外。根据“自由之家”2008 年的总体评分，牙买加的选举过程民主质量得分高达 12 分，而新加坡只有 4 分；牙买加的政治多样性和参与度得分高达 14 分，而新加坡只有 6 分。“如果使用政府质量判断标准，新加坡就会名列前茅，总是世界前五强。尽管新加坡不是一个民主国家，却是全球最清正廉明、最遵纪守法的国家。”① 在东南亚地区，新加坡无论是经济水平还是治理水平都堪称典范。然而，20 世纪 60 年代之前，新加坡也曾经被腐败问题缠绕而裹足不前，但正是在人民行动党的坚强领导之下，新加坡成功遏制了腐败这一“罪恶之源”，并成为一个不容小觑的国家。作为一个以华人为主的国家，新加坡能够成为一个法治国家。情同此理，与之同根同源的中国同样能够成为一个法治国家，关键是看执政党的决心和行动。

2014 年 10 月 23 日，中国共产党第十八届中央委员会第四次全体会议通过了《中共中央关于全面推进依法治国若干重大问题的决议》，对全面推进依法治国作出了全面深入的部署和安排。这是中国共产党建党 93 年以来，首次以中央全会的形式专门讨论依法治国问题，这一决议无论是对执政党自身的民主化、法治化，还是对整体意义上的法治国家、法治政府、法治社会的制度构建无疑都具有里程碑式的意义。

① ［瑞典］罗斯坦：《政府质量：执政能力与腐败、社会信任和不平等》，新华出版社 2012 年版，第 229 页。

附　录

“国家与社会管理者阶层的民主认知”调查问卷

尊敬的各位领导，您好！

非常感谢您参与此次问卷调查。此问卷专门调研国家与社会管理者阶层的民主认知状况。您的真实回答将有助于提升我们研究的可信度。本问卷需要占用您约6分钟的时间。问卷采用匿名方式填写，您所填答的各项资料，仅供学术研究之用，研究结果不会反映您个人的任何独有信息，在此，我们慎重承诺绝对不做有损您个人及您单位利益之事。

感谢您的支持和参与！

《爱尔兰两轮公投与中国式民主的类型学意义》项目组

2013年7月6日

第一部分：您个人的基本情况（请将您的选项用“√”标出）

1. 您的性别：　□男　□女

2. 您的年龄：　□21—30岁　□31—40岁　□41—50岁　□51—60岁

3. 您的教育程度：□高中及以下　□中专　□大专　□本科　□研究生

4. 您的政治面貌：□共产党员　□民主党派　□无党派　□其他

5. 您所在的城市：□大连 □广州 □武汉 □上海 □淄博 □兰州

第二部分：问卷问题（请将您的选项用“√”标出）

1. 公民是什么？（选 1 项）

A. 公民就是人　　B. 公民就是人民

C. 公民是具有一国国籍，并据该国法律享有一定权利负有一定义务的人

D. 不清楚

2. 您认为做一个好公民最重要的是什么？（选 1 项）

A. 守法　　B. 遵守社会公德

C. 积极行使自己的权利

D. 即使自己的权利未受到威胁，也要大声强调他人的权利

3. 如果公民气质体现在宽容、公平、尊重他人言论和坚持真理这些方面，您认为多少中国公民具备这些气质？（选 1 项）

A. 80%—90%　　B. 50%—70%

C. 30%—50%　　D. 20%—30%

4. 如果公民技能体现在广阔的知识背景、解决问题的分析技能、交流技能、参与技能，您认为多少中国公民具备这些技能？（选 1 项）

A. 80%—90%　　B. 50%—70%

C. 30%—50%　　D. 20%—30%

5. 平等权是不是我国宪法规定的公民基本权利？（选 1 项）

A. 是　　B. 不是

C. 不清楚

6. 宪法与宪法政治是一种什么关系？（选 1 项）

A. 有宪法必然有宪法政治　　B. 有宪法未必有宪法政治

C. 不清楚

7. 在您看来，民主是什么？（选 2 项）

A. 民主就是公民能够真正参与那些影响他们生活的决策

B. 民主就是国家的领导人由公民自由公正地选举产生

C. 民主就是政府及其领导人要对公民的需求及时作出回应

D. 不清楚

8. 民主与法治相比，何者是一种更为根本的他律方式？（选 1 项）

A. 民主　　B. 法治

C. 不清楚

9. 党员的民主权利是否包含选举权？（选 1 项）

A. 是　　B. 不是

C. 不清楚

10. 对“以党内民主推动人民民主”这种说法，您是怎么看的？（选 1 项）

A. 认同　　B. 不认同

C. 说不清

11. 党的各级组织和全体共产党员是否应当接受各级人大的监督？（选 1 项）

A. 是　　B. 不是

C. 不清楚

12. 您是否赞成当前的干部选拔升迁机制？（选 1 项）

A. 赞成　　B. 比较赞成

C. 不赞成　　D. 不清楚

13. 地方党委讨论决定重大问题和任用重要干部的票决制度是否完善？（选 1 项）

A. 很完善　　B. 比较完善

C. 不完善　　D. 很不完善

14. 什么是权威？（选 1 项）

A. 权威就是权力　　B. 权威就是权利

C. 权威是一种权力，并伴随着可以行使该权力的权利

D. 不清楚

15. 您认为政府的权威直接源于？（选 1 项）

A. 人民的同意　　B. 宪法和法律

C. 为人民服务的政绩　　D. 不清楚

16. 你认为中央政府在农村的威信与 10 年前相比有什么变化？（选 1 项）

A. 提高了　　B. 降低了

C. 没变化　　D. 不清楚

17. 您仍然认同信访是一种有效的政治参与和权利救济途径吗？（选 1 项）

A. 认同　　B. 不认同

C. 不清楚

18. 您认为中国共产党领导的中国特色社会主义道路将会？（选 1 项）

A. 坚定不移　　B. 逐渐调整

C. 根本调整　　D. 不清楚

19. 您认为一个国家民主道路的选择与其固有文化之间是什么关系？（选 1 项）

A. 高度相关　　B. 有点关系

C. 没关系　　D. 不清楚

20. 您认为普通群众对国家的方针政策有发言权吗？（选 1 项）

A. 有发言权　　B. 有发言权，但发言渠道不畅

C. 说是可以说，但说了也是白说

D. 那是领导干部的事情，普通百姓不必管

21. 您对村民自治怎么看？（选 2 项）

A. 是实现基层民主的好办法

B. 只是一种形式

C. 村民选举能选出大家信得过的人

D. 只会选出有钱有势的人

22. “公民性程度较高地区并非较少发生冲突和争端，而是那里的领导人更愿意解决他们的冲突。”对于这一说法，您是什么看法？（选 1 项）

A. 同意　　B. 不同意

C. 不清楚

23. “如果你被控犯有某种罪行，政府有责任提供一名律师协助你。如果你无法负担律师费用，则由政府使用公费来支付。”这样的法律规定体现了何种社会正义？（选 1 项）

A. 分配正义　　B. 矫正正义

C. 程序正义

24. 您是否了解群体心理的特点？（选 1 项）

A. 了解　　　　　　　　　　B. 有一点了解

C. 不了解

25. 您认为中国要和平崛起，最重要的因素是？（选 1 项）

A. 独立自主，自力更生

B. 对外开放，多引进外国资本

C. 有一个和平的国际环境

D. 国内政治清明，安定团结

问卷到此全部结束，再次感谢您热心地支持和参与，谢谢您！

参考文献

1. 刘瑜：《民主的细节》，上海三联书店 2009 年版。
2. 赵鼎新：《民主的限制》，中信出版社 2013 年版。
3. 王绍光：《波兰尼〈大转型〉与中国的大转型》，生活·读书·新知三联书店 2012 年版。
4. 陈端洪：《制宪权与根本法》，中国法制出版社 2010 年版。
5. 余英时：《论天人之际：中国古代思想起源试探》，中华书局 2014 年版。
6. 陈致：《余英时访谈录》，中华书局 2012 年版。
7. 秦晖：《传统十论》，东方出版社 2014 年版。
8. 蔡定剑：《公众参与：风险社会的制度建设》，法律出版社 2009 年版。
9. 许宏：《何以中国》，生活·读书·新知三联书店 2015 年版。
10. 张明澍：《中国人想要什么样民主》，社会科学文献出版社 2013 年版。
11. 吴稼祥：《公天下：多中心治理与双主体法权》，广西师范大学出版社 2014 年版。
12. 金观涛、刘青峰：《开放中的变迁：再论中国社会超稳定结构》，法律出版社 2011 年版。
13. 余英时：《中国思想传统的现代诠释》，江苏人民出版社 2006 年版。
14. 郑永年：《通往大国之路：中国的知识重建和文明复兴》，东方出版社 2012 年版。
15. 韩毓海：《五百年来谁著史：1500 年以来的中国与世界》，九州出版社 2011 年版。
16. 金观涛：《探索现代社会的起源》，社会科学文献出版社 2010 年版。
17. 丁学良：《辩论“中国模式”》，社会科学文献出版社 2010 年版。
18. 雷颐：《面对现代性挑战：清王朝的应对》，社会科学文献出版社 2012 年版。

19. 许倬云：《说中国：一个不断变化的复杂共同体》，广西师范大学出版社 2015 年版。
20. 钱穆：《中国历代政治得失》，生活 · 读书 · 新知三联书店 2010 年版。
21. 萧公权：《中国政治思想史》，新星出版社 2010 年版。
22. 王绍光：《选主批判：对当代民主的反思》，欧树军译，北京大学出版社 2014 年版。
23. 陶希圣：《中国社会之史的分析》，岳麓书社 2009 年版。
24. 罗隆基：《人权 · 法治 · 民主》，法律出版社 2013 年版。
25. 萧公秦：《超越左右激进主义：走出中国转型的困境》，浙江大学出版社 2012 年版。
26. 韦政通：《中国的智慧》，吉林出版集团有限责任公司 2009 年版。
27. 朱维铮：《音调未定的传统》，浙江大学出版社 2011 年版。
28. 秦晖：《共同的底线》，江苏文艺出版社 2012 年版。
29. 熊月之、高俊：《中共"一大"的历史空间》，北京师范大学出版社 2013 年版。
30. 俞可平等：《中国模式与"北京共识"：超越"华盛顿共识"》，社会科学文献出版社 2006 年版。
31. 潘维：《中国模式：解读人民共和国的 60 年》，中央编译出版社 2009 年版。
32. 张千帆：《宪法学讲义》，北京大学出版社 2011 年版。
33. 韩大元：《共和国六十年法学论争实录 · 宪法卷》，厦门大学出版社 2009 年版。
34. 陈弘毅：《宪法学的世界》，中国政法大学出版社 2014 年版。
35. 萨孟武：《政治学与比较宪法》，商务印书馆 2013 年版。
36. 陈树德：《宪法历史及比较研究》，商务印书馆 2012 年版。
37. ［美］艾米 · 古特曼；《民主教育》，杨伟清译，译林出版社 2010 年版。
38. ［美］查尔斯 · 蒂利：《集体暴力的政治》，谢岳译，上海世纪出版集团 2011 年版。
39. ［美］凯斯 · 孙斯坦：《设计民主：论宪法的作用》，金朝武、刘会春译，法律出版社 2006 年版。
40. ［美］阿伦 · 利普哈特：《民主的模式：36 个国家的政府形式和政府

业绩》，陈琦译，北京大学出版社 2006 年版。
41. ［美］沈大伟：《中国共产党：收缩与调整》，吕增奎、王新颖译，中央编译出版社 2012 年版。
42. ［美］伊恩·夏皮罗：《民主理论的现状》，王军译，中国人民大学出版社 2013 年版。
43. ［美］孔飞力：《中国现代国家的起源》，陈兼、陈之宏译，生活·读书·新知三联书店 2013 年版。
44. ［美］迈克尔·舒德森：《好公民：美国公共生活史》，郑一卉译，北京大学出版社 2014 年版。
45. ［美］布鲁斯·阿克曼：《我们人民：转型》，田雷译，中国政法大学出版社 2014 年版。
46. ［美］王国斌：《转变的中国：历史变迁与欧洲经验的局限》，李伯重、连玲玲译，江苏人民出版社 2008 年版。
47. ［美］罗伯特·达尔：《美国宪法的民主批判》，佟德志译，东方出版社 2007 年版。
48. ［美］桑福德·列文森：《美国不民主的宪法：宪法哪儿出毛病了（我们人民该怎样矫正它）》，时飞译，北京大学出版社 2010 年版。
49. ［美］迈克尔·桑德尔：《公正：该如何是好?》，朱慧玲译，中信出版社 2011 年版。
50. ［美］劳伦斯·却伯：《看不见的宪法》，田雷译，法律出版社 2011 年版。
51. ［法］托克维尔：《旧制度与大革命》，冯棠译，商务印书馆 1992 年版。
52. ［法］莱昂·狄骥：《公法的变迁·法律与国家》，郑戈、冷静译，辽海出版社、春风文艺出版社 1999 年版。
53. ［法］托克维尔：《论美国的民主》，董果良译，商务印书馆 1988 年版。
54. ［法］孟德斯鸠：《罗马盛衰原因论》，婉玲译，商务印书馆 1962 年版。
55. ［法］西耶斯：《论特权·第三等级是什么?》，冯棠译，商务印书馆 1990 年版。
56. ［英］弗里德利希·哈耶克：《自由秩序原理》，邓正来译，生活·读书·新知三联书店 2003 年版。
57. [英] 斯坦·林根：《民主是做什么用的：论自由与德政》，孙建中译，新华出版社 2012 年版。
58. [英] 戴雪：《公共舆论的力量：19 世纪英国的法律与公共舆论》，戴鹏飞译，上海人民出版社 2013 年版。
59. [英] 马丁·洛克林：《公法与政治理论》，商务印书馆 2002 年版。
60. [意] 尼科洛·马基雅维利：《君主论》，潘汉典译，商务印书馆 1985 年版。
61. [德] 格奥尔格·耶利内克：《〈人权与公民权利宣言〉：现代宪法史论》，李锦辉译，商务印书馆 2012 年版。
62. [德] 格奥尔格·耶利内克：《宪法修改与宪法变迁论》，柳建龙译，法律出版社 2012 年版。
63. [德] 杨-维尔纳·米勒：《宪政爱国主义》，邓晓菁译，商务印书馆 2012 年版。
64. [德] 克里斯托夫·默勒斯：《德国基本法：历史与内容》，赵真译，中国法制出版社 2014 年版。
65. [奥] 凯尔森：《法与国家的一般理论》，沈宗灵译，商务印书馆 2013 年版。
66. Irishi Constitution of 1922, http://www.ucc.ie/celt/online/E900003-004/.
67. Irishi Constitution of 1937, https://www.constitution.ie/Documents/Bhunreacht_na_hEireann_web.pdf.
68. 中华人民共和国宪法（1954 年），http://www.npc.gov.cn/wxzl/wxzl/2000-12/26/content_4264.htm。
69. 中华人民共和国宪法（1975 年），http://www.npc.gov.cn/wxzl/wxzl/2000-12/06/content_4362.htm。
70. 中华人民共和国宪法（1978 年），http://www.npc.gov.cn/wxzl/wxzl/2000-12/06/content_4365.htm。
71. 中华人民共和国宪法（1982 年），http://www.npc.gov.cn/wxzl/wxzl/2000-12/06/content_4421.htm。

索　　引

A

B

C

D

F

G

H

J

K

L

M

N

O

P

Q

R

S

T

W

X

Y

Z

后　　记

冷战结束时的弗朗西斯·福山曾经热情洋溢地预判自由民主主义将成为一个终结者。达伦多夫为此讥讽他赢得了“15 分钟的名声”。也许，达伦多夫是对的，在他看来“穿越‘眼泪谷’的这段旅程所花的时间往往比两次民主选举间的平均周期要长”。当前，中东的难民们正在穿越他们的“眼泪谷”，他们不知道何时才能返回自己的家园。人民的命运、国家的前途似乎总与民主紧密相连。然而，我们无疑都需要坚守自己的民主路径。

对于民主问题的关注缘于 2009 年爱尔兰访学，爱尔兰人民公投《里斯本条约》事件激发了我研究民主问题的极大兴趣，说这个大西洋上的美丽岛国赐予了我学术灵感兴许不算过分。

访学一年之中，曾写过三篇相关的文章，两篇中文文章，一篇英文文章，两篇中文文章分别发表于爱尔兰中文报纸《新岛周报》和《西北师大学报》。英文文章主要是为都柏林大学法学院师生作讲座所用。同期，还与爱尔兰都柏林大学法学院中国学生合作翻译过 10 篇欧盟法学者加文·巴雷特的文章，这些文章都是在《里斯本条约》爱尔兰两轮公投期间发表于当地主要报刊上的。受篇幅所限，这篇译文最终缩减得以在《甘肃理论学刊》刊发，随后被人大复印资料《国际法学》2010 年第 12 期转载。2010 年 3 月底回国，4 月份申请题为《爱尔兰两轮公投与中国式民主的类型学意义》教育部人文社科规划项目获批。由此开启了我宪法与民主问题研究的欢愉与孤寂之路……

把自己包围于书墙之中，奋力抽离出俗世的烦扰，成为一个纯粹的“thinking reed”对于人到中年的我来说实属不易。过去的五年，孩子中考、高考，母亲被一场中风击倒，自己的青丝渐渐地从这些艰难中变出了白发……生活似乎真的如同剥洋葱一般，欲体会其中的况味，或多或少要流泪！

欣慰的是，研究任务基本完成，成果即将出版。“以罪而论，这是一部小书”（罗素语）。仅仅是将自己的一些想法表达了出来：给公众明晰、介绍宪法中的一些基本常识；在立国意义上探寻民主模式；比较爱尔兰与中国的民主模式；采用实证调查方法了解中国公民的民主认知；为中国民主模式探寻规范依赖路径。我只是做了这些尝试而已，仍感学术功力不足，存在诸多缺憾。请诸君翻阅此书时不吝批评指正！

也深知“思想者的真诚首先在于，随时准备推翻自己的定见从头开始”（施特劳斯语）。故已做好了充分的思想准备，愿随时接受批判与自我批判！书稿最后完成之时，树上的叶子正在一片一片地落下，飞舞着归入泥土，等待来年重生新绿……

当然，研究工作的顺利开展以及成果的最终出版自然与许多友人的真诚提携难以分开。

感谢中国社会科学出版社能够赏识这一选题！中国社会科学出版社政治与法律中心主任任明先生为之付出的辛劳令我感动！

蓝宇蕴女士、潘鸿雁女士、翟一博女士、胡剑铭先生、王书宝先生、贺荣女士、刘英武女士、鲁晓红女士在课题调查问卷工作中给予了莫大的支持和鼓舞，在此深表感谢！

王宏英

2015 年 11 月

于黄河唯一穿城而过的中国城市兰州